IDEOLOGIA

A partir do alto, da esquerda para a direita, Hegel, Marx, Habermas, Gramsci, Adorno, Wittgenstein, Nietzsche e Lukács.

Terry Eagleton

IDEOLOGIA
uma introdução

Tradução
Silvana Vieira
Luís Carlos Borges

Copyright © desta edição Boitempo, 1997, 2019
Copyright © Verso, 1991
Tradução do original em inglês *Ideology. An Introduction*.

Direção editorial Ivana Jinkings

Edição Fábio Gonçalves

Assistência editorial Andréa Bruno

Tradução Luís Carlos Borges e Silvana Vieira

Preparação Ingrid Basílio

Revisão Adma Fadul Muhana e Ada Santos Seles

Coordenação de produção Juliana Brandt

Assistência de produção Livia Viganó

Capa e diagramação Livia Campos
sobre caricaturas de Loredano

Equipe de apoio

Ana Carolina Meira, André Albert, Artur Renzo, Bibiana Leme, Carolina Mercês,
Clarissa Bongiovanni, Débora Rodrigues, Elaine Ramos, Frederico Indiani, Heleni Andrade,
Higor Alves, Isabella Marcatti, Ivam Oliveira, Joanes Sales, Kim Doria, Luciana Capelli,
Marina Valeriano, Marlene Baptista, Maurício Barbosa, Raí Alves, Talita Lima, Tulio Candiotto

CIP-BRASIL. CATALOGAÇÃO NA PUBLICAÇÃO
SINDICATO NACIONAL DOS EDITORES DE LIVROS, RJ

E11i
2. ed.

Eagleton, Terry, 1943-
Ideologia : uma introdução / Terry Eagleton ; tradução Silvana Vieira ; Luís
Carlos Borges. - 2. ed. - São Paulo : Boitempo, 2019.

Tradução de: Ideology : an introduction
Inclui índice
ISBN 978-85-7559-644-9

1. Ideologia. 2. Filosofia. I. Vieira, Silvana. II. Borges, Luís Carlos. III. Título.

| 19-57782 | CDD: 140 |
| | CDU: 140 |

Vanessa Mafra Xavier Salgado - Bibliotecária - CRB-7/6644

É vedada a reprodução de qualquer parte deste livro sem a expressa autorização da editora.

1ª edição: 1997
2ª edição: julho de 2019; 2ª reimpressão: abril de 2025

BOITEMPO
Jinkings Editores Associados Ltda.
Rua Pereira Leite, 373
05442-000 São Paulo SP
Tel.: (11) 3875-7250 / 3875-7285
editor@boitempoeditorial.com.br | boitempoeditorial.com.br
blogdaboitempo.com.br | youtube.com/tvboitempo

Para Norma Feltes

SUMÁRIO

Introdução 11

1 O que é ideologia? 17

2 Estratégias ideológicas 49

3 Do Iluminismo à Segunda Internacional 79

4 De Lukács a Gramsci 109

5 De Adorno a Bourdieu 141

6 De Schopenhauer a Sorel 175

7 Discurso e ideologia 207

Conclusão 233

Leitura adicional 237

Índice remissivo 239

SUMÁRIO

Introdução 11

1. O que é ideologia? 17
2. Esquipas da ideologia 39
3. Do Iluminismo à segunda internacional 79
4. De Lukács a Gramsci 105
5. De Adorno a Bourdieu 141
6. Da Simpathner à pós? 175

Direito e ideologia 207

Conclusão 239

Leitura adicional 237

Índice remissivo 239

Considere, como exemplo final, a atitude dos liberais norte-americanos contemporâneos quanto à desesperança e à angústia sem fim em que vivem os jovens negros nas cidades estadunidenses. Acaso dizemos que essas pessoas devem ser ajudadas porque são nossos companheiros seres humanos? Poderíamos fazê-lo, mas é muito mais persuasivo, tanto moral quanto politicamente, descrevê-las como nossos companheiros *norte-americanos* – insistir que é ultrajante *para um norte-americano* ter de viver sem esperança.

Richard Rorty, *Contingency, Irony, and Solidarity*

Sobre a inutilidade da noção de "ideologia", ver Raymond Geuss, *The Idea of a Critical Theory* e Richard Rorty, *Contingency, Irony, and Solidarity*

INTRODUÇÃO

Considere o seguinte paradoxo. A década de 1980 testemunhou um ressurgimento notável de movimentos ideológicos em todo o mundo. No Oriente Médio, o fundamentalismo islâmico emergiu como uma potente força política. No chamado Terceiro Mundo, e em certa região das Ilhas Britânicas, o nacionalismo revolucionário continua em luta contra o poder imperialista. Em alguns Estados pós-capitalistas do bloco oriental, um neo-stalinismo ainda obstinado manteve-se em combate contra um batalhão de forças oposicionistas. A nação capitalista mais poderosa da história foi arrebatada, de ponta a ponta, por um tipo particularmente nocivo de evangelismo cristão. No decorrer desse período, a Inglaterra vivenciou, ideologicamente falando, o mais agressivo e explícito regime da memória política viva, em uma sociedade que tradicionalmente prefere que seus valores dominantes permaneçam implícitos e oblíquos. Enquanto isso, em algum lugar da margem esquerda, proclama-se que o conceito de ideologia se encontra hoje obsoleto.

Como explicar tal absurdo? Por que, em um mundo atormentado pelo conflito ideológico, a própria noção de ideologia evaporou-se, sem deixar vestígios, dos escritos pós-modernistas e pós-estruturalistas[1]? A chave teórica para esse enigma é um dos assuntos que abordaremos neste livro. De modo muito sucinto, argumento aqui que três doutrinas essenciais do pensamento pós-moderno conspiraram para desacreditar o conceito clássico de ideologia. A primeira dessas doutrinas gira em torno da rejeição da noção de representação – na verdade, a rejeição de um modelo empírico de representação, no qual o bebê representacional foi

---

[1] Ver, por exemplo, a declaração do filósofo pós-modernista italiano Gianni Vattimo, de que o fim da modernidade e o fim da ideologia são momentos idênticos. "Postmodern Criticism: Postmodern Critique", em David Woods (org.), *Writing the Future* (Londres, Routledge, 1990), p. 57.

displicentemente jogado fora junto com a água empírica do banho. A segunda diz respeito a um ceticismo epistemológico segundo o qual o próprio ato de identificar uma forma de consciência como ideológica implica alguma noção indefensável de verdade absoluta. Como a última ideia atrai poucos adeptos hoje em dia, acredita-se que a primeira desmorona em seu rastro. Não podemos rotular Pol Pot de fanático stalinista porque isso envolveria uma certeza metafísica do que significaria não ser um fanático stalinista. A terceira doutrina refere-se a uma reformulação das relações entre racionalidade, interesses e poder, em bases mais ou menos nietzschianas, a qual, segundo se acredita, torna redundante todo o conceito de ideologia. Tomadas em conjunto, essas três teses foram consideradas por alguns suficientes para descartar toda a questão da ideologia, precisamente no momento histórico em que manifestantes muçulmanos batem suas cabeças até sangrar e trabalhadores rurais norte-americanos esperam em breve ser conduzidos ao paraíso, com Cadillac e tudo.

Hegel observa em algum lugar que todos os grandes eventos históricos acontecem, por assim dizer, duas vezes. (E aqui ele se esqueceu de acrescentar: a primeira como tragédia, a segunda como farsa.) A atual supressão do conceito de ideologia é, em certo aspecto, uma reciclagem da chamada época do "fim da ideologia", que sucedeu a Segunda Guerra Mundial; mas, enquanto esse movimento podia ser explicado, ao menos em parte, como uma reação traumatizada aos crimes do fascismo e do stalinismo, nenhuma fundamentação política escora a aversão contemporânea à crítica ideológica. Além disso, a escola do "fim da ideologia" era, claramente, uma criação da direita política, ao passo que nossa própria complacência "pós-ideológica" exibe, com muita frequência, credenciais radicais. Se os teóricos do "fim da ideologia" consideravam toda ideologia inerentemente fechada, dogmática e inflexível, o pensamento pós-modernista, por sua vez, tende a encarar toda ideologia como teleológica, "totalitária" e fundamentada em argumentos metafísicos. Deturpado assim de modo grosseiro, o conceito de ideologia, obedientemente, acaba por se invalidar.

O abandono da noção de ideologia está relacionado com uma hesitação política muito disseminada entre setores inteiros da antiga esquerda revolucionária que, ante um capitalismo temporariamente na ofensiva, iniciou uma retirada constante e envergonhada de questões "metafísicas" como luta de classe e modos de produção, ação revolucionária e natureza do Estado burguês. É, decerto, um tanto embaraçoso para essa posição o fato de que, no exato momento em que estava denunciando o conceito de revolução como uma bazófia metafísica, a própria coisa irrompesse onde menos se esperava, nas burocracias stalinistas da Europa oriental. Sem dúvida, o presidente Ceausescu passou seus últimos momentos na Terra lembrando a seus algozes que o conceito de revolução estava fora de moda, que tudo sempre não passou de microestratégias e desconstruções locais, e que a ideia de um "tema revolucionário coletivo" estava irremediavelmente ultrapassada. O objetivo deste livro é, em certo sentido, convenientemente modesto – esclarecer um pouco da confusa história conceitual da noção de ideologia. Mas se apresenta também como uma intervenção política nessas questões mais amplas e, portanto, como um revide político a essa última traição dos intelectuais.

Um poema de Thom Gunn fala de um recruta alemão na Segunda Guerra Mundial que arriscou sua vida ajudando judeus a escapar do destino que lhes estava reservado nas mãos dos nazistas:

> *I know he had unusual eyes,*
> *Whose power no orders could determine,*
> *Not to mistake the men he saw,*
> *As others did, for gods or vermin.*[2]

O que induz homens e mulheres a confundir-se, de tempos em tempos, com deuses ou vermes é a ideologia. Pode-se entender perfeitamente bem como os seres humanos são capazes de lutar e matar por razões materiais – razões relacionadas, por exemplo, com sua sobrevivência física. É muito mais difícil compreender por que chegam a fazer isso em nome de algo aparentemente tão abstrato quanto as ideias. No entanto, é em razão das ideias que homens e mulheres vivem e, às vezes, morrem. Se o recruta citado por Gunn escapou ao condicionamento ideológico de seus companheiros, como ele o conseguiu? Será que agiu em nome de uma ideologia alternativa, mais clemente, ou o fez simplesmente porque tinha uma visão realista da natureza das coisas? Será que seus olhos incomuns podiam apreciar homens e mulheres pelo que eram ou será que suas percepções, de certo modo, eram tão enviesadas quanto as de seus colegas, só que de uma maneira que nós, em vez de condenar, aprovamos? Será que o soldado estava agindo contra seus próprios interesses ou em nome de algum interesse mais profundo? É a ideologia apenas uma "confusão" ou teria um caráter mais complexo, difícil de apreender?

O estudo da ideologia é, entre outras coisas, um exame das formas pelas quais as pessoas podem chegar a investir em sua própria infelicidade. A condição de ser oprimido tem algumas pequenas compensações, e é por isso que às vezes estamos dispostos a tolerá-la. O opressor mais eficiente é aquele que persuade seus subalternos a amar, a desejar e a identificar-se com seu poder; e qualquer prática de emancipação política envolve, portanto, a mais difícil de todas as formas de liberação: o libertar-nos de nós mesmos. Mas o outro lado da história é igualmente importante. Pois se tal dominação deixar, por muito tempo, de propiciar gratificação

---

[2] Sei que ele tinha olhos incomuns, /Cujo poder ordem nenhuma podia determinar, /E não para confundir os homens que via, /Como os outros faziam, com deuses ou vermes. (N. T.)

14   Ideologia: uma introdução

suficiente a suas vítimas, então estas com certeza acabarão por revoltar-se. Se é racional acomodar-se a uma mistura ambígua de sofrimento e prazer marginal, quando as alternativas políticas mostram-se perigosas e obscuras, é também racional rebelar-se quando o sofrimento ultrapassa em muito as gratificações, e quando tal ação parece encerrar mais ganhos do que perdas.

É importante perceber que, na crítica da ideologia, somente darão resultado aquelas intervenções que façam sentido para o próprio sujeito que foi enganado. Nesse sentido, a "crítica ideológica" apresenta uma interessante afinidade com as técnicas da psicanálise. O "criticismo", em sua acepção iluminista, consiste em relatar a alguém o que há de errado com sua situação, a partir de uma posição vantajosa externa, talvez "transcendental". A "crítica" é a forma de discurso que busca habitar internamente a experiência do sujeito, a fim de extrair daquela experiência os aspectos "válidos" que apontam para além da sua condição atual. O "criticismo" ensina, no momento presente, para inúmeros homens e mulheres, que a aquisição de conhecimento matemático é uma excelente meta cultural; a "crítica" admite que eles rapidamente obterão esse conhecimento se seus salários estiverem em jogo. A crítica da ideologia, portanto, supõe que ninguém jamais está *inteiramente* iludido – que aqueles que se encontram sob opressão alimentam, *mesmo assim*, esperanças e desejos que só poderiam ser realizados, de maneira realista, pela transformação de suas condições materiais. Se por um lado rejeita o ponto de vista externo da racionalidade iluminista, por outro compartilha com o Iluminismo essa confiança fundamental na natureza moderadamente racional dos seres humanos. Alguém que fosse totalmente vítima da ilusão ideológica nem sequer seria capaz de reconhecer uma reivindicação emancipatória sobre si; e é porque as pessoas não param de desejar, lutar e imaginar, mesmo nas condições aparentemente mais desfavoráveis, que a prática da emancipação política é uma possibilidade genuína. Não se trata de afirmar que os indivíduos oprimidos secretamente acalentam alguma alternativa pronta para sua infelicidade; significa que, uma vez que se tenham libertado das causas desse sofrimento, devem ser capazes de olhar para trás, reescrever suas histórias de vida e reconhecer que aquilo de que desfrutam agora é o que teriam desejado anteriormente, caso tivessem podido estar conscientes disso. Uma prova de que ninguém é, ideologicamente falando, um tolo completo, é o fato de que as pessoas ditas inferiores devem realmente aprender a sê-lo. Não é suficiente para uma mulher ou um colonizado serem definidos como uma forma de vida inferior: é preciso ensinar-lhes ativamente essa definição, e alguns deles revelam-se brilhantes bacharéis nesse processo. É surpreendente quão hábeis, engenhosos e perspicazes podem ser homens e mulheres em provar para si mesmos que são incivilizados e burros. Em certo sentido, é claro, essa "contradição performativa" é a causa do desânimo político; nas circunstâncias adequadas, porém, trata-se de uma contradição que pode levar uma ordem dominante à ruína.

Nos últimos dez anos discuti com Toril Moil o conceito de ideologia de maneira talvez mais regular e intensa do que qualquer outro tema intelectual, e hoje suas reflexões sobre o assunto estão tão entrelaçadas com as minhas que é impossível discernir onde umas terminam e as outras começam. Sou grato por ter-me beneficiado de sua mente, mais arguta e mais analítica. Devo agradecer ainda a Norman Geras, que leu o livro e me favoreceu com sua valiosa opinião; agradeço a Ken Hirschkop, que submeteu os originais deste livro a uma leitura meticulosa, poupando-me assim de vários lapsos e lacunas. Devo muito também a Gargi Bhattacharyya, que generosamente cedeu tempo de seu próprio trabalho para ajudar-me com as pesquisas.

1

O QUE É IDEOLOGIA?

Ninguém propôs ainda uma definição única e adequada de ideologia, e este livro não será uma exceção. E isso não porque as pessoas que trabalham nessa área sejam notáveis por sua pouca inteligência, mas porque o termo "ideologia" tem toda uma série de significados convenientes, nem todos compatíveis entre si. Tentar comprimir essa riqueza de significado em uma única definição abrangente seria, portanto, inútil, se é que possível. A palavra "ideologia" é, por assim dizer, um *texto*, tecido com uma trama inteira de diferentes fios conceituais; é traçado por divergentes histórias, e provavelmente mais importante do que forçar essas linhagens a reunir-se em alguma Grande Teoria Global é determinar o que há de valioso em cada uma delas e o que pode ser descartado.

Para indicar essa variedade de significados, deixe-me listar mais ou menos ao acaso algumas definições de ideologia atualmente em circulação:

a) o processo de produção de significados, signos e valores na vida social;
b) um corpo de ideias característico de um determinado grupo ou classe social;
c) ideias que ajudam a legitimar um poder político dominante;
d) ideias falsas que ajudam a legitimar um poder político dominante;
e) comunicação sistematicamente distorcida;
f) aquilo que confere certa posição a um sujeito;
g) formas de pensamento motivadas por interesses sociais;
h) pensamento de identidade;
i) ilusão socialmente necessária;
j) a conjuntura de discurso e poder;

18 Ideologia: uma introdução

k) o veículo pelo qual atores sociais conscientes entendem o seu mundo;

l) conjunto de crenças orientadas para a ação;

m) a confusão entre realidade linguística e realidade fenomenal;

n) oclusão semiótica;

o) o meio pelo qual os indivíduos vivenciam suas relações com uma estrutura social;

p) o processo pelo qual a vida social é convertida em uma realidade natural.[1]

Há vários pontos a serem observados acerca dessa lista. Em primeiro lugar, nem todas essas formulações são compatíveis entre si. Se, por exemplo, ideologia significa *qualquer* conjunto de crenças motivadas por interesses sociais, então não pode simplesmente representar as formas de pensamento *dominantes* em uma sociedade. Algumas dessas definições podem ser mutuamente compatíveis, mas com certas implicações curiosas: se ideologia é, ao mesmo tempo, ilusão e veículo pelo qual os protagonistas sociais entendem o seu mundo, então isso nos revela algo bastante desanimador com relação a nossos modos habituais de percepção. Em segundo lugar, podemos notar que algumas dessas formulações são pejorativas, outras ambiguamente pejorativas e outras ainda nada pejorativas. Considerando-se várias dessas definições, ninguém gostaria de afirmar que seu próprio pensamento é ideológico, assim como ninguém normalmente iria se referir a si mesmo como "balofo". A ideologia, como o mau hálito, é, nesse sentido, algo que a outra pessoa tem. Ao afirmar que os seres humanos são até certo ponto racionais queremos dizer, como parte dessa declaração, que ficaríamos surpresos se encontrássemos uma pessoa que sustentasse convicções que ela própria reconhecesse como ilusórias. Algumas dessas definições, no entanto, são neutras nesse aspecto – por exemplo, "um corpo de ideias característico de um determinado grupo ou classe social" – e nesse caso seria possível descrever as próprias opiniões como ideológicas, sem qualquer implicação de que elas sejam falsas ou quiméricas.

Em terceiro lugar, podemos perceber que algumas dessas formulações envolvem questões epistemológicas – questões relacionadas com o nosso conhecimento do mundo –, enquanto outras se calam a esse respeito. Algumas compreendem um sentido de percepção inadequada da realidade, enquanto uma definição como "conjunto de crenças orientadas para a ação" deixa essa questão em aberto. Tal distinção, como veremos, é um importante objeto de controvérsia na teoria da ideologia e reflete as desavenças entre duas das tradições correntes que encontramos

---

[1] Para um resumo útil dos vários significados de ideologia, ver Arne Naess et al., *Democracy, Ideology and Objectivity* (Oslo, Oslo University Press, 1956), p. 143 e seg. Ver também Norman Birnbaum, "The Sociological Study of Ideology 1940-1960", *Current Sociology*, v. 9, 1960, para um apanhado de teorias da ideologia, de Marx aos dias modernos, e uma excelente bibliografia.

inseridas no termo. De modo geral, uma linhagem central – de Hegel e Marx a György Lukács e alguns pensadores marxistas posteriores – esteve muito preocupada com ideias de verdadeira e falsa cognição, com a ideologia como ilusão, distorção e mistificação; já uma outra tradição de pensamento, menos epistemológica que sociológica, voltou-se mais para a função das ideias na vida social do que para seu caráter real ou irreal. A herança marxista hesita entre as duas correntes intelectuais, e o fato de que ambas têm algo importante a nos dizer será um dos pontos que discutiremos neste livro.

É sempre útil, quando refletimos sobre o significado de um termo específico, tentar entender como ele seria utilizado pelas pessoas comuns, caso chegasse a sê-lo. Não se trata de considerar tal uso como um tribunal de última instância, atitude que muitos descreveriam como ideológica em si mesma; mas consultar essas pessoas seria, não obstante, muito proveitoso. O que significaria, portanto, se alguém comentasse, no meio de uma conversa de bar: "Bem, mas isto não passa de ideologia!". Não, presumivelmente, que aquilo que foi dito era falso, embora isto pudesse estar implicado; se assim fosse, por que não dizê-lo simplesmente? É improvável também que as pessoas no bar quisessem dizer algo como "este é um excelente exemplo de oclusão semiótica!", ou que se acusassem veementemente de confundir realidade linguística com realidade fenomenal. Afirmar, em uma conversa corriqueira, que alguém está falando ideologicamente é, com certeza, considerar que se está avaliando uma determinada questão segundo uma estrutura rígida de ideias preconcebidas que distorce a compreensão. Vejo as coisas como elas realmente são; você as vê de maneira tendenciosa, através de um filtro imposto por algum sistema doutrinário externo. Há, em geral, uma sugestão de que isso envolve uma visão extremamente simplista do mundo – que falar ou avaliar "ideologicamente" é fazê-lo de maneira esquemática, estereotipada, e talvez com um toque de fanatismo. Aqui, portanto, o oposto de ideologia seria mais "verdade empírica" ou "pragmática" do que "verdade absoluta". Esse ponto de vista tem o venerável apoio do sociólogo Émile Durkheim (as pessoas comuns ficariam satisfeitas de saber disso), para quem o "método ideológico" consiste no "uso de noções para governar a colação dos fatos, mais do que derivar noções deles"[2].

Certamente não é difícil apontar qual é o erro nesse caso. A maioria das pessoas hoje admitiria que sem algum tipo de preconcepção – aquilo que o filósofo Martin Heidegger chama de "pré-entendimentos" – nem sequer seríamos capazes de identificar uma questão ou situação, muito menos de emitir qualquer juízo sobre ela. Não existe tal coisa como pensamento livre de pressupostos, e então qualquer ideia nossa poderia ser tida como ideológica. São as preconcepções *rígidas*,

---

[2] Émile Durkheim, *The Rules of Sociological Method* (Londres, The Free Press, 1982), p. 86 [ed. bras.: *As regras do método sociológico*, São Paulo, Editora Nacional, 1963].

20 Ideologia: uma introdução

talvez, que fazem diferença: presumo que Paul McCartney tenha comido nos últimos três meses, o que não é particularmente ideológico, enquanto você pressupõe que ele é um dos quarenta mil eleitos que serão salvos no Dia do Juízo. Mas a rigidez de uma pessoa é, como se sabe, o espírito aberto de outra. O pensamento dele é tacanho, o seu é doutrinário e, o meu, deliciosamente flexível. Existem, decerto, formas de pensamento que simplesmente "esgotam" uma determinada situação a partir de princípios gerais preestabelecidos, e a maneira de pensar que denominamos "racionalista" é, com frequência, a responsável por esse equívoco. Continua, porém, em aberto a questão de se tudo o que chamamos de ideológico é, nesse sentido, racionalista.

Algumas das mais vociferantes pessoas de nosso cotidiano são conhecidas como sociólogos norte-americanos. A crença de que a ideologia é uma forma esquemática e inflexível de se ver o mundo, em oposição a alguma sabedoria mais simples, gradual e pragmática, foi elevada, no pós-guerra, da condição de uma peça de sabedoria popular à posição de uma elaborada teoria sociológica[3]. Para o teórico político norte-americano Edward Shils, as ideologias são explícitas, fechadas, resistentes a inovações, promulgadas com uma grande dose de afetividade e requerem a total adesão de seus devotos[4]. O que se quer dizer com isso é que a União Soviética está nas garras da ideologia, ao passo que os Estados Unidos veem as coisas como elas realmente são. Não se trata, como o leitor irá verificar, de um ponto de vista em si mesmo ideológico. Tentar alcançar algum objetivo político modesto e pragmático, tal como derrubar o governo democraticamente eleito do Chile, é uma questão de adaptar-se de modo realista aos fatos; já enviar tanques para a Tchecoslováquia é um exemplo de fanatismo ideológico.

Uma característica interessante dessa ideologia do "fim da ideologia" é sua tendência a considerar a ideologia de duas maneiras bastante contraditórias, ou seja, como se ela fosse ao mesmo tempo cegamente irracional e excessivamente racionalista. Por um lado, as ideologias são apaixonadas, retóricas, impelidas por alguma obscura fé pseudorreligiosa que o sóbrio mundo tecnocrático do capitalismo moderno felizmente superou; por outro, são áridos sistemas conceituais que buscam reconstruir a sociedade de cima para abaixo, de acordo com algum projeto inexorável. Ao sintetizar essas ambivalências, Alvin Gouldner sardonicamente descreveu a ideologia como "o reino da exaltação do espírito, onde habitam o doutrinário,

---

[3] Sobre os ideólogos do "fim da ideologia", ver Daniel Bell, *The End of Ideology* (Glencoe-IL., The Free Press of Glencoe, 1960) [ed. bras.: *O fim da ideologia: pensamento político*, Brasília, Editora UnB, 1980]; Robert E. Lane, *Political Ideology* (Nova York, The Free Press, 1962), e Raymond Aron, *The Opium of the Intellectuals* (Londres, Secker & Warburg, 1957) [ed. bras.: *Mitos e homens*, Rio de Janeiro, Fundo de Cultura, 1959].

[4] Edward Shils, "The Concept and Function of Ideology", em *International Encyclopedia of the Social Sciences*, v. 7 (Nova York, MacMillan, 1968).

o dogmático, o apaixonado, o desumanizante, o falso, o irracional e, é claro, a consciência 'extremista'"[5]. Do ponto de vista de uma engenharia social empírica, as ideologias têm, simultaneamente, muito e pouco coração, podendo portanto ser condenadas, ao mesmo tempo, como vívidas fantasias e como dogmas inflexíveis. Atraem, em outras palavras, a reação ambígua tradicionalmente suscitada em relação aos intelectuais, que são menosprezados por seus devaneios visionários ao mesmo tempo que são censurados por seu distanciamento clínico dos afetos comuns. É uma grande ironia o fato de que, ao tentar substituir um arrebatado fanatismo por uma abordagem rigorosamente tecnocrática dos problemas sociais, os teóricos do "fim da ideologia" repitam, involuntariamente, o gesto daqueles que inventaram o termo "ideologia", os ideólogos do Iluminismo francês.

Uma objeção à alegação de que a ideologia consiste em um conjunto particularmente rígido de ideias é que nem todo conjunto rígido de ideias é ideológico. Posso ter convicções bastante inflexíveis com respeito a como escovar meus dentes, submetendo cada um deles, individualmente, a um número exato de escovações e preferindo sempre escovas cor-de-malva, mas, na maioria dos casos, seria estranho qualificar tais opiniões de ideológicas. ("Patológicas" seria um termo bem mais acurado.) É verdade que as pessoas às vezes empregam a palavra ideologia para se referir a qualquer crença sistemática, como por exemplo quando alguém diz que se abstém de comer carne "mais por razões práticas que ideológicas". "Ideologia" aqui é mais ou menos sinônimo do termo "filosofia" em seu sentido amplo, como na frase "O presidente não tem filosofia", proferida em tom de aprovação por um dos assessores de Richard Nixon. Mas certamente, e com frequência, o conceito de ideologia envolve muito mais do que isso. Se sou obsessivo quanto a escovar os dentes porque se os ingleses não se mantiverem saudáveis os soviéticos dominarão nossa nação débil e desdentada ou se faço da saúde física um fetiche porque pertenço a uma sociedade capaz de exercer domínio tecnológico sobre tudo, mas não sobre a morte, aí então poderia fazer sentido descrever meu comportamento como ideologicamente motivado. O termo ideologia, em outras palavras, parece fazer referência não somente a sistemas de crença, mas a questões de *poder*.

Que tipo de referência, contudo? Talvez a resposta mais comum seja afirmar que ideologia tem a ver com *legitimar* o poder de uma classe ou grupo social dominante. "Estudar ideologia", escreve John B. Thompson, "é estudar os modos pelos quais o significado (ou a significação) contribui para manter as relações de dominação"[6]. Essa é, provavelmente, a única definição de ideologia mais

---

[5]   Alvin Gouldner, *The Dialectic of Ideology and Technology* (Londres, MacMillan, 1976), p. 4.

[6]   John B. Thompson, *Studies in the Theory of Ideology* (Cambridge, Polity, 1984), p. 4. Para outro estudo geral da ideologia, ver D. J. Manning (org.), *The Form of Ideology* (Londres, Allen & Unwin, 1980).

22   Ideologia: uma introdução

amplamente aceita, e o processo de legitimação deveria envolver pelo menos seis estratégias diferentes. Um poder dominante pode se legitimar *promovendo* crenças e valores compatíveis consigo próprio; *naturalizando* e *universalizando* tais crenças de modo a torná-las óbvias e aparentemente inevitáveis; *denegrindo* ideias que possam desafiá-lo; *excluindo* formas rivais de pensamento, mediante talvez alguma lógica não declarada mas sistemática; e *obscurecendo* a realidade social de modo a favorecê-lo. Tal "mistificação", como é comumente conhecida, com frequência assume a forma de camuflagem ou repressão dos conflitos sociais, da qual se origina o conceito de ideologia como uma resolução imaginária de contradições reais. Em qualquer formação ideológica genuína, todas as seis estratégias podem estabelecer entre si interações complexas.

No entanto, essa persuasiva definição de ideologia apresenta pelo menos dois grandes problemas. Em primeiro lugar, nem todo corpo de crenças normalmente denominado ideológico está associado a um poder político *dominante*. A esquerda política, em particular, ao examinar o tópico da ideologia, tende quase instintivamente a considerar esses modos dominantes; mas como então classificar as crenças dos *levellers*, dos *diggers*, dos *narodniks*[7] e das sufragistas, que não eram, decerto, os sistemas de valores governantes de sua época? Será que o socialismo e o feminismo são ideologias – e, se não o são, por quê? Serão não ideológicos enquanto oposição política mas ideológicos quando chegam ao poder? Se aquilo em que acreditavam os *diggers* e as sufragistas é "ideológico", conforme poderia sugerir boa parte do uso comum, então não é verdade que *todas* as ideologias são opressivas e espuriamente legitimadoras. De fato, o teórico político Kenneth Minogue, da ala direita, sustenta, de maneira surpreendente, que todas as ideologias são esquemas estéreis e totalizantes, politicamente oposicionistas, uma vez que se contrapõem à sabedoria prática dominante: "As ideologias podem ser descritas em termos de uma hostilidade comum à modernidade: ao liberalismo na política, ao individualismo na prática moral e ao mercado na economia"[8]. Segundo essa visão, os partidários do socialismo são ideológicos, mas os defensores do capitalismo, não. Um indicador confiável da natureza da ideologia política de alguém é o quanto ele está disposto a aplicar o termo ideologia a suas próprias opiniões políticas. De modo geral, conservadores como Minogue temem o conceito, já que classificar as próprias crenças como ideológicas implicaria o risco de convertê-las em objetos de contestação.

---

[7]   *Levellers* (niveladores): Movimento radical surgido na Inglaterra do século XVII cujo programa incluía abolição da monarquia, reforma agrária e social e liberdade religiosa. *Diggers* (cavadores): grupo de dissidentes radicais formado em 1649 como uma ramificação dos *levellers* e que acreditava numa forma de comunismo agrário. *Narodniks*: adeptos do primeiro movimento socialista revolucionário na Rússia, no século XIX, visando à derrubada do turismo e à organização de um comunismo agrário. (N. T.)

[8]   Kenneth Minogue, *Alien Powers* (Londres, Weidenfeld & Nicolson, 1985), p. 4.

O que é ideologia? 23

Será, então, que os socialistas, as feministas e outros radicais deveriam admitir a natureza ideológica de seus próprios valores? Se o termo ideologia está confinado às formas *dominantes* de pensamento social, tal medida seria incorreta e causaria confusões desnecessárias; por outro lado, pode-se perceber aqui a necessidade de uma definição mais ampla de ideologia, algo como uma intersecção entre sistemas de crença e de poder político. E tal definição seria neutra com respeito à questão de se essa intersecção desafia ou confirma uma determinada ordem social. O filósofo político Martin Seliger argumenta justamente em favor de tal formulação, definindo ideologia como "conjuntos de ideias pelas quais os homens [*sic*] postulam, explicam e justificam os fins e os meios da ação social organizada, e especialmente da ação política, qualquer que seja o objetivo dessa ação, se preservar, corrigir, extirpar ou reconstruir uma certa ordem social"[9]. A partir desse arranjo, seria perfeitamente razoável falar em "ideologia socialista", o que não faria sentido (ao menos no Ocidente) se ideologia significasse apenas sistemas de crença *dominantes*, assim como não faria sentido, ao menos para um socialista, se ideologia se referisse inevitavelmente a ilusão, mistificação e falsa consciência.

Ao se ampliar de tal forma o âmbito do termo ideologia, tem-se a vantagem de corroborar grande parte do uso comum, resolvendo-se assim o aparente dilema de por que, digamos, o fascismo deveria ser uma ideologia, enquanto o feminismo, não. A desvantagem, no entanto, é que vários elementos do conceito de ideologia considerados centrais por muitos filósofos radicais – tais como o obscurecimento e a "naturalização" da realidade social, bem como a resolução ilusória de contradições reais – são, ao que parece, descartados. Na minha opinião, as duas acepções de ideologia, tanto a mais ampla quanto a mais restrita, têm sua utilidade; trata-se apenas de reconhecer a incompatibilidade entre elas, já que provêm de histórias políticas e conceituais divergentes. Esse ponto de vista tem a vantagem de permanecer fiel ao lema implícito de Bertold Brecht – "Use o que puder!" – e a desvantagem de ser excessivamente complacente.

Tal complacência é um erro, pois arrisca-se a ampliar o conceito de ideologia a ponto de torná-lo politicamente desdentado; e esse é o segundo problema com a tese da "ideologia como legitimação", o qual diz respeito à própria natureza do poder. Segundo Michel Foucault e seus acólitos, o poder não é algo confinado aos exércitos e parlamentos: é, na verdade, uma rede de força penetrante e intangível que se tece em nossos menores gestos e nas declarações mais íntimas[10]. Segundo essa teoria, limitar a ideia de poder a suas manifestações políticas mais óbvias seria em si

---

[9] Martin Seliger, *Ideology and Politics* (Londres, Allen and Unwin, 1976), p. 11. Ver também, de sua autoria, *The Marxist Concept of Ideology* (Londres, Cambridge University Press, 1977).
[10] Ver Michel Foucault, *Discipline and Punish: The Birth of the Prison* (Nova York, Pantheon Books, 1977) [ed. bras.: *Vigiar e punir: nascimento da prisão*, Petrópolis, Vozes, 1987].

24 Ideologia: uma introdução

mesmo um procedimento ideológico, ocultando o caráter difuso e complexo de suas operações. Considerar o poder algo que se imprime em nossas relações pessoais e nas atividades rotineiras é um evidente ganho político, como as feministas por exemplo não tardaram em reconhecer; mas representa um problema quanto ao significado de ideologia. Pois, se não há valores e crenças que *não* sejam relacionados com o poder, então o termo ideologia corre o risco de expandir-se até o ponto de desaparecer. Qualquer palavra que abranja tudo perde o seu valor e degenera em um som vazio. Para que um termo tenha significado, é preciso que se possa especificar o que, em determinadas circunstâncias, seria considerado o outro dele – o que não significa, necessariamente, especificar algo que seja *sempre e em qualquer parte* o outro dele. Se o poder, como o próprio Todo-Poderoso, é onipresente, então a palavra ideologia deixa de particularizar algo e perde totalmente sua capacidade de informar – da mesma forma que se cada amostra do comportamento humano, seja ela qual for, inclusive a tortura, fosse considerada um exemplo de compaixão, a palavra compaixão se reduziria a um significante vazio.

Fiéis a essa lógica, Foucault e seus seguidores abandonaram por completo o conceito de ideologia, substituindo-o por um "discurso" mais capaz. Mas isso talvez seja desistir muito rápido de uma distinção útil. A força do termo ideologia reside em sua capacidade de distinguir entre as lutas de poder que são até certo ponto centrais a toda uma forma de vida social e aquelas que não o são. Uma discussão entre marido e mulher, à mesa do café, sobre quem exatamente deixou que a torrada se transformasse em carvão não é necessariamente ideológica; só o seria se, por exemplo, começasse a envolver questões como potência sexual, opiniões sobre o papel de cada um dos sexos e assim por diante. Dizer que esse tipo de contenda é ideológico faz diferença, revela-nos algo elucidativo, enquanto os sentidos mais "expansionistas" da palavra, não. Os mais radicais, para quem "tudo é ideológico" ou "tudo é político", parecem não perceber que correm o risco de derrubar os seus próprios argumentos. Tais *slogans* podem ser muito valiosos quando se trata de desafiar uma definição excessivamente estreita de política e ideologia, uma do tipo que convém ao propósito do poder dominante de despolitizar setores inteiros da vida social. Mas estender esses termos a ponto de torná-los coextensivos a tudo é simplesmente destituir-lhes de força, o que também é conveniente para a ordem dominante. É perfeitamente possível concordar com Nietzsche e Foucault a respeito de que o poder está em toda parte, ao mesmo tempo que se busca distinguir, para certos propósitos práticos, entre exemplos de poder mais ou menos centrais.

Entretanto, na esquerda política, existem aqueles que ficam apreensivos com toda essa questão de decidir entre o mais e o menos central. Não será apenas uma tentativa sub-reptícia de marginalizar certas lutas de poder que foram indevidamente negligenciadas? Será que realmente queremos traçar uma hierarquia de tais conflitos, reproduzindo assim um hábito de pensar tipicamente conservador? Se alguns de fato acreditam que um bate-boca entre duas crianças por causa de uma bola é tão importante quanto o movimento de libertação de El Salvador, é preciso avisá-los de que eles só podem estar brincando. Talvez à força de muita zombaria seja possível convencê-los a tornarem-se pensadores totalmente hierárquicos. Os radicais políticos são tão dedicados ao conceito de privilégio quanto seus oponentes: acreditam, por exemplo, que o suprimento de víveres em Moçambique é um assunto mais importante que a vida amorosa de Mickey Mouse. Afirmar que certo tipo de conflito é mais importante que outro implica, é claro, *argumentar* em favor dessa prioridade e estar aberto a refutações; mas ninguém acredita realmente que "o poder está em toda parte" tenha o sentido de que cada manifestação sua é tão significativa quanto qualquer outra. No que diz respeito a esse ponto, e talvez a todos os outros, ninguém é de fato um relativista, não importa o que declare retoricamente.

Nem tudo, portanto, pode ser eficientemente descrito como ideológico. Se não há nada que não seja ideológico, então o termo se invalida por completo e desaparece de cena. Dizer tal coisa não obriga ninguém a acreditar que existe um tipo de discurso inerentemente ideológico; significa apenas que, em qualquer situação específica, deve-se ser capaz de assinalar aquilo que se considera não ideológico para que o termo tenha significado. Do mesmo modo, no entanto, pode-se dizer que não há um único fragmento de discurso que não *possa* ser ideológico, dadas as devidas condições. "Você já pôs o gato para fora?" poderia ser uma elocução ideológica se, por exemplo, encerrasse a implicação tácita: "Ou será que você está bancando o proletário preguiçoso, como de costume?". De maneira oposta, a afirmação de que "os homens são superiores às mulheres" não é necessariamente ideológica (no sentido de apoiar um poder dominante); proferida em um tom convenientemente sardônico, poderia ser uma forma de subverter a ideologia sexista.

Pode-se situar esse tópico sugerindo-se que ideologia é mais uma questão de "discurso" que de "linguagem"[11]. Isto diz respeito aos usos efetivos da linguagem entre determinados sujeitos humanos para a produção de efeitos específicos. Não se pode decidir se um enunciado é ideológico ou não examinando-o isoladamente de seu contexto discursivo, assim como não se pode decidir, da mesma maneira, se um fragmento de escrita é uma obra de arte literária. A ideologia tem mais a ver com a questão de quem está falando o quê, com quem e com que finalidade do que com as propriedades linguísticas inerentes de um pronunciamento. Não se trata de negar a existência de "idiomas" ideológicos específicos: a linguagem do

---

[11] Ver Émile Benveniste, *Problems in General Linguistics* (Miami, University of Miami Press, 1971) [ed. bras.: *Problemas de linguística geral*, Campinas, Pontes/Unicamp, 1991].

26   Ideologia: uma introdução

fascismo, por exemplo. O fascismo tende a ter seu próprio léxico característico (*Lebensraum*, sacrifício, sangue e pátria), mas o que há de mais ideológico quanto a esses termos são os interesses de poder a que servem e os efeitos políticos que geram. O fato então é que o mesmo fragmento de linguagem pode ser ideológico em um contexto e não em outro; a ideologia é uma função da relação de uma elocução com seu contexto social.

Se definimos ideologia como qualquer discurso vinculado a interesses sociais específicos, deparamos com problemas semelhantes àqueles da questão do "pan-poderismo". Pois, uma vez mais, o que o discurso não é? Muitas pessoas que não pertencem à direita acadêmica suspeitariam da noção de alguma linguagem totalmente desinteressada, e, se estão certas, então não faria sentido definir ideologia como elocuções "socialmente interessadas", já que isto não abrange absolutamente coisa alguma. (A própria palavra "interesse", aliás, é de interesse ideológico: como assinala Raymond Williams em *Palavras-chave*, é significativo que "nossas palavras mais gerais para atração ou envolvimento se tenham desenvolvido a partir de um termo objetivo formal no âmbito da propriedade e das finanças. [...] essa palavra hoje central para designar atenção, atração e preocupação esteja saturada da experiência de uma sociedade baseada em relações pecuniárias")[12].

Talvez possamos tentar distinguir aqui entre tipos "sociais" e puramente "individuais" de interesse, de modo que a palavra ideologia denote os interesses de determinados grupos sociais, em vez do desejo insaciável de alguém por sardinhas. Mas a linha que separa o social do individual é, como se sabe, imprecisa, e "interesses sociais" constituem, em todo caso, uma categoria tão ampla que se corre o risco, mais uma vez, de invalidar o significado do conceito de ideologia.

Mesmo assim, talvez seja útil discriminar entre dois "níveis" de interesse, um que se poderia dizer ideológico e outro que não. Os seres humanos têm certos interesses "profundos" gerados pela natureza de seus corpos: interesses em comer, em comunicar-se entre si, em compreender e controlar o meio em que vivem, e assim por diante. Parece não haver qualquer sentido em classificar esses tipos de interesse como ideológicos, na medida em que se opõem, por exemplo, a um interesse em derrubar o governo ou prover mais assistência às crianças. O pensamento pós-modernista, sob a influência de Friedrich Nietzsche, tipicamente misturou esses diferentes tipos de interesse de maneira ilícita, moldando um universo homogêneo em que tudo, desde amarrar os cadarços até fazer cair ditaduras, é nivelado a uma questão de "interesses". O efeito político de tal medida é toldar a especificidade de certas formas de conflito social, inchando a tal ponto toda a categoria de "interesses" que ela já não distingue nada em particular. Descrever

---

[12]   Raymond Williams, *Palavras-chave: um vocabulário de cultura e sociedade*, São Paulo, Boitempo, 2007, p. 239-40.

O que é ideologia? 27

ideologia como discurso "interessado", portanto, requer a mesma qualificação que caracterizá-la como uma questão de poder. Em ambos os casos, o termo só é eficaz e elucidativo se nos ajuda a distinguir entre aqueles interesses e conflitos de poder que, em qualquer época, são claramente centrais a toda uma ordem social e aqueles que não o são.

Nenhum dos argumentos até aqui apresentados chega a esclarecer as questões epistemológicas envolvidas na teoria da ideologia – a questão, por exemplo, de se a ideologia pode ser validamente considerada como "falsa consciência". Trata-se de uma noção de ideologia bastante impopular nos dias de hoje, por uma série de razões. Por um lado, a própria epistemologia está, no momento, um pouco fora de moda, e a suposição de que algumas de suas ideias "harmonizam-se" ou "correspondem" ao modo como as coisas são, enquanto outras não, é tida por alguns como uma ingênua e desacreditada teoria do conhecimento. Por outro lado, a ideia da falsa consciência pode ser vista como implicando a possibilidade de alguma forma inequivocamente correta de ver o mundo, o que hoje se encontra sob forte suspeita. Além disso, a crença de que uma minoria de teóricos monopoliza um conhecimento cientificamente fundamentado de como é a sociedade, ao passo que o resto de nós está mergulhado em uma névoa de falsa consciência, não é particularmente atraente para a sensibilidade democrática. Uma versão singular desse elitismo foi apresentada na obra do filósofo Richard Rorty, em cuja sociedade ideal os intelectuais serão "ironistas", assumindo uma atitude desdenhosa e despreocupada com relação a suas próprias crenças, enquanto as massas, para quem tal comportamento irônico poderia revelar-se uma arma demasiado subversiva, continuarão a saudar a bandeira e levar a vida a sério[13].

Nessa situação, parece mais simples, para alguns teóricos da ideologia, abandonar por completo a questão epistemológica, em favor de um sentido mais político ou sociológico da ideologia enquanto meio pelo qual homens e mulheres travam suas batalhas sociais e políticas no âmbito dos signos, significados e representações. Mesmo um marxista tão ortodoxo quanto Alex Callinicos exorta-nos a descartar os elementos epistemológicos da teoria da ideologia de Marx[14], e Göran Therborn é igualmente enfático ao afirmar que as ideias de verdadeira e falsa consciência devem ser rejeitadas "explícita e decisivamente, de uma vez por todas"[15].

---

[13]   Richard Rorty, *Contingency, Irony and Solidarity* (Cambridge, Cambridge University Press, 1989).

[14]   Alex Callinicos, *Marxism and Philosophy* (Oxford, Oxford University Press, 1985), p. 134.

[15]   Göran Therborn, *The Ideology of Power and the Power of Ideology* (Londres, Verso, 1980), p. 5.

28 Ideologia: uma introdução

Martin Seliger pretende eliminar totalmente o significado pejorativo e negativo de ideologia[16], enquanto Rosalind Coward e John Ellis, escrevendo em um período em que a tese da "falsa consciência" estava no auge de sua impopularidade, rejeitam peremptoriamente a ideia como "ridícula"[17].

Argumentar em favor de uma definição mais "política" que "epistemológica" de ideologia não significa, é evidente, afirmar que política e ideologia são a mesma coisa. Uma forma de distingui-las seria sugerir que a política se refere aos processos de poder mediante os quais as ordens sociais são mantidas ou desafiadas, ao passo que a ideologia diz respeito aos modos pelos quais esses processos de poder ficam presos no reino do significado. Mas não é bem assim, uma vez que a política tem sua própria classe de significado, que não precisa ser necessariamente ideológico. Dizer que existe uma monarquia constitucional na Inglaterra é um enunciado político; só se torna ideológico quando começa a envolver crenças – quando, por exemplo, traz implícito o anexo "o que é uma boa coisa". Uma vez que só é necessário dizer isso quando há pessoas em volta que a consideram uma coisa ruim, podemos sugerir que a ideologia se ocupa menos com significado do que os conflitos no campo do significado. Se os membros de um grupo político dissidente dizem entre si "Podemos derrubar o governo", trata-se, nesse caso, de um fragmento de discurso político; se dizem isso ao governo, torna-se imediatamente ideológico (no sentido amplo do termo), visto que a elocução entrou agora na arena da luta discursiva.

A visão da ideologia como "falsa consciência" não parece convincente por várias razões. Uma delas tem a ver com o que poderíamos chamar de racionalidade moderada dos seres humanos em geral, e talvez seja mais a expressão de uma fé política do que um argumento conclusivo. Segundo Aristóteles, a maioria das crenças tem um elemento de verdade; e embora tenhamos presenciado, na política de nosso século, suficiente irracionalismo patológico para recear qualquer confiança demasiado otimista em alguma robusta racionalidade humana, é certamente difícil acreditar que massas inteiras de seres humanos sustentariam, por um longo período histórico, ideias e crenças que fossem simplesmente absurdas. Crenças profundamente persistentes têm de ser apoiadas, até certo ponto, e ainda que de maneira limitada, pelo mundo que nossa atividade prática nos revela; acreditar que um número maciço de pessoas viveria e por vezes morreria em função de ideias absolutamente vazias e disparatadas é assumir uma postura desagradavelmente aviltante com relação às pessoas comuns. Ver os seres humanos como atolados em preconceito irracional, incapazes de raciocinar de modo coerente, é

---

[16] Martin Seliger, *Ideology and Politics*, cit.
[17] Rosalind Coward e John Ellis, *Language and Materialism* (Londres, Routledge and Paul, 1977), p. 90.

uma opinião tipicamente conservadora; e uma atitude ainda mais radical é afirmar que, embora possamos de fato ser atingidos por todos os tipos de mistificações, algumas delas inclusive endêmicas da própria mente, ainda assim temos a capacidade de explicar nosso mundo de maneira relativamente convincente. Se os seres humanos fossem mesmo crédulos e ignorantes a ponto de depositar sua fé em ideias totalmente sem sentido, então seria razoável perguntar se valeria a pena apoiar politicamente essas pessoas. Se elas fossem tão ingênuas, como poderiam, em algum momento, ter a esperança de emancipar-se?

Segue-se então que, ao depararmos com um corpo de doutrina religiosa, mitológica ou, digamos, mágica, à qual muitas pessoas se devotaram, podemos, com frequência, ter uma razoável certeza de que ela contém algo. Talvez esse algo não seja aquilo que os representantes de tais credos acreditam que seja; mas é improvável que se trate de um mero contrassenso. Podemos supor, de modo geral, em razão simplesmente do caráter disseminado e duradouro de tais doutrinas, que elas codificam, ainda que de maneira mistificada, necessidades e desejos genuínos. É falso acreditar que o Sol se move ao redor da Terra, mas não é absurdo; tampouco é absurdo afirmar que a justiça requer que se enviem correntes elétricas pelos corpos dos assassinos. Não há nada ridículo em se dizer que algumas pessoas são inferiores a outras, pois isso é obviamente verdadeiro. Em certos aspectos definidos, alguns indivíduos são de fato inferiores a outros: menos pacientes, mais propensos à inveja, mais lentos nos cinquenta metros rasos. Pode ser falso e pernicioso generalizar desigualdades particulares a raças ou a classes inteiras de pessoas, mas podemos entender muito bem a lógica que leva a isso. Pode ser errado acreditar que a raça humana se encontra em tal confusão que só pode ser salva por algum poder transcendental, mas os sentimentos de impotência, culpa e aspiração utópica sintetizados nesse dogma não são de modo algum ilusórios.

Cabe aqui uma outra ideia. Por mais difundida que seja a "falsa consciência" na vida social, pode-se contudo afirmar que a maior parte do que as pessoas dizem sobre o mundo deve ser, na maioria das vezes, de fato verdadeiro. Para o filósofo Donald Davidson, esse argumento é mais lógico do que empírico. Pois, segundo ele, a menos que sejamos capazes de admitir que a maioria das observações feitas pelas pessoas é em geral acurada, haveria uma dificuldade insuperável até de entender sua linguagem. E o fato é que parecemos mesmo capazes de traduzir as linguagens de outras culturas. Conforme postula um dos comentaristas de Davidson, trata-se do chamado princípio de complacência: "Se achamos que entendemos o que as pessoas dizem, devemos também considerar corretas a maioria de nossas observações sobre o mundo em que vivemos"[18]. Muitas das declarações em questão são bastante triviais, e não devemos subestimar o poder da ilusão comum: uma

---

[18] Bjørn T. Ramberg, *Donald Davidson's Philosophy of Language* (Oxford, Blackwell, 1989), p. 47.

recente pesquisa de opinião revelou que um em cada três britânicos acredita que o Sol gira em torno da Terra, e um em cada sete afirma que o sistema solar é maior que o Universo. No que diz respeito a nossa vida social rotineira, no entanto, é possível que, na maior parte das vezes, segundo Davidson, não estejamos equivocados. Nosso conhecimento prático deve ser, em geral, acurado, do contrário nosso mundo desabaria. Saber se o sistema solar é ou não maior que o Universo desempenha um papel muito pequeno em nossas atividades sociais cotidianas e, portanto, podemos nos permitir estar enganados quanto a esse ponto. Em um nível inferior, os indivíduos que compartilham as mesmas práticas sociais devem, de maneira geral, compreender uns aos outros corretamente, mesmo que uma pequena minoria entre eles, nas universidades, gastem seu tempo agonizando sobre a indeterminação do discurso. Aqueles que enfatizam, de modo muito apropriado, que a linguagem é um terreno de conflito, às vezes esquecem que o conflito pressupõe certo grau de acordo mútuo: não há *conflito* político entre nós se você afirma que o patriarcado é um sistema social censurável enquanto eu sustento que se trata de uma pequena cidade no interior do estado de Nova York. Certa solidariedade prática está embutida nas estruturas de qualquer linguagem compartilhada, mesmo que grande parte dessa linguagem possa ser permeada pelas divisões de classe, gênero e raça. Os radicais que consideram essa opinião perigosamente otimista, expressiva de uma fé demasiado ingênua na "linguagem comum", esquecem que tal solidariedade prática e segurança de cognição são evidências daqueles realismo e inteligência básicos da vida popular, que são tão intragáveis para o elitista.

O que Davidson talvez desconsidere, no entanto, é aquela forma de "comunicação sistematicamente distorcida" a que Jürgen Habermas chama de ideologia. Davidson argumenta que, quando os falantes nativos repetidamente apontam para um coelho e pronunciam um som, esse ato de denotação deve ser, na maior parte das vezes, acurado, de outro modo nunca chegaríamos a aprender o termo nativo para coelho ou – por extensão – qualquer outro elemento de sua linguagem. Imagine, porém, uma sociedade que utiliza a palavra "dever" cada vez que um homem bate em sua mulher. Ou um estrangeiro que, depois de ter observado nossa cultura e tomado contato com nossos hábitos linguísticos, volta ao lar e informa a seus companheiros, quando perguntado, que a palavra que utilizamos para dominação é "serviço". A teoria de Davidson não leva em conta esses desvios *sistemáticos* – embora talvez estabeleça que, para decifrar um sistema de discurso ideológico, é necessário que já se tenha dominado os usos normativos e não distorcidos dos termos. A sociedade espancadora de mulheres precisa usar a palavra "dever" um número suficiente de vezes, num contexto apropriado, para que sejamos capazes de reconhecer um "abuso" ideológico.

Mesmo sendo verdade que a maioria das ideias pelas quais as pessoas vivem não seja um mero absurdo, não é claro que essa atitude complacente seja suficiente

O que é ideologia? 31

para que se descarte a tese da "falsa consciência". Pois aqueles que sustentam essa tese não negam, necessariamente, que certos tipos de ilusão expressam necessidades e desejos reais. Podem estar apenas afirmando que é falso acreditar que os assassinos devem ser executados, ou que o arcanjo Gabriel esteja se preparando para fazer uma aparição na próxima terça-feira, e que essas falsidades estão intimamente associadas, e de modo significativo, com a reprodução de um poder político dominante. Isso não quer dizer que as pessoas que defendem tais crenças não julguem ter boas razões para sustentá-las; pode ser apenas que aquilo em que elas acreditam não seja inequivocamente como pensam ser, e que essa seja uma questão relevante para o poder político.

Parte da oposição ao argumento da "falsa consciência" tem origem na alegação, aliás correta, de que as ideologias, para serem verdadeiramente eficazes, devem dar algum sentido, por menor que seja, à experiência das pessoas; devem ajustar-se, em alguma medida, ao que elas conhecem da realidade social com base em sua interação prática com esta. Como nos lembra Jon Elster, as ideologias dominantes podem moldar ativamente as necessidades e os desejos daqueles a quem elas submetem[19]; mas devem também comprometer-se, de maneira significativa, com as necessidades e desejos que as pessoas já têm, captar esperanças e carências genuínas, reinflecti-las em seu idioma próprio e específico e retorná-las a seus sujeitos de modo a converterem-se em ideologias plausíveis e atraentes. Devem ser "reais" o bastante para propiciar a base sobre a qual os indivíduos possam moldar uma identidade coerente, devem fornecer motivações sólidas para a ação efetiva e devem empenhar-se, o mínimo que seja, para explicar suas contradições e incoerências mais flagrantes. Em resumo, para terem êxito, as ideologias devem ser mais do que ilusões impostas e, a despeito de todas as suas inconsistências, devem comunicar a seus sujeitos uma versão da realidade social que seja real e reconhecível o bastante para não ser peremptoriamente rejeitada. Podem ser, por exemplo, muito verdadeiras no que declaram, mas falsas naquilo que negam – como o são, segundo John Stuart Mill, quase todas as teorias sociais. Qualquer ideologia dominante que falhasse por completo em harmonizar-se com a experiência vivenciada por seus sujeitos seria extremamente vulnerável, e seus representantes fariam bem em trocá-la por outra. Mas nada disso contradiz o fato de que as ideologias, com muita frequência, contêm proposições importantes que são absolutamente falsas: que os judeus são seres inferiores, que as mulheres são menos racionais que os homens, que os fornicadores serão condenados ao suplício eterno[20]. Se essas

---

[19] "Belief, Bias and Ideology", em M. Hollis e S. Lukes (org.), *Rationality and Relativism* (Oxford, Blackwell, 1982).

[20] A segunda afirmação foi uma das poucas partes de meu argumento a ser seriamente contestada quando apresentei uma versão deste capítulo como conferencista na Brigham Young University, Utah.

opiniões não são exemplos de falsa consciência, então será difícil saber o que o é; e aqueles que repudiam toda noção de falsa consciência devem ter cuidado para não parecer desdenhosos quanto ao caráter ofensivo dessas opiniões. Se a questão da "falsa consciência" obriga alguém a considerar a ideologia algo irreal, uma fantasia totalmente dissociada da realidade social, então fica difícil saber quem, nos dias de hoje ao menos, realmente endossa tal ponto de vista. Se, por outro lado, trata-se apenas de afirmar que existem enunciados ideológicos bastante centrais que são manifestamente falsos, então, da mesma maneira, será difícil entender como alguém poderia negar isso. O problema real, talvez, não é se alguém nega ou não essa afirmação, mas que papel atribui a tal falsidade no conjunto de sua teoria da ideologia. Será que as falsas representações da realidade social são, de algum modo, constitutivas da ideologia, ou serão mais contingências dela?

Uma das razões por que a ideologia não parece ser uma questão de falsa consciência é que muitas declarações que as pessoas poderiam admitir como ideológicas são obviamente verdadeiras. A afirmação "o príncipe Charles é um sujeito ponderado, consciencioso e não é hediondamente feio" é verdadeira, mas a maioria das pessoas que julgasse valer a pena dizer tal coisa sem dúvida estaria usando a declaração para reforçar, de algum modo, o poder da realeza. "O príncipe Andrew é mais inteligente que um *hamster*" é provavelmente verdadeiro também, ainda que um pouco mais controverso; mas é provável que o efeito de tal pronunciamento (se ignorarmos a ironia) seja mais uma vez ideológico, no sentido de contribuir para legitimar um poder dominante. Isso no entanto talvez não seja suficiente para responder àqueles que consideram a ideologia, de modo geral, falsificadora. Pois sempre se pode argumentar que embora tais elocuções sejam *empiricamente* verdadeiras, são falsas em algum aspecto mais profundo, mais fundamental. É verdade que o príncipe Charles é razoavelmente consciencioso, mas não é verdade que a realeza seja uma instituição desejável. Imagine um porta-voz da diretoria anunciando que "se a greve continuar, as pessoas irão morrer nas ruas por falta de ambulâncias". Isso pode ser verdadeiro, ao contrário do que afirmar que elas irão morrer de tédio por falta de jornais; mas um grevista poderia, não obstante, considerar o porta-voz uma pessoa desonesta, já que o valor da observação é, provavelmente, "voltem ao trabalho", e não há razão para supor que isso, dadas as circunstâncias, seria a coisa mais sensata a fazer. Dizer que o enunciado é ideológico significa, portanto, afirmar que está carregado de um motivo ulterior estreitamente relacionado com a legitimação de certos interesses em uma luta de poder. Poderíamos dizer que o argumento do porta-voz é verdadeiro enquanto fragmento de linguagem, mas não enquanto peça de discurso. Descreve uma situação possível de modo bastante acurado, mas como ação retórica destinada a produzir certos efeitos é falsa, e isso em dois sentidos. É falsa porque envolve uma espécie de logro – o porta-voz não está realmente dizendo o que quer dizer – e

O que é ideologia? 33

porque encerra uma implicação – que voltar ao trabalho seria a ação mais construtiva a tomar –, o que talvez não seja bem o caso.

Outros tipos de enunciado ideológico são verdadeiros no que afirmam, porém falsos no que excluem. "Esta [é a] terra de liberdade", segundo disse um político norte-americano, pode ser uma asserção bastante verdadeira se o que se tem em mente é a liberdade de praticar a própria religião ou de ganhar dinheiro fácil, mas não quando se considera a liberdade de viver sem medo de ser assaltado ou de anunciar, no horário nobre da televisão, que o presidente é um assassino. Outras categorias de enunciado ideológico envolvem falsidade sem necessariamente ter a intenção de ludibriar ou de ser excludente: "Sou britânico e me orgulho disso", por exemplo. As duas partes dessa observação podem ser verdadeiras, mas ela implica que ser britânico é por si só uma virtude, o que é falso. O que está envolvido aqui é mais um enganar a si mesmo, uma autoilusão, do que uma fraude. Um comentário do tipo "se permitirmos que os paquistaneses morem em nossas ruas, o preço das casas vai cair" talvez seja verdadeiro, mas pode implicar a suposição de que os paquistaneses são seres inferiores, o que é falso.

Poderia parecer, então, que pelo menos uma parte daquilo que chamamos de discurso ideológico é verdadeira em um nível, mas não em outro: verdadeira em seu conteúdo empírico, mas enganosa quanto a seu valor, ou verdadeira em seu significado superficial, mas falsa em termos de suas suposições subjacentes. E sendo assim a tese da "falsa consciência" não sofre nenhum abalo significativo por reconhecer que nem toda linguaguem ideológica caracteriza o mundo de maneira errônea. Falar, no entanto, em "suposições falsas" suscita uma questão séria. Pois alguém poderia argumentar que uma declaração como "ser britânico é por si só uma virtude" não é falsa no mesmo sentido em que é falso acreditar que Ghengis Khan está vivo e bem, dirigindo uma butique no Bronx. Isso não seria apenas confundir dois significados diferentes da palavra "falso"? *Eu* talvez não acredite que ser britânico é por si só uma virtude, mas essa é apenas uma opinião pessoal e não equivale, certamente, a dizer, por exemplo, que "Paris é a capital do Afeganistão" – declaração que qualquer pessoa concordaria ser realmente falsa.

Que partido tomar nesse debate depende de se você é ou não um realista moral[21]. Um tipo de oponente do realismo moral pretende sustentar que nosso discurso se divide em duas categorias distintas: aqueles atos de fala que visam descrever as coisas como são, os quais envolvem critérios de verdade e falsidade, e aqueles que expressam avaliações e prescrições, e que não dependem de tais critérios. Segundo esse ponto de vista, a linguagem cognitiva é uma coisa, ao passo que a linguagem normativa ou prescritiva é outra bem diferente. Um realista moral, ao

---

[21] Ver Sabina Lovibond, *Realism and Imagination in Ethics* (Oxford, Blackwell, 1982), e David O. Brink, *Moral Realism and the Foundations of Ethics* (Cambridge, Cambridge University Press, 1989).

34 Ideologia: uma introdução

contrário, rejeita essa oposição binária entre "fato" e "valor" (que na verdade tem fortes raízes na história filosófica burguesa) e "nega que possamos traçar qualquer distinção inteligível entre aquelas partes do discurso assertórico que genuinamente *descrevem* a realidade e aquelas que não o fazem"[22]. De acordo com essa teoria, está errado pensar que nossa linguagem se divide em objetivismo rígido e subjetivismo frouxo, em um reino de fatos físicos incontestáveis e uma esfera de valores incertos e flutuantes. Os juízos morais são candidatos à argumentação racional tanto quanto as partes mais claramente descritivas de nosso discurso. Para um realista, tais declarações normativas pretendem descrever aquilo que é, ou seja: que há "fatos morais", e também fatos físicos, acerca dos quais nossos juízos podem ser considerados tanto verdadeiros como falsos. Afirmar que os judeus são seres inferiores é tão falso quanto dizer que Paris é a capital do Afeganistão; não se trata apenas de minha opinião particular ou de alguma postura ética que decido assumir em relação ao mundo. Declarar que a África do Sul é uma sociedade racista não é somente uma forma mais impressionante de dizer que eu não gosto do sistema sul-africano.

Uma das razões por que os juízos morais não nos parecem tão sólidos quanto os juízos acerca do mundo físico é que vivemos em uma sociedade onde existem conflitos de valor fundamentais. Com efeito, o único argumento moral que o pluralista liberal descartaria seria aquele que interferisse nesse livre mercado dos valores. Como não podemos concordar em um nível básico, é tentador fazer crer que os valores, de certo modo, flutuam livremente – que os juízos morais não podem ser submetidos a critérios de verdade e mentira porque esses critérios estão, na realidade, em considerável desordem. Podemos ter uma certeza razoável sobre se Abraham Lincoln tinha mais do que um metro e vinte de altura, mas não sobre se há circunstâncias em que é permitido matar. No entanto, o fato de que não possamos chegar, atualmente, a nenhum consenso quanto a esse assunto não é razão para supor que se trata apenas de uma questão de escolhas ou intuições pessoais que não se podem discutir. Se uma pessoa é ou não um realista moral, então fará diferença, para sua avaliação, saber até que ponto a linguagem ideológica implica falsidade. Um realista moral não será dissuadido da tese da "falsa consciência" apenas porque se pode demonstrar que algumas proposições ideológicas são empiricamente verdadeiras, já que sempre se poderia mostrar que essa proposição codifica uma afirmação normativa que na verdade era falsa.

Tudo isso é relevante para a influente teoria da ideologia proposta pelo filósofo marxista francês Louis Althusser. Para ele, pode-se falar das descrições ou representações do mundo como verdadeiras ou falsas; mas, segundo o filósofo, a ideologia não tem a ver essencialmente com tais descrições, e, portanto, os critérios de verdade e falsidade são em geral irrelevantes para ela. Para Althusser,

---

[22] Sabina Lovibond, *Realism and Imagination*, cit., p. 36.

O que é ideologia? 35

a ideologia de fato representa – mas aquilo que ela representa é o modo como eu "vivencio" minhas relações com o conjunto da sociedade, o que não pode ser considerado uma questão de verdade ou falsidade. A ideologia, para Althusser, é uma organização específica de práticas significantes que vão constituir os seres humanos como sujeitos sociais e que produzem as relações vivenciadas mediante as quais tais sujeitos vinculam-se às relações de produção dominantes em uma sociedade. Enquanto termo, abrange todas as diversas modalidades políticas de tais relações, desde a identificação com o poder dominante até a atitude de oposição a ele. Embora Althusser adote o sentido mais amplo de ideologia, sua reflexão sobre o tema, como veremos adiante, é tolhida por uma consideração do sentido mais restrito de ideologia como uma formação *dominante*.

Não há dúvida de que Althusser desfere um golpe mortal contra qualquer teoria puramente racionalista da ideologia – contra a noção de que ela consiste apenas em uma coletânea de representações que distorcem a realidade e de proposições empiricamente falsas. Ao contrário, a ideologia para ele refere-se principalmente a nossas relações afetivas e inconscientes com o mundo, aos modos pelos quais, de maneira pré-reflexiva, estamos vinculados à realidade social. Trata-se de como essa realidade nos "atinge" sob a forma de uma experiência aparentemente espontânea, dos modos pelos quais os sujeitos humanos estão o tempo todo *em jogo*, investindo em suas relações com a vida social como parte crucial do que é ser eles mesmos. Pode-se dizer que a ideologia, da mesma forma que a poesia para o crítico literário I. A. Richards, é menos uma questão de proposições do que de "pseudo-proposições"[23]. Parece, com bastante frequência, em sua superfície gramatical, ser referencial (descritiva de estados de coisas), embora seja secretamente "emotiva" (expressiva da realidade vivenciada pelos sujeitos humanos) ou "conativa" (voltada para a obtenção de certos efeitos). Se é assim, então poderia parecer que há certa lubricidade ou duplicidade embutida na linguagem ideológica, um pouco semelhante àquela que Immanuel Kant pensou ter descoberto na natureza dos juízos estéticos[24]. A ideologia, afirma Althusser, "expressa uma vontade, uma esperança ou uma nostalgia, mais do que descreve uma realidade"[25]; trata-se fundamentalmente de temer e delatar, de reverenciar e ultrajar, tudo isso às vezes codificado em um discurso que aparenta descrever as coisas como elas realmente são. É, portanto, nas palavras do filósofo J. L. Austin, uma linguagem mais "performativa"

---

[23] I. A. Richards, *Principles of Literary Criticism* (Londres, Kegan Paul, Trench, Trubner & Co., 1924), cap. 35 [ed. bras.: *Princípios da crítica literária*, Porto Alegre, Globo, 1971].

[24] Ver Terry Eagleton, *The Ideology of the Aesthetic* (Oxford, Blackwell, 1990), p. 93-6 [ed. bras.: *A ideologia da estética*, Rio de Janeiro, Zahar, 1993].

[25] Louis Althusser, *For Marx* (Londres, Allen Lane, 1969), p. 234 [ed. bras.: *A favor de Marx*, Rio de Janeiro, Zahar, 1979].

36 Ideologia: uma introdução

que "constativa": pertence antes à classe dos atos de fala que fazem algo (blasfemar, persuadir, celebrar etc.) do que ao discurso de descrição[26]. Um pronunciamento do tipo "o negro é belo", popular na época do movimento pelos direitos civis na América, parece, na superfície, caracterizar um estado de coisas, mas é na verdade um ato retórico de desafio e autoafirmação.

Althusser tenta mover-nos, portanto, de uma teoria *cognitiva* para uma teoria *afetiva* da ideologia – o que não é, necessariamente, negar que a ideologia contenha certos elementos cognitivos, ou reduzi-la ao meramente "subjetivo". É, decerto, subjetiva no sentido de ser centrada no sujeito: suas elocuções devem ser decifradas como exprimindo as atitudes ou relações vivenciadas do falante com o mundo. Mas não se trata de mero capricho pessoal. Declarar que não se gosta de funileiros ambulantes não tem, provavelmente, o mesmo valor que declarar que não se gosta de tomates. A última aversão pode ser apenas uma antipatia pessoal; a primeira envolve, possivelmente, certas crenças acerca do valor do enraizamento, da autodisciplina e da dignidade do trabalho, que são essenciais à reprodução de um determinado sistema social. Segundo o modelo de ideologia que estamos examinando, uma declaração como "os funileiros ambulantes são um bando de vadios pulguentos e ladrões" poderia ser decodificada em uma elocução performativa como "abaixo os funileiros ambulantes", e esta, por sua vez, poderia ser decodificada em uma proposição do tipo "há razões vinculadas a nossas relações com a ordem social dominante que nos fazem querer denegrir essas pessoas". Vale a pena observar, no entanto, que, se o falante pudesse ele próprio efetuar a segunda decodificação, já estaria a caminho de suplantar seu preconceito.

Os enunciados ideológicos, portanto, poderiam parecer subjetivos mas não particulares, e também nesse sentido apresentam uma afinidade com os juízos estéticos de Kant, que são ao mesmo tempo subjetivos e universais. Por um lado, a ideologia não é um mero conjunto de doutrinas abstratas, mas a matéria da qual cada um de nós é feito, o elemento que constitui nossa própria identidade; por outro, apresenta-se como um "todos sabem disso", uma espécie de verdade anônima universal. (Examinaremos mais tarde a questão de se *toda* ideologia se universaliza dessa forma.) A ideologia é um conjunto de pontos de vista que eu por acaso defendo; esse "acaso", porém, é, de algum modo, mais do que apenas fortuito, como provavelmente não o é minha preferência quanto a repartir meu cabelo no meio. Com bastante frequência parece ser uma miscelânea de refrões ou provérbios impessoais, desprovidos de tema; no entanto, esses chavões batidos estão profundamente entrelaçados com as raízes de identidade pessoal que nos impele, de tempos em tempos, ao assassinato ou à tortura. Na esfera da ideologia,

---

[26] Ver J. L. Austin, *How To Do Things with Words* (Oxford, Clarendon, 1962) [ed. bras.: *Quando dizer é fazer: palavras e ação*, Porto Alegre, Artes Médicas, 1990].

o particular concreto e a verdade universal deslizam sem parar para dentro e para fora um do outro, evitando a mediação da análise racional.

Se a ideologia é menos uma questão de representações da realidade do que de relações vivenciadas, será então que isso finalmente põe um termo ao tema da verdade/falsidade? Uma razão para pensar que sim é o fato de ser difícil imaginar como alguém poderia estar equivocado acerca da experiência que viveu. Posso confundir Madonna com uma deidade menor, mas será que posso estar enganado quanto aos sentimentos de reverência que isso me inspira? A resposta, certamente, é positiva. Não há razão para acreditar, em uma era pós-freudiana, que nossa experiência vivenciada seja necessariamente menos ambígua que nossas ideias. Posso estar enganado a respeito dos meus sentimentos tanto quanto a respeito de qualquer outra coisa: "Eu pensava na época que estava com raiva, mas olhando para trás vejo que estava é com medo". Talvez minha sensação de reverência ao ver Madonna seja apenas uma defesa contra minha inveja inconsciente de sua capacidade superior de ganhar dinheiro. Não se pode duvidar de que eu esteja experimentando *algo*, como tampouco posso duvidar de que sinto dor; mas em que precisamente consistem minhas "relações vivenciadas" com a ordem social pode ser uma questão mais problemática do que às vezes parece aos althusserianos. Talvez seja um erro imaginar que Althusser esteja falando aqui, basicamente, de experiência *consciente*, visto que, para ele, nossas relações vivenciadas com a realidade social são em grande parte inconscientes. Mas se nossa experiência consciente é indistinta e indeterminada – o que não é reconhecido pelos radicais políticos que recorrem dogmaticamente à experiência como se fosse alguma espécie de absoluto –, então nossa vida inconsciente é ainda mais.

Há um outro sentido, bastante diferente, em que se pode afirmar que as categorias de verdade e falsidade aplicam-se à experiência vivenciada de alguém, e que nos leva de volta ao tópico do realismo moral. *Estou* realmente furioso porque meu filho adolescente raspou os cabelos e pintou a cabeça com uma cor púrpura brilhante, mas conservo suficientes laivos de racionalidade para reconhecer que esse sentimento é "falso" – não no sentido de ser ilusório ou de uma interpretação errônea de mim mesmo, mas de ser baseado em valores falsos. Minha raiva é motivada pela falsa crença de que os adolescentes devem apresentar-se em público como gerentes de banco, que devem ser socialmente conformistas, e assim por diante. A experiência vivenciada de alguém pode ser falsa no sentido de ser "inautêntica", infiel àqueles valores, que se podem considerar definitivos, do que é, para os seres humanos, viver bem em uma determinada situação. Para um realista moral de convicções radicais, uma pessoa que acredite que o objetivo mais elevado na vida é amealhar o máximo possível de riqueza pessoal, de preferência reduzindo os outros a pó, está tão errada quanto alguém que acredite que Henry Gibson é o nome de um dramaturgo norueguês.

38 Ideologia: uma introdução

Althusser pode estar certo ao dizer que a ideologia é, antes de tudo, uma questão de "relações vivenciadas", mas não existem tais relações que não envolvam tacitamente um conjunto de crenças e suposições, e essas próprias crenças e suposições podem estar abertas a juízos de verdadeiro e falso. Um racista é, em geral, alguém dominado pelo medo, pelo ódio e pela insegurança, e não uma pessoa que, imparcialmente, chegou a certos juízos intelectuais sobre outras raças; mesmo que os seus sentimentos não sejam *motivados* por tais juízos, é provável que estejam profundamente entrelaçados a estes, e esses juízos – de que determinadas raças são inferiores a outras, por exemplo – são manifestamente falsos. A ideologia pode, de fato, ser basicamente uma questão de elocuções performativas – de imperativos como "reine, Britânia!", de optativos como "que Margaret Thatcher possa governar por mais mil anos" ou de interrogativos como "não é esta nação abençoada pelos Céus?". Mas cada um desses atos de fala está associado a suposições totalmente questionáveis: de que o imperialismo britânico é uma coisa excelente, que mil anos mais de Thatcher seriam uma circunstância bastante desejável, que existe um ser supremo especialmente interessado em supervisionar o progresso da nação.

O argumento althusseriano não nega, necessariamente, que os juízos de verdade e falsidade possam aplicar-se, em algum nível, ao discurso ideológico; pode estar simplesmente arrazoando que dentro de tal discurso o afetivo tipicamente prepondera sobre o cognitivo. Ou então – e nesse caso trata-se de uma questão um pouco diferente – que o conhecimento "prático-social" tem predominância sobre o conhecimento teórico. Para Althusser, as ideologias encerram de fato uma espécie de conhecimento; mas não são *basicamente* cognitivas, e o conhecimento em questão é menos teórico (e, para Althusser, essa é, estritamente falando, a única categoria de conhecimento que existe) do que pragmático, orientando o sujeito em suas tarefas práticas na sociedade. Na verdade, porém, muitos dos que defendem esse argumento acabaram rejeitando totalmente a relevância da verdade e da falsidade para a ideologia. Entre tais teóricos destaca-se na Grã-Bretanha o sociólogo Paul Hirst, argumentando que a ideologia não pode ser uma questão de falsa consciência porque é, sem dúvida, *real*. "A ideologia ... não é ilusão, não é falsidade, pois como pode ser falso algo que produz efeitos? ... isto equivaleria a dizer que uma morcela é falsa, ou que um rolo compressor é falso."[27] É bastante fácil perceber qual é o tipo de deslize lógico que ocorre aqui. Há uma confusão entre "falso" no sentido de "inverídico para o caso em questão", e "falso" enquanto "irreal". (Como se alguém dissesse: "Mentir não é uma questão de falsidade; ele realmente mentiu para mim!") É perfeitamente plausível considerar que a ideologia pode às vezes ser falsa na primeira acepção, mas não na segunda. Hirst simplesmente reduz as questões epistemológicas aqui em jogo a questões

---

[27] Paul Hirst, *On Law and Ideology* (Londres, Macmillan, 1979), p. 38.

ontológicas. Pode ser que eu realmente tenha tido a experiência de um bando de texugos, trajados com calças de escocês, mordiscando-me os dedos do pé na noite passada, mas é provável que tenha sido por causa das estranhas substâncias químicas que o vigário me prescreveu, e não que eles tenham mesmo estado lá. Segundo Hirst, não haveria como distinguir entre sonhos, alucinações e realidade, pois todos são experiências reais e todos produzem efeitos reais. Essa manobra de Hirst evoca o expediente utilizado por aqueles estetas que, ao serem confrontados com a questão espinhosa de como a arte se relaciona com a realidade, solenemente nos fazem lembrar que a arte é, sem sombra de dúvida, real.

Em vez de menosprezar totalmente as questões epistemológicas, à maneira de Hirst, seria mais proveitoso refletir sobre a sugestão de que o discurso ideológico exibe, de modo típico, uma certa proporção entre proposições empíricas e aquilo que poderíamos grosseiramente denominar "visão de mundo", na qual a última leva uma ligeira vantagem sobre as primeiras. A analogia mais próxima que se pode traçar aqui talvez seja uma obra literária. Os trabalhos literários, em sua maioria, contêm proposições empíricas; podem mencionar, por exemplo, que há muita neve na Groenlândia, ou que é típico dos seres humanos terem duas orelhas. Mas "ficcionalidade" quer dizer, em parte, que essas declarações são introduzidas, em geral, não pelo valor que têm, funcionando, na verdade, como "suportes" para a visão global de mundo do próprio texto. E a maneira como essas afirmações empíricas são selecionadas e empregadas é determinada, de modo geral, por esse requisito. Em outras palavras, a linguagem "constativa" está atrelada a objetivos "performativos"; as verdades empíricas são organizadas como componentes de uma *retórica* global. Se essa retórica assim o exigir, uma verdade empírica particular poderá ser convertida em falsidade: um romance histórico pode julgar mais conveniente para suas estratégias de persuasão manter Lênin vivo por mais uma década. De modo semelhante, um racista que acredite que os asiáticos na Grã-Bretanha serão mais numerosos que os brancos daqui uma década pode muito bem não ser dissuadido de seu racismo quando se mostra a ele que essa suposição é empiricamente falsa, já que é provável que a proposição seja mais um suporte para o seu racismo do que uma razão para este. Se a afirmação é refutada ele pode simplesmente modificá-la, ou substituí-la por outra, verdadeira ou falsa. É possível, portanto, pensar no discurso ideológico como uma complexa rede de elementos empíricos e normativos, dentro da qual a natureza e organização dos primeiros é, em última análise, determinada pelos requisitos dos últimos. E esse pode ser apenas um dos sentidos em que uma formação ideológica se assemelha a um romance.

Mais uma vez, no entanto, isso talvez não seja suficiente para situar a questão da verdade/falsidade, relegando-a ao nível relativamente superficial das afirmações empíricas. Pois há ainda uma questão mais fundamental, a de saber se uma "visão de mundo" pode ou não ser considerada, por si só, verdadeira ou falsa.

40   Ideologia: uma introdução

O argumento anti-falsa consciência, ao que parece, considera impossível falsificar uma ideologia, da mesma forma como alguns críticos literários insistem em que não é possível falsificar ou verificar a visão de mundo de uma obra de arte. Em ambos os casos, simplesmente "suspendemos nossa descrença" e examinamos, em seus próprios termos, a maneira de ver proposta, entendendo-a como uma expressão simbólica de uma certa maneira de alguém "vivenciar" o mundo. Em alguns aspectos, isso é certamente verdadeiro. Se uma obra literária escolhe destacar imagens de degradação humana, então seria inútil denunciar isso como algo incorreto. Mas decerto há limites para essa complacência estética. Os críticos literários nem sempre aceitam a visão de mundo de um texto "em seus próprios termos"; às vezes eles julgam que essa visão das coisas é implausível, deturpada e exageradamente simplista. Se uma obra literária ressalta imagens de doença e degradação a ponto de sugerir tacitamente que a vida humana é inteiramente desprovida de valor, então um crítico talvez objete que se trata de um ponto de vista drasticamente parcial. Nesse sentido, um modo de ver, ao contrário de um modo de caminhar, não está imune a juízos de verdade e falsidade, embora seja provável que alguns de seus aspectos estejam mais imunes que outros. Uma visão de mundo tenderá a exibir um certo "estilo" de percepção, que em si mesmo não pode ser considerado nem verdadeiro nem falso. (Não é falso, para Samuel Beckett, retratar o mundo em termos minimalistas, parcimoniosos, escassos.) Ela vai operar de acordo com uma certa "gramática", um sistema de regras para organizar seus vários elementos, o que, mais uma vez, não pode ser expresso em termos de verdade ou falsidade. Mas, tipicamente, conterá também outras categorias de componentes, tanto normativos quanto empíricos, os quais, com efeito, podem algumas vezes ser examinados quanto a sua veracidade ou falsidade.

Uma outra analogia sugestiva entre literatura e ideologia pode ser compilada a partir do trabalho do teórico literário Paul de Man. Para De Man, uma obra escrita é especificamente "literária" quando suas dimensões "constativa" e "performativa" estão, de algum modo, em conflito uma com a outra[28]. As obras literárias, na visão de De Man, tendem a "dizer" uma coisa e "fazer" outra. Assim, o verso do poema de W. B. Yeats, *"How can we know the dancer from the dance?"* ["Como conhecer o dançarino pela dança?"], lido literalmente, indaga a respeito de como traçar a distinção em questão; mas seu efeito enquanto um fragmento de discurso retórico ou performativo é sugerir que tal distinção não pode ser estabelecida. Se isso servirá ou não como um teoria geral do "literário" é, na minha opinião, obviamente duvidoso; mas pode integrar-se a uma dada teoria dos mecanismos da ideologia esboçada por Denys Turner. Turner argumentou que um problema notável na

---

[28]   Paul de Man, *Allegories of Reading* (New Haven, Yale University Press, 1979), cap. 1. [ed. bras.: *Alegorias da leitura*, Rio de Janeiro, Imago, 1997].

teoria da ideologia diz respeito à embaraçosa questão de como as crenças ideológicas podem ser consideradas ao mesmo tempo "vivenciadas" e falsas. Pois nossas crenças vivenciadas são, em certo sentido, internas a nossas práticas sociais; e sendo, desse modo, *constitutivas* dessas práticas, dificilmente se pode dizer que "correspondem" (ou não correspondem) a elas. Nas palavras de Turner: "Visto que, portanto, parece não haver espaço epistêmico entre o que é socialmente vivido e as ideias sociais acerca disso, parece não haver lugar para uma relação *falsa* entre os dois"[29].

Esse é, com certeza, um dos pontos mais fortes no qual se apoia a tese anti-falsa consciência. A relação entre nossas práticas sociais e as ideias pelas quais nós as "vivenciamos" não pode ser meramente externa ou contingente; como então essas ideias, ou algumas delas, poderiam ser falsas? A resposta de Turner a esse problema assemelha-se à teoria de De Man sobre o texto literário. Ele afirma que a ideologia consiste em uma "contradição performativa", na qual o que se diz não corresponde à situação ou ao próprio ato de elocução. Quando a classe média preconiza a liberdade universal estando em uma posição de domínio, ou quando um professor impinge a seus alunos, longa e repetidamente, os perigos de uma pedagogia autoritária, temos "uma contradição entre um significado transmitido explicitamente e um significado transmitido pelo próprio ato de transmitir"[30], que segundo Turner é a estrutura essencial de toda ideologia. Se esse fato abrange ou não tudo aquilo que denominamos prática ideológica é algo talvez tão incerto quanto se a tese de De Man abarca ou não tudo o que chamamos de literatura; trata-se, porém, de uma descrição elucidativa de um tipo específico de ato ideológico.

Até agora estivemos considerando o papel da chamada falsidade *epistêmica* no âmbito da ideologia. Mas, como argumentou Raymond Geuss, há duas outras formas de falsidade bastante relevantes para a consciência ideológica e que podem ser denominadas *funcional* e *genética*[31]. Falsa consciência pode significar não que um conjunto de ideias seja realmente inverídico, mas que essas ideias são funcionais para a manutenção de um poder opressivo, e que aqueles que as defendem ignoram esse fato. De modo semelhante, uma crença pode não ser falsa em si mesma, mas talvez se origine de algum motivo ulterior que a desabone, do qual não se dão conta aqueles que a professam. Assim Geuss resume esse ponto: a consciência pode ser falsa porque "incorpora crenças que são falsas, ou porque funciona de maneira repreensível, ou porque tem uma

---

[29] Denys Turner, *Marxism and Christianity* (Oxford, Blackwell, 1983), p. 22-3.

[30] Ibidem, p.26.

[31] Raymond Geuss, *The Idea of a Critical Theory* (Cambridge, Cambridge University Press, 1981), cap. 1 [ed. bras.: *Teoria crítica : Habermas e a Escola de Frankfurt*, São Paulo, Papirus, 1988].

42 Ideologia: uma introdução

origem conspurcada"[32]. As formas epistêmica, funcional e genética da falsa consciência podem combinar-se entre si, como quando uma crença falsa que racionaliza algum motivo social desonroso mostra-se eficaz em promover os interesses injustos de um poder dominante; mas outras permutações também são possíveis. Pode não haver, por exemplo, nenhuma ligação inerente entre a falsidade de uma crença e sua funcionalidade para um poder opressivo; uma crença verdadeira poderia servir igualmente ao mesmo propósito. Um conjunto de ideias, sejam elas verdadeiras ou falsas, pode ser "inconscientemente" motivado pelos interesses egoístas de um grupo dominante, mas talvez não se revele de fato funcional para a promoção ou legitimação desses interesses. Um grupo fatalista de indivíduos oprimidos pode não reconhecer que seu fatalismo é uma racionalização inconsciente de suas condições miseráveis, mas esse fatalismo pode perfeitamente mostrar-se inútil para seus interesses. Poderia, por outro lado, ser funcional para os interesses de seus governantes – caso em que uma falsa consciência "genética" por parte de uma classe social torna-se funcional para os interesses de outra. Em outras palavras, crenças que são funcionais para um grupo social não precisam ser motivadas dentro do próprio grupo; elas podem simplesmente cair no seu colo, por assim dizer. Formas de consciência funcionais para um classe social podem também ser funcionais para outra de interesses opostos. No que diz respeito à falsidade "genética", o fato de que a verdadeira motivação subjacente de um conjunto de crenças deva às vezes ser ocultada é suficiente para pôr em dúvida sua respeitabilidade; mas considerar que as crenças que dissimulam esse motivo devam ser falsas simplesmente por causa de sua origem contaminada seria um exemplo da falácia genética. De um ponto de vista político radical, pode haver tipos positivos de motivação inconsciente e formas positivas de funcionalidade: os socialistas tenderão a sancionar as formas de consciência que exprimam, ainda que de maneira deslocada, os interesses subjacentes da classe trabalhadora, ou que contribuam ativamente para promover esses interesses. Em outras palavras, o fato de que uma motivação esteja encoberta não é, por si só, suficiente para sugerir falsidade; a questão é, antes de tudo, saber de que tipo de motivação se trata e se é do tipo que *tem* de permanecer oculta. Por fim, podemos notar que um conjunto de crenças pode ser falso mas racional, no sentido de ser internamente coerente, consistente com as evidências disponíveis e firmemente estabelecido em fundamentos que parecem plausíveis. O fato de a ideologia não ter, na origem, nada a ver com a razão, não nos autoriza a equipará-la à irracionalidade.

Examinemos alguns dos argumentos apresentados até aqui. Aqueles que se opõem à ideia de ideologia como falsa consciência estão certos ao observar que

---

[32] Ibidem, p. 21.

O que é ideologia? 43

a ideologia não é uma ilusão infundada, mas uma sólida realidade, uma força material ativa que deve ter, no mínimo, suficiente conteúdo cognitivo para ajudar a organizar a vida prática dos seres humanos. Não consiste basicamente em um conjunto de proposições sobre o mundo; e muitas das proposições que ela *de fato* apresenta são realmente verdadeiras. Nada disso, porém, precisa ser negado por aqueles que sustentam que a ideologia com frequência, ou tipicamente, envolve falsidade, distorção e mistificação. Ainda que a ideologia seja, em grande parte, uma questão de "relações vivenciadas", essas relações, ao menos em certas condições sociais, muitas vezes incluiriam, ao que parece, afirmações e crenças inverídicas. Tony Skillen é mordaz ao indagar àqueles que rejeitam esse argumento: "As ideologias sexistas não representam (de maneira distorcida) as mulheres como naturalmente inferiores? As ideologias racistas não condenam os não brancos à selvageria perpétua? As ideologias religiosas não representam o mundo como a criação de deuses?"[33].

Não resulta disso, no entanto, que *toda* linguagem necessariamente envolve falsidade. É bem possível que uma ordem dominante faça pronunciamentos que sejam ideológicos no sentido de reforçar seu próprio poder, mas que de modo algum sejam falsos. E se ampliarmos o termo ideologia para que inclua movimentos políticos oposicionistas, então os radicais no mínimo teriam de acreditar que suas declarações, embora ideológicas no sentido de promover seus interesses de poder, são não obstante verdadeiras. Isso não quer dizer que tais movimentos não possam também envolver-se com distorções e mistificações. "Trabalhadores do mundo, uni-vos; não tendes nada a perder além de vossos grilhões" é, em certo sentido, obviamente falso; os trabalhadores têm muito a perder com a militância política – em alguns casos, nada menos do que a própria vida. "O Ocidente é um tigre de papel", o célebre *slogan* de Mao, é perigosamente enganoso e triunfalista.

Tampouco é o caso de afirmar que todo compromisso com a ordem social dominante implica alguma espécie de ilusão. Uma pessoa poderia ter uma compreensão perfeitamente apropriada dos mecanismos da exploração capitalista e, mesmo assim, concluir que esse tipo de sociedade, ainda que injusto e opressivo, é preferível, de modo geral, a qualquer alternativa provável. Do ponto de vista socialista, tal pessoa estaria equivocada; mas é difícil chamá-la de iludida, no sentido de sistematicamente atribuir um significado errôneo à situação real. Há uma diferença entre estar equivocado e estar iludido: se alguém ergue um pepino e informa seu número de telefone, podemos concluir que essa pessoa cometeu um equívoco, mas se passa noites a fio conversando animadamente usando um pepino como telefone, nossas conclusões seriam bem outras. Há também o exemplo da pessoa

---

[33] Tony Skillen, "Discourse Fever", em R. Edgley e P. Osborne (org.), *Radical Philosophy Reader* (Londres, Verso, 1985), p. 332.

44 Ideologia: uma introdução

cujo compromisso com a ordem social dominante se dá em bases totalmente cínicas. Alguém que exorte você ao enriquecimento rápido pode estar promovendo valores capitalistas, mas isso não significa, necessariamente, que está *legitimando* esses valores. Talvez ele simplesmente acredite que em um mundo corrupto você faria bem em tentar atender a seus interesses pessoais em conjunto com os interesses de todos. Um homem pode reconhecer a justiça da causa feminista, mas recusar-se a abrir mão de seu privilégio masculino. É insensato, em outras palavras, supor que os grupos dominantes são sempre vítimas de sua própria propaganda; há a condição, denominada por Peter Sloterdijk "falsa consciência esclarecida", que vive de valores falsos mas que, ironicamente, é consciente de fazê-lo e, portanto, não pode ser considerada mistificada, no sentido tradicional do termo[34].

No entanto, se as ideologias dominantes frequentemente envolvem falsidade, isso ocorre, em parte, porque a maioria das pessoas não é de fato cínica. Imagine uma sociedade em que todos fossem cínicos ou masoquistas ou ambos. Numa tal situação, não haveria necessidade de ideologia, no sentido de um conjunto de discursos que ocultam ou legitimam a injustiça, pois os masoquistas não se importariam com o seu sofrimento e os cínicos não sentiriam qualquer mal-estar por viver em uma ordem social exploradora. Na verdade, a maior parte das pessoas tem um olhar bastante agudo quando se trata de seus próprios interesses e direitos, e a maioria sente-se desconfortável com a ideia de pertencer a uma forma de vida gravemente injusta. Precisam então acreditar que essas injustiças estão a caminho de serem corrigidas ou que são contrabalançadas por benefícios maiores ou que são inevitáveis ou que não são realmente injustiças. Faz parte da função de uma ideologia dominante inculcar tais crenças. E pode fazê-lo seja mediante a falsificação da realidade social, eliminando e excluindo certos aspectos dela que são indesejáveis, seja sugerindo que esses aspectos não podem ser evitados. Essa última estratégia é interessante, do ponto de vista do problema da verdade/falsidade. Pois pode ser verdade, em termos do sistema *atual*, que, digamos, um grau de desemprego seja inevitável, mas não em termos de alguma alternativa futura. Os enunciados ideológicos podem ser verdadeiros em relação à sociedade tal como se encontra constituída no presente, mas falsos na medida em que, desse modo, contribuem para bloquear a possibilidade de transformar um estado de coisas. A própria verdade de tal enunciado é também a falsidade de sua negação implícita de que nada melhor poderia ser formulado.

Então, se a ideologia é às vezes falsificadora, isso se deve a razões bastante promissoras, de modo geral: o fato de que a maioria das pessoas reage energicamente a ser tratada de modo injusto, e que a maioria das pessoas gostaria de acreditar que vive em condições sociais razoavelmente justas. Dessa perspectiva,

---

[34] Peter Sloterdijk, *Critique of Cynical Reason* (Londres, Verso, 1988), cap. 1.

fica estranho, para alguns radicais, argumentar que o logro e a dissimulação não desempenham qualquer papel em um discurso ideológico dominante, visto que ser um radical político obriga a enxergar a ordem social corrente como marcada por graves injustiças. E nenhuma classe governante preocupada em preservar sua credibilidade pode permitir-se reconhecer que essas injustiças só poderiam ser reparadas mediante uma transformação política que a tiraria de cena. Se, portanto, a ideologia às vezes envolve distorção e mistificação, isso ocorre menos em virtude de algo inerente à linguagem ideológica do que em virtude de algo inerente à estrutura social à qual pertence essa linguagem. Há certos tipos de interesses que só podem assegurar seu domínio praticando a duplicidade; isso não significa, porém, que *todos* os enunciados utilizados para promover esses interesses serão dúplices. A ideologia, em outras palavras, não é inerentemente constituída de distorção, sobretudo se considerarmos o conceito em sua acepção mais ampla, denotando qualquer conjuntura mais ou menos central entre discurso e poder. Em uma sociedade totalmente justa, a ideologia no sentido pejorativo não seria necessária, uma vez que não haveria nada a ser explicado.

É possível definir a ideologia de seis maneiras diferentes, com um enfoque progressivamente mais nítido. Em primeiro lugar, podemos nos referir a ela como o processo material geral de produção de ideias, crenças e valores na vida social. Tal definição é política e epistemologicamente neutra – e assemelha-se ao significado mais amplo do termo "cultura". A ideologia, ou cultura, denotaria aqui todo o complexo de práticas significantes e processos simbólicos em uma sociedade particular; aludiria ao modo como os indivíduos "vivenciaram" suas práticas sociais, mais do que às próprias práticas, que seriam o âmbito da política, da economia, da teoria da afinidade etc. Essa acepção de ideologia é mais ampla que o sentido de "cultura", que se restringe ao trabalho artístico e intelectual de valor reconhecido, porém é mais restrita que a definição antropológica de cultura, que englobaria todas as práticas e instituições de uma forma de vida. Nesse sentido antropológico, a "cultura" incluiria, por exemplo, a infraestrutura financeira dos esportes, ao passo que a ideologia se ocuparia particularmente dos signos, significados e valores codificados nas atividades esportivas.

Essa acepção mais geral de ideologia enfatiza a determinação social do pensamento, oferecendo assim um antídoto valioso ao idealismo; em outros aspectos, porém, poderia parecer impraticavelmente ampla e guardar suspeitoso silêncio sobre a questão do conflito político. Ideologia significa mais do que meramente, digamos, as práticas significantes que uma sociedade associa ao alimento; envolve as relações entre esses signos e os processos do poder político. Não é coextensiva ao campo geral da "cultura", mas elucida esse campo de um ângulo específico.

Um segundo significado de ideologia, um pouco menos geral, diz respeito a ideias e crenças (verdadeiras ou falsas) que simbolizam as condições e experiências de vida de um grupo ou classe específico, socialmente significativo. A qualificação "socialmente significativo" é necessária aqui, pois seria estranho falar das ideias e crenças de quatro companheiros regulares de bebida, ou da sexta série da Manchester Grammar School, como uma ideologia própria. "Ideologia" aproxima-se aqui da ideia de uma "visão de mundo", embora se possa afirmar que as visões de mundo se ocupam, de maneira geral, com assuntos fundamentais, tais como o significado da morte ou o lugar da humanidade no Universo, ao passo que a ideologia poderia estender-se a questões como de que cor pintar as caixas de correio.

Considerar a ideologia uma espécie de autoexpressão simbólica coletiva não é, contudo, considerá-la em termos de relações ou conflitos; seria, portanto, necessário, ao que parece, uma terceira definição, que trate da *promoção* e *legitimação* dos interesses de tais grupos sociais em face de interesses opostos. Nem todas as promoções de interesses de grupos são denominadas, genericamente, ideológicas: não é particularmente ideológico que o exército solicite ao ministro da Defesa que lhe forneça, por razões estéticas, calças bocas de sino em vez de calças retas. Os interesses em questão devem ter alguma relevância no sentido de apoiar ou desafiar toda uma forma de vida política. A ideologia pode ser vista aqui como um campo discursivo no qual os poderes sociais que se autopromovem conflitam e colidem acerca de questões centrais para a reprodução do poder social como um todo. Essa definição pode implicar a suposição de que a ideologia é um discurso especialmente "orientado para a ação", em que a cognição contemplativa subordina-se, de modo geral, ao favorecimento de interesses e desejos "a-racionais". É por essa razão, sem dúvida, que falar "ideologicamente" tem às vezes, na opinião popular, um desagradável tom de oportunismo, sugerindo uma prontidão para sacrificar a verdade a objetivos menos honrados. A ideologia apresenta-se aqui não como um discurso verídico, mas como um tipo de fala retórico ou persuasivo, mais preocupado com a produção de certos efeitos eficazes a propósitos políticos do que com a situação "como ela é". É uma ironia, portanto, que a ideologia seja considerada por alguns como excessivamente pragmática e por outros insuficientemente pragmática, extremamente absolutista, inflexível e fora da realidade.

Um quarto significado de ideologia conservaria a ênfase na promoção e legitimação de interesses setoriais, restringindo-a, porém, às atividades de um poder social dominante. Isso talvez envolva a suposição de que tais ideologias dominantes contribuam para *unificar* uma formação social de maneiras que sejam convenientes para seus governantes; não se trata apenas da imposição de ideias pelos que estão acima, mas de garantir a cumplicidade das classes e grupos subordinados, e assim por diante. Examinaremos melhor essas suposições mais à frente. Contudo, essa acepção de ideologia é ainda epistemologicamente neutra, podendo por isso ser apurada em uma quinta definição, na qual ideologia significa as ideias e crenças que ajudam a legitimar os interesses de um grupo ou classe dominante, mediante sobretudo a distorção e a dissimulação. Observe que, nessas duas últimas definições, nem todas as ideias de um grupo dominante precisam ser consideradas ideológicas, pois algumas delas podem não promover particularmente seus interesses, e outras podem fazê-lo sem recorrer à impostura. Note também que, nessa última definição, fica difícil saber o que chamar de discurso politicamente oposicionista, que promove e busca legitimar os interesses de uma classe ou grupo subordinado por meio de recursos como "naturalização", universalização e dissimulação de seus reais interesses.

Há, finalmente, a possibilidade de um sexto significado de ideologia, cuja ênfase recai sobre as crenças falsas ou ilusórias, considerando-as porém oriundas não dos interesses de uma classe dominante, mas da estrutura material do conjunto da sociedade como um todo. O termo ideologia permanece pejorativo, mas evita-se uma descrição genético-classista. O exemplo mais célebre de ideologia nesse sentido é, como veremos, a teoria de Marx sobre o fetichismo das mercadorias.

Podemos enfim retornar à questão da ideologia como "relações vivenciadas", e não como representações empíricas. Se isso é verdadeiro, seguem-se então certas consequências políticas importantes. Uma delas, por exemplo, é que não se pode transformar substancialmente a ideologia oferecendo-se aos indivíduos descrições verdadeiras em lugar de falsas – ela não é, nesse sentido, simplesmente um *equívoco*. Não chamaríamos uma forma de consciência de ideológica apenas porque estivesse em erro fatual, não importa quão errada fosse. Falar de "erro ideológico" é falar de um erro com tipos específicos de causas e funções. Uma transformação de nossas relações vivenciadas com a realidade só poderia ser assegurada mediante uma mudança material dessa mesma realidade. Portanto, negar que a ideologia seja principalmente uma questão de representações empíricas corresponde a uma teoria materialista de como ela opera e de como poderia ser alterada. Ao mesmo tempo, é importante não reagir de modo tão violento contra uma teoria racionalista da ideologia, como abster-se de tentar corrigir as pessoas quanto às questões fatuais. Se alguém realmente acredita que todas as mulheres sem filhos são frustradas e amarguradas, apresentar essa pessoa ao maior número possível de mulheres felizes sem filhos poderia convencê-la a mudar de opinião. Negar que a ideologia seja fundamentalmente uma questão de razão não significa concluir que ela é totalmente imune a considerações racionais. E "razão" aqui teria o sentido de algo como: o tipo de discurso que resultaria da participação ativa do maior número possível de pessoas em uma discussão sobre esses assuntos, estando elas tão livres quanto possível da condição de dominação.

2
ESTRATÉGIAS IDEOLÓGICAS

Antes de prosseguir, talvez fosse bom indagar se o tópico da ideologia realmente merece toda a atenção que lhe conferimos. Serão as ideias assim tão importantes para o poder político? A maior parte das teorias da ideologia surgiu no interior da tradição de pensamento materialista, e faz parte desse materialismo ser cético quanto a atribuir qualquer prioridade muito elevada à "consciência" no âmbito da vida social. Decerto, para uma teoria materialista, a consciência sozinha não pode iniciar qualquer mudança notável na história, e pode-se pensar, portanto, que há algo por si só contraditório nesse materialismo que obstinadamente se dedica a investigar signos, significados e valores.

Um bom exemplo do poder limitado da consciência na vida social é a chamada revolução thatcherista. O objetivo do thatcherismo teria sido não somente transformar o panorama político e econômico da Grã-Bretanha, mas também produzir uma convulsão nos valores ideológicos. Esta consiste em converter as pessoas relativamente agradáveis que povoavam o país quando Thatcher chegou pela primeira vez à Downing Street* em um bando detestável de imbecis egoístas e empedernidos. A menos que a maioria dos britânicos tenha se tornado tipos completamente repulsivos e desagradáveis, o thatcherismo falhou em seus objetivos. Até agora, todas as evidências parecem sugerir que a revolução thatcherista não ocorreu. Pesquisas de opinião revelam que a maior parte da população britânica continua tenazmente a aderir aos valores vagamente social-democráticos que adotou antes que Thatcher assumisse o poder. Portanto, seja lá o que foi que a manteve na

---

* Rua de Londres onde se localiza a residência oficial do primeiro-ministro. (N. T.)

50   Ideologia: uma introdução

Downing Street, não pode ter sido, em primeiro lugar, a ideologia. Thatcher não esteve onde esteve porque a população britânica fielmente se identificava com os seus valores; esteve onde esteve a despeito do fato de não haver tal identificação. Se há, de fato, uma "ideologia dominante" na Grã-Bretanha atual, ela não parece ser muito bem-sucedida.

Como então Thatcher conseguiu assegurar seu poder? As verdadeiras razões podem ser bem mais mundanas do que qualquer conversa sobre "discursos hegemônicos". Ela foi primeira-ministra em parte por causa das excentricidades do sistema eleitoral britânico, que é capaz de colocar no poder um governo rejeitado pela maioria do eleitorado. Desde o início, ela começou a enfraquecer o poder do trabalho organizado, fomentando de maneira deliberada o desemprego em massa e, dessa forma, desmoralizando temporariamente um movimento operário tradicionalmente militante. Conseguiu obter o apoio de uma camada específica da classe trabalhadora, cuja importância era decisiva do ponto de vista eleitoral. Aproveitou-se da natureza fraca e desorganizada da oposição política, explorou o cinismo, a apatia e o masoquismo de alguns britânicos e concedeu benefícios materiais àqueles a quem solicitou apoio. Todas essas manobras fazem parte de um tipo ou outro de coação ideológica, mas nenhuma delas é *redutível* à questão da ideologia.

O fato de as pessoas não combaterem ativamente um regime político que as oprime talvez não signifique que tenham absorvido mansamente seus valores governantes. Pode ser que, após um árduo dia de trabalho, estejam exaustas demais e não tenham energia de sobra para envolver-se em atividades políticas, ou que sejam tão fatalistas ou apáticas que não percebam o sentido de tais atividades. Talvez tenham medo das consequências de opor-se ao regime; ou pode ser que desperdicem muito tempo preocupando-se com seus trabalhos, hipotecas e restituições de imposto de renda para pensar sobre isso. As classes dominantes têm à sua disposição inúmeras dessas técnicas de controle social "negativo", que são bastante mais prosaicas e materiais do que convencer seus sujeitos de que pertencem a uma raça superior ou exortá-los a identificar-se com o destino da nação.

Nas sociedades capitalistas avançadas, os meios de comunicação frequentemente são considerados um possante veículo através do qual a ideologia dominante é disseminada; mas essa suposição não deve permanecer irrefutada. É verdade que boa parte da classe trabalhadora britânica lê os jornais do partido conservador, da ala direita; mas pesquisas indicam que um grande número desses leitores é indiferente ou ativamente hostil à política desses periódicos. Muitas pessoas passam a maior parte de suas horas de lazer vendo televisão; mas se ver televisão *de fato* beneficia a classe governante, não é porque ela contribui para transmitir a ideologia dessa classe a um bando de gente dócil. O fato politicamente importante acerca da televisão é, provavelmente, o ato de assistir a ela, mais do que o seu conteúdo ideológico. Passar longos períodos na frente da televisão firma os indivíduos em papéis passivos, isolados, privatizados, além de consumir uma boa quantidade de tempo que poderia ser dedicada a propósitos políticos produtivos. É mais uma forma de controle social que um aparato ideológico.

Essa visão cética da centralidade da ideologia na sociedade moderna encontra expressão em *The Dominant Ideology Thesis* (1980), de autoria dos sociólogos N. Abercrombie, S. Hill e B. S. Turner. Abercrombie e seus colegas não pretendem negar a existência das ideologias dominantes, apenas duvidam que estas sejam um meio importante para conferir coesão a uma sociedade. Tais ideologias podem com efeito unificar a classe dominante, mas em geral obtêm muito menos êxito, segundo os autores, em infiltrar-se na consciência de seus subordinados. Nas sociedades feudais e capitalistas primitivas, por exemplo, os mecanismos de transmissão de tais ideologias às massas eram notavelmente insuficientes; não havia meios de comunicação ou instituições de educação popular, e grande parte das pessoas era analfabeta. Esses canais de transmissão sem dúvida floresceram na fase posterior do capitalismo, mas a conclusão de que as classes subalternas incorporaram maciçamente a visão de mundo de seus governantes é desafiada por Abercrombie, Hill e Turner. Por um lado, argumentam eles, a ideologia dominante nas sociedades capitalistas avançadas apresenta fissuras e contradições internas e não oferece nenhum tipo de unidade inconsútil que as massas possam internalizar; por outro, a cultura dos grupos e classes dominados preserva uma boa margem de autonomia. O discurso cotidiano dessas classes, segundo afirmam os autores, forma-se em grande parte fora do controle da classe dominante, reunindo crenças e valores que estão em desacordo com ela.

O que então assegura a coesão dessa formação social? A primeira resposta de Abercrombie a essa interrogação é negar que tal coesão exista; a ordem capitalista avançada não alcançou, de modo algum, uma unidade bem-sucedida, estando dilacerada por conflitos e contradições importantes. O consentimento dos dominados a seus senhores é obtido muito mais por meios econômicos que por meios ideológicos. Aquilo que Marx certa vez denominou "a coerção do econômico" é suficiente para manter homens e mulheres em seus lugares, e estratégias como o reformismo – a habilidade do sistema capitalista de conceder benefícios tangíveis a pelo menos alguns de seus subordinados – são mais cruciais, nesse aspecto, do que qualquer cumplicidade ideológica entre os trabalhadores e seus patrões. Além disso, se o sistema sobrevive, é mais por causa das divisões sociais entre os vários grupos por ele explorados do que em virtude de alguma coerência ideológica total. Não é necessário que esses grupos endossem ou internalizem os valores ideológicos dominantes, já que eles mais ou menos fazem o que lhes é exigido. Na verdade, a maior parte dos povos oprimidos ao longo da história não outorgou esse crédito a seus governantes: os governos foram mais tolerados que admirados.

The Dominant Ideology Thesis constitui um valioso corretivo para um idealismo de esquerda que exagera a importância da cultura e da ideologia na manutenção do poder político. Esse "culturalismo", disseminado no decorrer da década de 1970, foi em si mesmo uma reação a um economicismo (ou reducionismo econômico) marxista anterior; mas, na opinião de Abercrombie e seus colegas, isso levou sua crítica longe demais. Como observou certa vez Jacques Derrida, quando alguém enfatiza, sempre enfatiza em excesso. Os intelectuais marxistas negociam ideias e, por isso, estão sempre cronicamente sujeitos a superestimar sua importância na sociedade como um todo. Não se trata de rude economicismo afirmar que o que mantém as pessoas politicamente aquiescentes é mais a preocupação com seus salários do que significantes transcendentais. Em contraste com o desânimo patrício da Escola de Frankfurt recente, esse argumento confere um saudável grau de respeito à experiência dos explorados: não há razão para supor que sua docilidade política indique alguma adesão crédula e ardorosa às doutrinas de seus superiores. Pode indicar, em vez disso, um senso friamente realista de que a militância política, num período em que o sistema capitalista ainda é capaz de conceder algumas vantagens materiais àqueles que o mantêm em funcionamento, pode ser perigosa e insensata. Mas se o sistema deixasse de gerar tais benefícios, então esse mesmo realismo poderia perfeitamente conduzir à revolta, uma vez que não haveria uma internalização maciça dos valores dominantes para impedir a rebelião. Com certeza, Abercrombie et al. também estão certos ao salientar que os grupos sociais subalternos têm, com frequência, suas próprias culturas, que são ricas e resistentes e não podem ser incorporadas, sem luta, aos sistemas de valores daqueles que os governam.

Mesmo assim, são eles agora que talvez tenham ido longe demais. Sua afirmação de que o capitalismo recente opera em grande parte "sem ideologia" é sem dúvida muito forte, e sua rejeição sumária dos efeitos dissimuladores e mistificadores de uma ideologia governante soa um tanto implausível. A verdade, certamente, é que a difusão de valores e crenças dominantes entre os grupos oprimidos de uma sociedade tem *algum* papel a desempenhar na reprodução de todo o sistema, mas esse fator foi tipicamente exagerado por uma longa tradição do marxismo ocidental que atribui um *status* muito elevado às "ideias". Conforme argumentou Gramsci, a consciência dos oprimidos é, em geral, um amálgama contraditório de valores absorvidos de seus governantes com noções que se originam, mais diretamente, de sua experiência prática. Ao conferir tão pouco crédito às funções potencialmente incorporativas de uma ideologia dominante, Abercrombie e seus colegas arriscam-se às vezes a simplificar em demasia essa condição mista e ambígua, a exemplo dos Jeremias da esquerda que fomentam a ilusão de que toda resistência popular foi agora suavemente removida da existência.

Há outras bases a partir das quais se pode questionar a importância da ideologia nas sociedades capitalistas avançadas. Pode-se argumentar, por exemplo, que, embora os apelos retóricos a esses valores públicos tenham desempenhado um papel central na fase "clássica" do sistema, foram hoje eficazmente substituídos por formas de gestão puramente tecnocráticas. Um caso desse tipo é enfatizado pelo filósofo alemão Jürgen Habermas, em suas obras *Towards a Rational Society* (1970) e *Legitimation Crisis* (1975); mas é preciso distinguir aqui entre a visão de que a "ideologia" se rendeu à "tecnologia" e a tese de que formas mais "metafísicas" de controle ideológico cederam agora terreno às formas "tecnocráticas". Com efeito, para muitos teóricos da ideologia, como veremos adiante, o próprio conceito de ideologia é sinônimo da tentativa de fornecer fundamentos racionais, técnicos e "científicos" para a dominação social, em vez de razões míticas, religiosas ou metafísicas. Segundo alguns desses pontos de vista, pode-se dizer que o sistema do capitalismo recente opera "totalmente por si mesmo", sem nenhuma necessidade de recorrer à justificação *discursiva*. Já não precisa, por assim dizer, passar pela consciência; em vez disso, simplesmente assegura sua própria reprodução mediante uma lógica manipuladora e incorporativa da qual os sujeitos humanos são meros efeitos obedientes. Não é de surpreender que a ideologia teórica conhecida como estruturalismo tenha se desenvolvido precisamente nessa época histórica. A sociedade capitalista já não se importa se acreditamos ou não nela; não é a "consciência" ou a "ideologia" que a consolidam, mas suas próprias e complexas operações sistêmicas. Essa tese, portanto, deriva algo da insistência posterior de Marx de que a mercadoria automaticamente provê sua própria ideologia: é a lógica material rotineira da vida cotidiana, e não algum corpo de doutrina, um conjunto de discursos moralizantes ou uma "superestrutura" ideológica, que mantém o sistema em seu funcionamento básico.

Essa ideia pode ser abordada de uma outra forma. A ideologia é essencialmente uma questão de significado, mas a condição do capitalismo avançado, conforme alguns poderiam sugerir,é a do não significado que a tudo permeia. O predomínio do utilitário e da tecnologia oblitera a significação da vida social, subordinando o valor de uso ao formalismo vazio do valor de troca. O consumismo afasta-se do significado a fim de enredar o sujeito subliminarmente, libidinalmente, no nível da resposta visceral e não da consciência refletida. Nessa esfera, bem como no âmbito da mídia e da cultura cotidiana, a forma sobrepuja o conteúdo, os significantes prevalecem sobre os significados, para nos oferecer as superfícies vazias, desafetas e bidimensionais de uma ordem social pós-modernista. Essa hemorragia de significado em grande escala é a causa dos sintomas patológicos que afetam a sociedade por todos os lados: drogas, violência, revoltas estúpidas, a busca desnorteada de significados místicos. Por outro lado, porém, é ela que fomenta a apatia e a docilidade amplamente disseminadas, de modo que

54 Ideologia: uma introdução

a questão já não é mais se a vida social tem ou não significado, ou se essa significação em particular é preferível àquela, mas se tal questão é inteligível. Falar de "significação" e "sociedade" ao mesmo tempo torna-se uma espécie de erro de categoria, muito semelhante a procurar o significado oculto de uma rajada de vento ou do pio de uma coruja. Desse ponto de vista, é a ausência de significado, mais do que este, o que nos mantém no devido lugar, e a ideologia, em seu sentido clássico, é portanto supérflua. Afinal de contas, a ideologia requer uma subjetividade um tanto profunda sobre a qual trabalhar, uma certa receptividade inata a seus decretos; mas se o capitalismo avançado reduz o sujeito humano ao olho que vê e ao estômago que devora, então não há subjetividade suficiente nem para que a ideologia se estabeleça. Os sujeitos achatados, depauperados e sem rosto dessa ordem social não estão à altura do significado ideológico, tampouco têm necessidade dele. A política é uma questão mais de gerenciamento técnico e manipulação que de pregação ou doutrinação, de forma mais que de conteúdo; uma vez mais, é como se a máquina funcionasse sozinha, sem precisar fazer um desvio pela mente consciente. A educação deixa de ser uma questão de autorreflexão crítica e passa a ser absorvida, por sua vez, pelo aparato tecnológico, atestando a posição de alguém dentro dele. O cidadão típico é menos o entusiasta ideológico que grita "Viva a liberdade!" do que o telespectador dopado e estupefato, cuja mente é tão calma e imparcialmente receptiva como a tela à sua frente. Torna-se então possível, em uma cínica sabedoria "de esquerda", celebrar esse estado catatônico como uma desesperada e astuta resistência ao significado ideológico – festejar o próprio vazio espiritual da ordem burguesa recente como um alívio bem-vindo para a velha e entediante nostalgia humanista pela verdade, pelo valor e pela realidade. O trabalho de Jean Baudrillard é ilustrativo desse niilismo. "Já não é mais uma questão", escreve ele, "de uma falsa representação da realidade (ideologia), mas de ocultar o fato de que o real deixou de ser real..."[1].

O argumento de que o capitalismo avançado elimina todos os vestígios de subjetividade "profunda" e, portanto, todos os modos de ideologia, não é tão falso quanto é drasticamente parcial. Numa atitude homogeneizante ironicamente típica de um pós-modernismo "pluralista", não consegue discriminar entre as diferentes esferas da existência social, algumas das quais são muito mais abertas que outras a esse tipo de análise. Repete o erro "culturalista" de considerar a televisão, o supermercado, o "estilo de vida" e a publicidade como *definitivos* da experiência capitalista recente, e guarda silêncio quanto a atividades como estudar a Bíblia, dirigir uma entidade de assistência a vítimas de estupro, ingressar no exército territorial e ensinar os filhos a falar galês. As pessoas que dirigem entidades de assistência a vítimas de estupro ou que ensinam galês a seus filhos também tendem

---

[1] Mark Poster (org.), *Jean Baudrillard: Selected Writings* (Cambridge, Polity Press, 1988), p. 172.

Estratégias ideológicas   55

a ver televisão e a fazer compras em supermercados; o que está em jogo aqui não é a questão de uma forma *única* de subjetividade (ou "não subjetividade"). Espera-se que esses mesmos cidadãos sejam, em um nível, a mera função desse ou daquele ato de consumo ou experiência de mídia e, em outro nível, que exerçam sua responsabilidade ética como sujeitos autônomos, dotados de livre-arbítrio. Nesse sentido, o capitalismo recente continua a exigir um sujeito autodisciplinado que responda à retórica ideológica como pai, jurado, patriota, empregado, ao mesmo tempo que ameaça solapar essas formas mais "clássicas" da condição de sujeito com suas práticas consumistas e de cultura de massa. Nenhuma vida individual, nem mesmo a de Jean Baudrillard, pode sobreviver inteiramente desprovida de significado, e uma sociedade que tomasse esse caminho niilista estaria simplesmente alimentando a ruptura social em massa. O capitalismo avançado oscila, dessa forma, entre o significado e o não significado, impelido do moralismo para o cinismo e afligido pela embaraçosa discrepância entre ambos.

Essa discrepância sugere uma outra razão pela qual a ideologia é tida às vezes como redundante nas sociedades capitalistas modernas. Pois supõe-se que a ideologia ilude, e no ambiente cínico do pós-modernismo somos todos muito espertos, astutos e sabidos para sermos trapaceados, por um momento que seja, por nossa própria retórica oficial. É essa condição que Peter Sloterdijk chama de "falsa consciência esclarecida" – a incessante autoironia ou a má-fé deliberada de uma sociedade que não se deixa enganar por suas próprias e pretensiosas racionalizações. Pode-se descrever isso como uma espécie de movimento progressivo. Primeiro, estabelece-se uma disparidade entre o que a sociedade faz e o que ela diz; depois, essa contradição performativa é racionalizada; em seguida, a racionalização torna-se ironicamente autoconsciente; e por fim essa autoironia passa a servir a propósitos ideológicos. O novo tipo de sujeito ideológico não é uma vítima infeliz da falsa consciência, mas sabe exatamente o que está fazendo e, mesmo sabendo, continua a fazê-lo. E, nessa medida, ele pareceria convenientemente imune à "crítica da ideologia" do tipo tradicional, que presume que os agentes sejam totalmente senhores de suas próprias motivações.

Há várias objeções a essa tese do "fim da ideologia". Por um lado, ela ilicitamente generaliza a toda uma sociedade o que é, na verdade, um modo de consciência bastante específico. Alguns corretores *yuppie* da bolsa de valores podem estar cinicamente conscientes de que não existe nenhuma justificativa real para seu modo de vida, mas é duvidoso que os unionistas de Ulster passem a maior parte do tempo sendo jocosamente irônicos quanto a seu compromisso em manter a Irlanda do Norte britânica. Por outro lado, é provável que tal ironia mais favoreça o jogo dos poderes dominantes do que os incomode, conforme observa Slavoj Žižek: "nas sociedades contemporâneas, democráticas ou totalitárias, [...] o distanciamento cínico, o riso e a ironia são, por assim dizer, parte do jogo. A

56 Ideologia: uma introdução

ideologia dominante não é para ser levada a sério ou tomada ao pé da letra"[2]. Ao que parece, a ideologia dominante já se conformou com o fato de que seremos céticos em relação a ela e, assim, reorganizou seus discursos de acordo com isso. O porta-voz do governo anuncia que não são verdadeiras as acusações de corrupção disseminada dentro do Conselho de Ministros; ninguém acredita nele; ele sabe que ninguém acredita nele, sabemos que ele sabe disso, e ele sabe que sabemos também. Enquanto isso, a corrupção prossegue – e é esse exatamente o ponto que Žižek opõe à conclusão de que a falsa consciência é, portanto, uma coisa do passado. Uma forma tradicional da crítica à ideologia admite que todas as práticas sociais são reais, mas que as crenças utilizadas para justificá-las são falsas ou ilusórias. Mas, segundo Žižek essa oposição pode ser invertida. Pois se a ideologia é ilusão, então é uma ilusão que estrutura nossas práticas sociais; e dessa maneira a "falsidade" está naquilo que fazemos, não necessariamente naquilo que dizemos. O capitalista que devorou todos os três volumes de *O capital* sabe exatamente o que está fazendo, mas continua a se comportar como se não o soubesse, pois sua atividade está presa à fantasia "objetiva" do fetichismo da mercadoria. A fórmula de Sloterdijk para a falsa consciência esclarecida é: "Eles sabem muito bem o que estão fazendo, mas mesmo assim continuam a fazê-lo". Žižek, ao contrário, sugere um ajuste crucial: "Eles sabem que, em sua atividade, estão seguindo uma ilusão, mas ainda assim o fazem". Em outras palavras, a ideologia não é apenas uma questão a respeito daquilo que penso acerca de uma situação; ela está de algum modo inscrita nessa mesma situação. De nada adianta lembrar a mim mesmo que sou contra o racismo quando me sento em um banco no parque onde se lê "só para brancos"; ao sentar nele, apoiei e perpetuei a ideologia racista. A ideologia, por assim dizer, está no banco, não em minha cabeça.

Em grande parte da teoria desconstrutiva, a ideia de que a interpretação consiste em uma espiral abismal de ironias, cada uma ironizando a outra até o infinito, é comumente associada a um quietismo ou reformismo político. Se a prática política somente tem lugar em um contexto de interpretação e se esse contexto é notoriamente ambíguo e instável, então é provável que a própria ação seja problemática e imprevisível. Esse argumento é então usado, de maneira implícita ou explícita, para excluir a possibilidade de programas políticos radicais ambiciosos. Pois se é impossível calcular antecipadamente os efeitos políticos dessas práticas, então a lógica de um tal programa de ação radical não pode, em última análise, ser dominada, podendo facilmente escapar ao controle. Esse caso foi várias vezes discutido pelo crítico pós-estruturalista Jonathan Culler, entre outros. Alguém que se empenhasse em qualquer espécie de atividade política muito "global", tal como

---

[2] Slavoj Žižek, *The Sublime Object of Ideology* (Londres, Verso, 1989), p. 28 [ed. bras.: *Eles não sabem o que fazem: o sublime objeto da ideologia*, Rio de Janeiro, Jorge Zahar Editor, 1992].

Estratégias ideológicas   57

tentar acabar com a fome mundial, seria incrivelmente leviano; pareceria mais prudente dedicar-se com afinco a intervenções políticas mais locais, como garantir que, de cada cinco professores que você contrata, um seja um órfão vindo de Liverpool 8*. Também nesse sentido, a ironia não é uma fuga ao jogo ideológico: ao contrário, como desaconselha implicitamente a atividade política de grande alcance, favorece o jogo do Whitehall ou da Casa Branca.

Em todo caso, é importante não subestimar o âmbito em que as pessoas podem *não* se sentir irônicas quanto a suas contradições performativas. O mundo dos grandes negócios está repleto com a retórica da confiança, mas pesquisas revelam que esse princípio quase nunca é posto em prática. Na verdade, a última coisa que os homens de negócio fazem é depositar confiança em seus clientes ou uns nos outros. No entanto, um executivo de uma corporação que afirme ter essa virtude pode não ser cínico, nem hipócrita, ou talvez, pelo menos, sua hipocrisia não seja subjetiva mas "objetiva". Pois os valores éticos que o capitalismo enaltece, e suas práticas na verdade impiedosas, pertencem a esferas diferentes, a exemplo do que ocorre na relação entre os absolutos religiosos e a vida cotidiana. Acredito que a profanidade seja pecado, mesmo que a maior parte das vezes minha conversa esteja carregada de ditos indecentes. O fato de que eu tenha a meu serviço uma equipe de seis criados, trabalhando o dia inteiro sob grande pressão, não me impede de acreditar, ainda que de maneira convenientemente nebulosa, que todos os homens e mulheres são iguais. Em um mundo ideal eu não teria criados, mas no presente momento existem razões pragmáticas e prementes que me proíbem de exercer as crenças que defendo tão ardorosamente. Oponho-me à ideia da educação particular, mas se colocasse minha filha, com suas maneiras graciosas, em uma escola pública, as outras crianças poderiam caçoar dela. Essas racionalizações são quase ilimitadas, e é por isso que se pode duvidar da sugestão de que, na moderna sociedade capitalista, o cinismo frio expulsou totalmente a autoilusão genuína.

Vimos que a importância da ideologia pode ser questionada sob vários aspectos. Pode-se dizer que não há nenhuma ideologia dominante coerente ou, se há, então, ao contrário do que algumas vezes se pensou, ela é muito pouco eficaz em moldar a experiência popular. Pode-se argumentar que o capitalismo avançado é um "jogo" autossustentado que, para nos manter no lugar, utiliza-se mais de suas técnicas materiais que de ideias; e que, entre essas técnicas, a coerção do econômico é muito mais eficaz que qualquer tipo de pregação. O sistema, ao que parece, mantém-se menos pela imposição de significado ideológico que pela destruição completa do significado; e os significados que as massas *realmente* levam em consideração podem divergir daqueles de seus governantes sem que disso resulte qualquer ruptura mais séria. Finalmente, pode ser que *exista* uma ideologia

---

*   Região pobre e desassistida da cidade de Liverpool hoje conhecida como Toxteth. (N. E.)

58 Ideologia: uma introdução

dominante em ação, mas ninguém é crédulo o bastante para se deixar enganar por ela. Todos esses argumentos têm um fundo de verdade – principalmente a alegação de que os fatores materiais desempenham um papel mais fundamental que os fatores ideológicos no que diz respeito a garantir a submissão. É certo também que a consciência popular está longe de ser alguma "instanciação" obediente dos valores ideológicos dominantes, opondo-se a eles de maneiras significativas. Se essa divergência revelar-se grande demais, então é provável que dê origem a uma crise de legitimidade; é falso imaginar que, contanto que as pessoas façam aquilo que lhes é solicitado, pouco importa o que elas pensam acerca do que estão fazendo.

No entanto, tomada em conjunto, essa tese do fim da ideologia é extremamente implausível. Se fosse verdadeira, seria difícil saber por que tantos indivíduos, nessas sociedades, continuam a afluir às igrejas, a discutir política nos bares, a preocupar-se com o que seus filhos aprendem na escola e a perder o sono por causa da deterioração constante dos serviços sociais. É um mito a visão distópica de que o cidadão típico do capitalismo avançado é o telespectador dopado, e a própria classe dominante está desconfortavelmente ciente desse fato. O telespectador dopado não tardará em participar de um piquete se o seu salário estiver ameaçado, ou em tornar-se politicamente ativo se o governo decidir fazer passar uma rodovia por cima de seu quintal. O cinismo "de esquerda" de um Baudrillard apresenta uma cumplicidade ultrajante com aquilo que o sistema *gostaria* de acreditar – que tudo agora "funciona por si só", sem levar em conta de que modo as questões sociais se configuram e definem na experiência popular. Se essa experiência fosse de fato inteiramente bidimensional, então as consequências para o sistema seriam desastrosas. Pois o resultado, como vimos, seria uma deflagração acelerada de sintomas "patológicos" em toda a sociedade quando um conjunto de cidadãos, privado de significado, buscasse criá-lo de formas violentas e gratuitas. Qualquer ordem dominante deve "atirar" a seus subordinados significado suficiente para se manter; e se a lógica do consumismo, da burocracia, da cultura "instantânea" e da política "gerida" é esgotar as próprias reservas de significação social, então, com o passar do tempo, isso será péssimo para a ordem governante. A sociedade capitalista avançada ainda requer sujeitos autodisciplinados, cumpridores dos seus deveres e inteligentemente conformistas, que alguns consideram típicos apenas da fase "clássica" do capitalismo; só que esses modos particulares de subjetividade entram em conflito com as formas bastante diferentes da condição de sujeito apropriada a uma ordem "pós-modernista", e essa é uma contradição que o próprio sistema é incapaz de resolver.

Raymond Geuss sugeriu uma distinção útil entre as definições "descritiva", "pejorativa" e "positiva" do termo ideologia[3]. No sentido descritivo ou "antropológico", as ideologias são sistemas de crenças característicos de certos grupos ou classes sociais, compostas por elementos tanto discursivos como não discursivos. Já vimos como esse significado politicamente inócuo de ideologia se aproxima da noção de uma "visão de mundo", no sentido de um conjunto relativamente bem sistematizado de categorias que fornecem um "arcabouço" para a crença, a percepção e a conduta de um grupo de indivíduos.

Em seu sentido pejorativo, a ideologia é um conjunto de valores, significados e crenças que, por qualquer uma das razões seguintes, deve ser considerado criticamente ou negativamente. Verdadeiras ou falsas, essas crenças são sustentadas pela motivação (consciente ou inconsciente) de escorar uma forma de poder opressiva. Se a motivação for inconsciente, então isso envolverá certo grau de autoilusão por parte daqueles que aderem às crenças. A ideologia, nessa acepção, consiste em ideias contaminadas na raiz, portadoras de uma deficiência genética; e veremos que esse foi o significado de ideologia adotado mais tarde por Friedrich Engels. De modo alternativo, a ideologia pode ser examinada criticamente porque as ideias e crenças em questão – sejam elas verdadeiras ou não, motivadas ou não de maneira indigna ou fraudulenta – produzem efeitos que ajudam a legitimar uma forma injusta de poder. Finalmente, a ideologia pode ser considerada objetável porque gera ideias que, por causa de sua motivação ou de sua função, ou de ambas, são na verdade falsas, no sentido de distorcer e dissimular a realidade social. Isso é objetável não apenas porque contribui para estear um poder dominante, mas porque viver em um permanente estado de ilusão é algo que contraria a dignidade de criaturas até certo ponto racionais.

Nesse sentido negativo, a ideologia é objetável ou porque engendra a ilusão social em massa, ou porque mobiliza ideias verdadeiras para fins repulsivos, ou porque tem origem em alguma motivação desprezível. Esse fato genético é tido às vezes como suficiente para tornar epistemicamente falsas as crenças em questão: uma vez que as crenças têm raiz na experiência de vida de uma classe ou grupo particular, a parcialidade dessa experiência irá desviá-los da verdade. Eles irão nos persuadir a ver o mundo da maneira como o veem nossos governantes, e não da maneira como é. No fundo, aqui está a suposição latente de que a verdade reside em alguma forma de totalização que transcenderia os limites da perspectiva de qualquer grupo específico.

No entanto, o que às vezes se percebe como ideológico em uma forma de consciência não é o modo como ela ocorre, ou se é verdadeira ou não, mas o fato de ser funcional para legitimar uma ordem social injusta. Desse ponto de vista, não é

---

[3] Raymond Geuss, *The Idea of a Critical Theory*, cit., cap. 1.

a *origem* das ideias que as faz ideológicas. Nem todas as ideias que se originam na classe dominante são necessariamente ideológicas; inversamente, uma classe dominante pode apoderar-se de ideias que germinaram em outro lugar e utilizá-las para seus propósitos. A classe média inglesa encontrou a mística da monarquia já pronta, elaborada por uma classe dominante anterior a ela, e adaptou-a eficientemente a seus próprios fins. Mesmo as formas de consciência que têm raízes na experiência das classes oprimidas podem ser apropriadas por seus senhores. Quando Marx e Engels comentam, em *A ideologia alemã*, que as ideias governantes de cada época são as ideias da classe dominante, é provável que tivessem em mente aqui uma observação "genética", significando que essas são as ideias *verdadeiramente produzidas* pela classe dominante; mas é possível que sejam ideias que apenas estejam em poder dos governantes, sem importar de onde provêm. As ideias em questão podem ser verdadeiras ou falsas; se são falsas, podem ser consideradas contingentemente falsas, ou sua falsidade pode ser vista como a consequência da tarefa funcional que têm de realizar em promover interesses duvidosos, ou como uma espécie de deformação que sofrem em seu esforço de racionalizar motivos sociais ignóbeis.

Mas as ideologias também podem ser vistas sob uma luz mais positiva, como quando marxistas como Lênin falam aprobativamente em "ideologia socialista". Ideologia significa aqui um conjunto de crenças que reúne e inspira um grupo ou classe específico a perseguir interesses políticos considerados desejáveis. É então, com frequência, sinônimo da acepção positiva de "consciência de classe" – uma equação dúbia, com efeito, já que se poderia falar dos aspectos de uma consciência de classe que são ideológicos, nesse sentido, e daqueles que não o são. A ideologia poderia ainda ser vista aqui como ideias concebidas principalmente por uma motivação subjacente e que são funcionais na consecução de certos objetivos; só que esses objetivos e motivações são agora sancionados, ao passo que eram condenados quando a serviço de uma classe tida como injustamente opressiva. Pode-se utilizar o termo ideologia para significar certa elevação do interesse pragmático ou instrumental sobre o interesse teórico pela veracidade das ideias "em si", sem necessariamente sustentar que isso seja um juízo *negativo*. De fato, como veremos, pensadores radicais tão divergentes entre si como Georges Sorel e Louis Althusser examinaram ambos a "ideologia socialista" sob esse enfoque pragmático.

A definição ampla de ideologia como um conjunto de significados e valores que codificam interesses relevantes para o poder social requer claramente alguns ajustes. As ideologias são frequentemente consideradas, de modo específico, *unificadoras, orientadas para a ação, racionalizantes, legitimadoras, universalizantes* e *naturalizantes*. Se esses atributos aplicam-se ou não às ideologias oposicionistas tanto quanto às dominantes é uma questão a ser investigada. Examinemos cada uma dessas suposições isoladamente. Acredita-se que as ideologias com frequência conferem coesão aos grupos ou classes que as sustentam, fundindo-os em uma identidade unitária, ainda que internamente diferenciada, o que lhes permite talvez impor uma certa unidade ao conjunto da sociedade. Visto que a ideia de uma identidade coesiva se encontra atualmente um pouco fora de moda, vale a pena acrescentar que tal unidade, na forma de solidariedade política e sentimento de camaradagem, é tão indispensável ao sucesso dos movimentos oposicionistas como é parte do arsenal dos grupos dominantes.

Entretanto, quão unificadas realmente são as ideologias é uma questão a ser discutida. Se lutam para homogeneizar-se, raramente são homogêneas. As ideologias são, de modo geral, formações diferenciadas, internamente complexas, com conflitos entre seus vários elementos que precisam ser continuamente renegociados e resolvidos. Aquilo que chamamos de ideologia dominante é tipicamente a ideologia de um bloco social dominante, formado de classes e facções cujos interesses nem sempre estão de acordo, e essas concessões e divisões irão se refletir na própria ideologia. Pode-se dizer, com efeito, que parte da força da ideologia burguesa reside no fato de ela "falar" a partir de uma multiplicidade de situações, e por ser assim sutilmente difusa não oferece nenhum alvo isolado a seus antagonistas. De modo semelhante, as ideologias oposicionistas geralmente refletem uma aliança provisória entre diversas forças radicais.

Se as ideologias não são tão "puras" e unitárias quanto elas próprias gostariam de acreditar, isso ocorre porque, em parte, existem somente em relação a outras ideologias. Uma ideologia dominante tem continuamente de negociar com as ideologias de seus subordinados, e essa abertura essencial a impedirá de alcançar qualquer espécie de autoidentidade pura. Na verdade, aquilo que confere poder a uma ideologia dominante – sua capacidade de intervir na consciência daqueles que ela subjuga, apropriando-se da experiência deles e reinflectindo-a – é também o que tende a fazê-la internamente heterogênea e inconsistente. Uma ideologia governante bem-sucedida, como vimos, deve comprometer-se significativamente com vontades, necessidades e desejos genuínos; mas isso é também o seu calcanhar de aquiles, que a obriga a reconhecer um "outro" para si mesma e a inserir essa alteridade dentro de suas próprias formas como uma força potencialmente destrutiva. Poderíamos dizer, em termos bakhtinianos, que para ser "monológica" – dirigir-se a seus sujeitos com convicção autoritária – uma ideologia governante deve ser simultaneamente "dialógica"; pois mesmo um discurso autoritário é dirigido a um outro e só sobrevive na resposta do outro. Uma ideologia dominante tem de reconhecer que há necessidades e desejos que jamais foram gerados ou implantados por ela mesma; e a visão distópica de uma ordem social que seja capaz de conter e controlar todos os desejos pelo fato de tê-los criado é portanto desmascarada como uma ficção. Qualquer poder dirigente requer um grau de inteligência e iniciativa por parte de seus sujeitos, ainda que apenas para que seus próprios valores sejam internalizados, e essa desenvoltura, que por um lado é essencial para a suave

62 Ideologia: uma introdução

reprodução do sistema, constitui também uma possibilidade permanente de interpretar seus decretos "de outras maneiras". Se os oprimidos precisam estar bastante atentos para seguir as instruções dos governantes, são portanto suficientemente conscientes para poder desafiá-las.

Para pensadores como Karl Mannheim e Lucien Goldmann, as ideologias exibiriam um alto grau de unidade interna. Mas há aqueles, como Antonio Gramsci, que as consideram formações complexas e irregulares, e teóricos como Pierre Macherey, para quem a ideologia é tão ambígua e amorfa que dificilmente se pode dizer que tenha qualquer estrutura significante. Para Macherey, a ideologia é a cor invisível da vida cotidiana, próxima demais do olho para ser adequadamente objetivada, um meio desprovido de centro, aparentemente ilimitado, no qual nos movemos como um peixe na água, com a mesma capacidade que a de um peixe para apreender o todo desse ambiente esquivo. Na opinião de Macherey, não se pode falar em estilo marxista clássico de "contradições ideológicas", pois "contradição" implica uma estrutura definitiva, da qual a ideologia, em seu estado "prático", é totalmente destituída. Pode-se no entanto *colocar* a ideologia em contradição atribuindo-lhe uma forma que ressalte seus limites ocultos, que a faça impelir-se contra suas próprias fronteiras e revelar suas lacunas e elisões, forçando assim seu necessário silêncio a "falar". Segundo Macherey, é esse o trabalho realizado pelo texto literário com a ideologia[4]. Se a teoria de Macherey subestima o âmbito em que uma ideologia é significativamente estruturada, pode-se dizer que a noção de György Lukács do sujeito revolucionário superestima a coerência da consciência ideológica.

Um exagero semelhante, desta vez com relação ao valor da ideologia dominante, encontra-se no trabalho da Escola de Frankfurt. Para Herbert Marcuse e Theodor Adorno, a sociedade capitalista definha nas garras de uma reificação que a tudo permeia, desde o fetichismo da mercadoria e os hábitos de fala até a burocracia política e o pensamento tecnológico[5]. Esse monolito inconsútil de uma ideologia dominante é, ao que parece, vazio de contradições – o que significa, com efeito, que Marcuse e Adorno tomam-na por seu valor aparente, julgando-a segundo a aparência que ela *desejaria* ter. Se a reificação exerce seu domínio em toda parte, então isso presumivelmente deve incluir, para começar, os critérios pelos quais julgamos a reificação – e nesse caso não seríamos de modo algum capazes de identificá-la, e a crítica da recente Escola de Frankfurt torna-se uma impossibilidade. A alienação final seria não saber que estivemos alienados. Caracterizar uma situação

---

[4]   Ver Pierre Macherey, *A Theory of Literary Production* (Londres, Routledge & Kegan Paul, 1978).
[5]   Ver Herbert Marcuse, *One-Dimensional Man* (Boston, Beacon Press, 1964) [ed. bras.: *O homem unidimensional: estudos da ideologia da sociedade industrial avançada*, São Paulo, Edipro, 2015], e Theodor Adorno, *Negative Dialectics* (Londres, Routledge, 1973) e *Minima Moralia* (Londres, Verso, 1974) [ed. bras.: *Minima Moralia*, 2. ed., São Paulo, Ática, 1993].

Estratégias ideológicas 63

como reificada ou alienada é indicar, implicitamente, práticas e possibilidades que sugerem uma alternativa a ela, e que podem assim tornar-se critérios de nossa condição alienada. Para Jürgen Habermas, como veremos mais tarde, essas possibilidades estão inscritas nas próprias estruturas da comunicação social, ao passo que para Raymond Williams elas derivam da complexidade e da natureza contraditória de toda a experiência social. "Nenhum modo de produção", argumenta Williams, "e portanto nenhuma ordem social dominante, e portanto nenhuma cultura dominante, jamais inclui ou esgota, na realidade, toda a prática humana, energia humana e intenção humana"[6]. Cada formação social é um amálgama complexo daquilo que Williams denomina formas de consciência "dominantes", "residuais" e "emergentes", e, desse modo, nenhuma hegemonia pode ser absoluta. O mais acentuado contraste com essa opinião encontra-se na obra mais recente de Michel Foucault, para quem os regimes de poder constituem-nos até às raízes, produzindo apenas aquelas formas de subjetividade nas quais podem operar com o máximo de eficiência. Mas, se é assim, o que nos faz achar essa situação tão estarrecedora? O que, incluindo um Michel Foucault, poderia protestar contra essa condição, dado que toda subjetividade é simplesmente, e antes de tudo, efeito do poder? Se não há nada além do poder, então não há nada que esteja sendo bloqueado, categorizado e arregimentado, e, portanto, absolutamente nada com que se preocupar. É certo que Foucault fala de resistências ao poder, mas o que exatamente está opondo resistência é um enigma que seu trabalho não consegue dissipar.

Mais do que sistemas teóricos especulativos, as ideologias são vistas, com frequência, como conjuntos de crenças particularmente *orientados para a ação*. Por mais obscuramente metafísicas que sejam as ideias em questão, devem poder ser traduzidas pelo discurso ideológico em um estado "prático", capaz de prover seus adeptos de metas, motivações, prescrições, imperativos, e assim por diante. Se isso servirá ou não como uma descrição de todas as ideologias é duvidoso: o tipo de ideologia idealista censurado em *A ideologia alemã* é vergastado por Marx e Engels precisamente por causa de sua impraticabilidade, de seu distanciamento arrogante do mundo real. Para Marx e Engels, essas crenças são ideológicas não por orientarem pragmaticamente homens e mulheres a ações políticas objetáveis, mas por desviá-los por completo de certas formas de atividade prática.

Uma ideologia bem-sucedida deve funcionar tanto em termos práticos quanto teóricos, descobrindo algum modo de ligar esses níveis. Deve abranger desde um sistema de pensamento elaborado até as minúcias da vida cotidiana, desde um

---

6   Raymond Williams, *Marxism and Literature* (Oxford, Oxford University Press, 1977), p. 132 [ed. bras.: *Marxismo e literatura*, Rio de Janeiro, Zahar, 1979].

64   Ideologia: uma introdução

tratado erudito até um grito na rua. Martin Seliger, em seu *Ideology and Politics*, argumenta que as ideologias são, tipicamente, misturas de enunciados analíticos e descritivos, de um lado, e prescrições morais e técnicas, de outro. Combinam conteúdo fatual e compromisso moral em um sistema coeso, e é isso o que lhes confere o poder de conduzir a ação. No nível do que Seliger chama de "ideologia operativa" encontramos "implementos" (regras para cumprir os compromissos da ideologia) que podem conflitar com os princípios fundamentais da ideologia. É provável, portanto, que encontremos dentro de uma formação ideológica um processo de acordos, ajustes e permutas entre sua visão global de mundo e seus elementos prescritivos mais concretos. Na opinião de Seliger, as ideologias mesclam crenças e descrenças, normas morais, uma pequena quantidade de evidência fatual e um conjunto de prescrições técnicas, tudo o que assegura a ação combinada pela preservação ou reconstrução de uma determinada ordem social.

O filósofo soviético V. N. Voloshinov distingue entre ideologia "comportamental" e "sistemas estabelecidos" de ideias. A ideologia do comportamento diz respeito a "todo o agregado de experiências de vida e às expressões externas diretamente relacionadas a ele"; significa "aquela atmosfera de fala interior ou exterior, não sistematizada e nem fixa, que dota de significado cada uma de nossas instâncias de comportamento e ação e cada um de nossos estados 'conscientes'"[7]. Existe alguma relação entre essa concepção e a célebre noção de Raymond Williams de uma "estrutura do sentimento" – aquelas formas esquivas e impalpáveis de consciência social que são ao mesmo tempo tão evanescentes quanto sugere a palavra "sentimento", mas que exibem, não obstante, uma configuração significativa capturada no termo "estrutura". "Estamos falando", escreve Williams, "de elementos característicos do impulso, da contenção e do tom: elementos especificamente afetivos de consciência e relacionamento: não o sentimento contra o pensamento, mas o pensamento como sentido e o sentimento como pensado: consciência prática de um tipo presente, em uma continuidade viva e de inter-relação"[8].

O que essa noção busca desconstruir é a conhecida oposição entre a ideologia como doutrina rígida e explícita, de um lado, e a natureza supostamente rudimentar da experiência vivenciada, de outro. Essa oposição é, em si mesma, ideologicamente eloquente: de que ponto de vista social a experiência vivenciada parece ser totalmente informe e caótica? Pode ser que Virginia Woolf tenha experimentado sua vida dessa forma, mas é menos provável que seus criados tenham considerado seus dias deliciosamente fluidos e indeterminados. A doutrina anda

---

[7]   V. N. Voloshinov, *Marxism and the Philosophy of Language* (Nova York/Londres, Seminar Press, 1973), p. 93 [ed. bras.: *Marxismo e a filosofia da linguagem*, São Paulo, Hucitec, 1990].

[8]   Raymond Williams, *Marxism and Literature*, cit., p. 125.

de mãos dadas com a banalidade modernista de que o propósito da arte é "impor ordem ao caos". Contra isso, o conceito de ideologia comportamental ou de estrutura do sentimento nos recorda que a experiência vivenciada já está sempre tacitamente moldada, ainda que apenas de maneira ambígua e provisória. Para Voloshinov, as ideologias teoricamente elaboradas da arte, da ciência e da ética são "cristalizações" desse nível de existência mais fundamental, mas o relacionamento entre os dois é dialético. Os sistemas ideológicos formais devem retirar o sustento vital da ideologia do comportamento, sob o risco de definhar; mas também reagem vigorosamente a ela, determinando-lhe o "tom", como observa Voloshinov.

Mesmo no âmbito da ideologia do comportamento, podem-se distinguir diferentes estratos. Segundo Voloshinov, o mais baixo e mais fluido estrato dessa consciência é formado por experiências vagas, pensamentos fúteis e palavras aleatórias que ocorrem à mente como lampejos. Os níveis superiores, contudo, são mais vitais e substanciais, e são eles que se ligam aos sistemas ideológicos. São mais versáteis e sensíveis que uma ideologia "estabelecida", e é nessa região subliminar que primeiro germinam aquelas energias criativas por meio das quais se pode reestruturar uma ordem social. "As forças sociais emergentes encontram expressão ideológica e ganham forma, primeiro, nesses estratos superiores da ideologia do comportamento, antes que consigam dominar a arena de alguma ideologia oficial organizada."[9] À medida que se infiltram nos sistemas de crenças estabelecidos, as novas correntes ideológicas tendem a assumir um pouco da forma e do colorido destes, incorporando em si próprias noções já "em estoque". Aqui, uma vez mais, o pensamento de Voloshinov encontra correspondência com a "estrutura do sentimento" de Williams; pois o que Williams busca definir com essa expressão é, muitas vezes, o fervilhar de formas de consciência "emergentes", que lutam para irromper mas que ainda não alcançaram a natureza formalizada dos sistemas de crença que confrontam. Como escreve Williams, "embora em graus variáveis, sempre existe a consciência prática, em relações específicas, habilidades específicas, percepções específicas, que é inquestionavelmente social e que a ordem social especificamente dominante negligencia, exclui, reprime ou simplesmente deixa de reconhecer"[10]. Essas experiências sociais ainda "em solução", ativas e prementes mas ainda não totalmente articuladas, sempre podem, é claro, sofrer incorporações nas mãos da cultura dominante, como Voloshinov também admite; os dois pensadores reconhecem, porém, um conflito potencial entre as formas de consciência "prática" e "oficial" e a possibilidade de relações variáveis entre elas: acordo, ajuste, incorporação, oposição total. Rejeitam, em outras

---

[9] V. N. Voloshinov, *Marxism and the Philosophy of Language*, cit., p. 92 [ed. bras.: *Marxismo e a filosofia da linguagem*, cit., p. 120].

[10] Raymond Williams, *Marxism and Literature*, cit., p. 125.

66 Ideologia: uma introdução

palavras, aquelas concepções mais monolíticas e pessimistas de ideologia, para as quais a "consciência prática" não é mais do que uma instanciação obediente das ideias dirigentes.

Há uma afinidade evidente entre essa distinção e o que veremos mais tarde, em Antonio Gramsci, como uma discrepância entre consciência prática e consciência oficial – entre aquelas noções que as classes oprimidas derivam de seus superiores e aquelas que brotam a partir de suas "situações de vida". Existe uma oposição semelhante na obra de Louis Althusser entre ideologias "teóricas" (o trabalho dos economistas políticos burgueses, por exemplo) e aquilo que ele chama de "ideologia em um estado prático". O conceito de *habitus* de Pierre Bourdieu, como examinaremos adiante, é um equivalente da "ideologia prática", focalizando o modo como os imperativos dirigentes são, na verdade, transmutados em formas de comportamento social rotineiro; mas, a exemplo da "ideologia comportamental" de Voloshinov, trata-se de um assunto criativo e amplo, e não, absolutamente, de um simples "reflexo" das ideias dominantes.

Estudar uma formação ideológica é, portanto, entre outras coisas, examinar o complexo conjunto de ligações ou mediações entre seus níveis mais ou menos articulados. A religião organizada pode fornecer um bom exemplo. Tal religião estende-se desde doutrinas metafísicas extremamente intrincadas a prescrições morais minuciosamente detalhadas que governam as rotinas da vida cotidiana. A religião é apenas uma forma de aplicar as questões mais fundamentais da existência humana a uma vida exclusivamente individual. Também contém doutrinas e rituais para racionalizar a discrepância entre as duas – para explicar por que não consigo pôr em prática essas verdades cósmicas e (como na confissão) adaptar meu comportamento diário a suas exigências. A religião consiste em uma hierarquia de discursos, alguns dos quais elaboradamente teóricos (escolasticismo), outros éticos e prescritivos, outros ainda exortativos e consolatórios (pregação, piedade popular); e a instituição da Igreja assegura que cada um desses discursos se misture com os outros, para criar um *continuum* ininterrupto entre o teórico e o comportamental.

Já foi dito, algumas vezes, que se as ideologias são conjuntos de crenças orientadas para a ação, então essa é uma das razões para sua natureza falsa, parcial e deformadora. Pode-se estabelecer aqui, em outras palavras, uma conexão entre o caráter "sociológico" da ideologia – o fato de que diz respeito a ideias ligadas bastante diretamente à prática social – e a questão epistemológica da falsidade dessas ideias. Segundo essa visão, uma cognição verdadeira do mundo desaba sob a pressão de certos interesses pragmáticos, ou é deformada pelos limites da situação da classe da qual se origina. Dizer que a linguagem da economia política burguesa é ideológica é o mesmo que afirmar que em certos aspectos essenciais ela revela uma "interferência" oriunda da persistência de interesses práticos burgueses.

Não precisa ser apenas uma codificação "mais elevada" desses interesses, como o próprio Marx avaliou; não se trata simplesmente de algum reflexo teórico espúrio da ideologia comportamental burguesa. Em certos pontos, porém, seu discurso genuinamente cognitivo é obstruído, impelido contra certos limites conceituais que marcam as verdadeiras fronteiras históricas da própria sociedade burguesa. E esses problemas teóricos só poderiam então ser resolvidos mediante uma transformação daquela forma de vida.

Segundo essa opinião, acredita-se que a ideologia se torna falsa por causa de suas determinações sociais. O problema com essa formulação, evidentemente, é que não existe pensamento que *não* seja socialmente determinado. Assim, deve ser uma questão do *tipo* de determinantes sociais em consideração. É desnecessário afirmar que a única alternativa à ideologia seria então algum conhecimento "não perspectivo", socialmente desinteressado; pode-se simplesmente argumentar que, em qualquer momento histórico dado, certos pontos de vista socialmente determinados irão produzir mais verdades que outros. Algumas pessoas, como dizem eles, podem estar "numa posição de saber", enquanto outras talvez não. O fato de que todos os pontos de vistas são socialmente determinados não implica que todos os pontos de vista tenham o mesmo valor. É mais provável que um prisioneiro reconheça a natureza opressiva de um sistema jurídico em particular que um juiz. Os interesses podem interferir em nosso conhecimento, no sentido, por exemplo, de entender que a situação pode realmente não ser do meu interesse. Mas uma outra pessoa talvez corra o risco de morrer de fome, se não chegar *de fato* a entender a situação real, e nesse caso seu conhecimento não é, de modo algum, desinteressado.

Uma ideologia pode ser vista não simplesmente como "expressando" interesses sociais, mas como "racionalizando-os". Aqueles que acreditam que não haverá ar suficiente para todos na Grã-Bretanha se permitirmos mais imigração estão provavelmente racionalizando uma atitude racista. A racionalização é, essencialmente, uma categoria psicanalítica, definida por J. Laplanche e J.-B. Pontalis como um "procedimento pelo qual o sujeito tenta apresentar uma explicação logicamente coerente ou eticamente aceitável para atitudes, ideias, sentimentos etc., cujos reais motivos não são percebidos"[11]. Classificar as ideologias como "racionalizantes" é sugerir, de antemão, que há algo desabonador acerca delas — que tentam defender o indefensável, encobrindo algum motivo desonroso com pretensiosos termos éticos.

---

[11] J. Laplanche e J.-B. Pontalis, *The Language of Psychoanalysis* (Londres, Hogarth Press/Institute of Psycho-Analysis, 1980), p. 375.

68 Ideologia: uma introdução

No entanto, nem todo discurso ideólogico precisa ser desse tipo, seja porque um grupo pode não considerar seus próprios motivos particularmente vergonhosos, seja porque de fato não o são. A sociedade antiga não considerava a posse de escravos uma coisa censurável, e não via necessidade de racionalizá-la da maneira como nós hoje precisaríamos fazer. As pessoas da extrema direita não veem necessidade de justificar o livre mercado proclamando que no fim isso beneficiará a todos; por elas, os mais fracos podem simplesmente ir à bancarrota. Se aquilo em que acreditavam os *diggers* e as sufragistas pode ser descrito como ideológico, não é porque revela motivos dúbios e ocultos. Os grupos e classes dirigentes podem ter motivos bons e motivos duvidosos: o anticomunismo ocidental é, com bastante frequência, uma apologia interesseira dos direitos de propriedade do Ocidente, mas algumas vezes trata-se de um protesto genuíno contra o caráter repressivo das sociedades pós-capitalistas. Para a teoria psicanalítica, no ato de racionalização o verdadeiro motivo está necessariamente oculto do sujeito, já que, se ele o reconhecesse, procuraria mudá-lo; no caso da ideologia, porém, pode ou não acontecer dessa forma. Alguns norte-americanos realmente acreditam que ao lançar por aí seu poderio militar estão favorecendo a liberdade global, ao passo que outros percebem tal atitude mais cinicamente, como o interesse de proteger a propriedade americana. As classes dirigentes nem sempre estão autoiludidas, nem sempre são totalmente vítimas de sua própria propaganda.

Desse ponto de vista, portanto, as ideologias podem ser tidas como tentativas mais ou menos sistemáticas de fornecer explicações e justificações plausíveis para comportamentos sociais que, de outro modo, poderiam ser objeto de críticas. Assim, essas apologias escondem a verdade dos outros e talvez, também, do próprio sujeito que racionaliza. Se todos os interesses sociais são vistos, em grande parte, como afetivos e irracionais, conforme postula o sociólogo italiano Vilfredo Pareto, então toda ideologia teórica torna-se uma espécie de racionalização elaborada, que substitui opiniões e emoções irracionais e a-racionais por crenças supostamente racionais. Dessa forma, a estrutura da racionalização é metafórica: um conjunto de concepções que substitui outro.

Os grupos oprimidos de uma sociedade podem racionalizar tanto quanto seus governantes. Talvez percebam que suas condições de vida deixam muito a desejar, mas racionalizam esse fato com o pretexto de que merecem sofrer, ou de que todos os demais também merecem, ou que se trata de algo de certo modo inevitável, ou que a alternativa poderia ser ainda muito pior. Uma vez que essas atitudes geralmente acabam beneficiando os governantes, poder-se-ia dizer que as classes dirigentes deixam às vezes que seus subjugados se encarreguem por elas de grande parte da sua racionalização. Os grupos ou classes dominados podem também racionalizar sua situação a ponto de se autoiludirem, persuadindo-se de que não são, de forma alguma, infelizes. Vale a pena notar aqui que, se descobríssemos que eles realmente *são* felizes, seria difícil saber por que deveríamos pressionar

Estratégias ideológicas 69

para que sua condição fosse mudada; teríamos de acreditar, então, que não são de fato felizes mas que, por razões ideológicas, não se apercebem disso. Se é evidente, num certo sentido, que não interessa a um grupo oprimido enganar-se acerca de sua própria situação, há um outro sentido em que isso muitas vezes é vantajoso, já que a autoilusão pode tornar suas condições mais toleráveis. A questão aqui não é simplesmente de que as crenças do grupo não correspondem a seus interesses, mas o fato de haver nele tipos de interesse conflitantes.

A racionalização pode ajudar a promover interesses, mas há maneiras de promover interesses que não envolvem particularmente a racionalização. Podem-se favorecer os próprios interesses precisamente por *não* os racionalizar, como no caso de um hedonista confesso que conquista nossa simpatia por sua franqueza desarmante. Uma ideologia estoica ou fatalista pode racionalizar as condições deploráveis de algum grupo social, sem no entanto necessariamente promover seus interesses, a não ser no sentido de lhe fornecer um ópio. Uma exceção a esse caso é a célebre doutrina do *ressentimento* de Nietzsche, por meio do qual um povo tiranizado deliberadamente contamina seus dirigentes com seu próprio niilismo autopunitivo, enfraquecendo-lhes assim o poder, de maneira sutil.

Acredita-se geralmente que o mecanismo da racionalização seja a base da autoilusão, e sobre esse assunto existe hoje uma literatura rica e instigante[12]. A autoilusão é a condição na qual uma pessoa tem vontades ou desejos que nega ou repudia, ou dos quais simplesmente não se apercebe. Para Denys Turner, toda essa concepção é extremamente problemática, e por duas razões: primeiro, porque pareceria negar a realidade do estado de autoilusão. A pessoa autoiludida realmente *está* autoiludida, e não nutrindo algum desejo autêntico encoberto por uma camada de falsa consciência. Segundo, Turner não pode conceber a ideia de se ter um desejo do qual não se é consciente, ou que seja sistematicamente mal interpretado pela própria pessoa[13]. O problema aqui talvez gire um pouco em torno dos tipos de vontades e desejos em questão. Pareceria razoável argumentar que um grupo social explorado pode estar profundamente insatisfeito com o regime que se beneficia dele, sem que o reconheça plenamente de maneira consciente. Isso pode ser revelado, no entanto, na forma de uma "contradição performativa" entre o que fazem e o que dizem os membros do grupo: podem oficialmente conceder lealdade ao regime, ao mesmo tempo que demonstram sua indiferença com relação a ele mediante, digamos, uma maciça falta de assiduidade ao trabalho. Aqueles que questionam o conceito de autoilusão sem dúvida alguma estão certos a respeito

---

[12] Ver, por exemplo, Jon Elster, *Sour Grapes: Studies in the Subversion of Rationality* (Cambridge, Cambridge University Press, 1983), e Herbert Fingarette, *Self-Deception* (Londres, Routledge and Kegan Paul, 1969).

[13] Denys Turner, *Marxism and Christianity*, cit., p. 119-21.

70 Ideologia: uma introdução

a uma coisa: de que não faria sentido dizer que esse grupo tenha um desejo ardente de socializar a indústria sob o controle dos trabalhadores, de desmantelar as estruturas patriarcais e de se retirar da Otan num período de quatro meses, sem se dar conta disso. Ninguém pode nutrir aspirações tão precisas e ainda assim ser inconsciente delas, do mesmo modo que um cachorro pode esperar pelo regresso de seu dono, mas não que ele retorne às 14h15 de quarta-feira.

As ideias e crenças podem originar-se de desejos subjacentes, mas são também, em parte, constitutivas deles. Um membro de alguma tribo "perdida" na Bacia Amazônica não pode desejar ser um cirurgião do cérebro, pois não tem tal conceito. A racionalização envolve um conflito entre a crença consciente e a motivação inconsciente ou inconfessada, mas há problemas quanto a considerar a ideologia em geral uma questão de repressão, no sentido freudiano. Mistificar não é tanto reprimir alguma fração de conhecimento, mas, antes, não ter conhecimento de algo. Há também a questão de se a ideologia envolve, às vezes, sustentar ao mesmo tempo ideias mutuamente contraditórias, ao invés de estar preso em uma contradição entre a crença consciente e a atitude inconsciente. É difícil entender como alguém poderia declarar que as crianças são absolutamente encantadoras e, no instante seguinte, acusá-las de bichinhos repulsivos, ao invés de observar que as crianças são encantadoras em alguns aspectos, mas não em outros. Um empregado, porém, pode oscilar com essa rapidez desconcertante entre admirar seu patrão e revelar um desprezo desdenhoso por ele, o que nos levaria a concluir que sustenta, com efeito, duas crenças mutuamente contraditórias a um só tempo. A admiração tem a ver, sem dúvida, com sua ideologia "oficial", ao passo o desprezo surge de sua "consciência prática". Quando Otelo declara que acredita na fidelidade de Desdêmona e contudo não acredita, talvez não esteja querendo dizer que ora pensa uma coisa e ora pensa outra, ou que uma parte dele confia nela e a outra não, ou que realmente não sabe no que acredita e está totalmente confuso. Talvez queira dizer que, num nível, ele acha absolutamente inconcebível que ela o tenha traído, embora em outro tenha amplas evidências a sugerir que ela o fez. Um aspecto da ideologia patriarcal de Otelo – a fé complacente na sua segurança da posse sexual – está num impasse com um outro aspecto: sua suspeita paranoica das mulheres.

O conceito de racionalização está intimamente associado com o de *legitimação*. A legitimação refere-se ao processo pelo qual um poder dirigente vem a assegurar de seus sujeitos, pelo menos, uma anuência tácita à sua autoridade, e, do mesmo modo que a "racionalização", pode ter algo de pejorativo, sugerindo a necessidade de tornar respeitáveis interesses que, de outra forma, seriam ilícitos. Mas nem sempre é assim: a legitimação pode simplesmente querer estabelecer certos interesses como amplamente aceitáveis, em vez de lhes conferir um falso aspecto de

Estratégias ideológicas 71

legalidade. Os interesses sociais que consideramos justos e válidos talvez tenham de lutar muito para obter a credibilidade de toda a sociedade. Legitimar o poder de alguém não significa necessariamente "naturalizá-lo", no sentido de fazê-lo parecer espontâneo e inevitável a seus subordinados: um grupo ou classe pode muito bem perceber a existência de outros tipos de autoridade além daquela de seus senhores e, mesmo assim, endossá-la. Um modo de dominação é geralmente legitimado quando os que estão submetidos a ele passam a julgar seu próprio comportamento pelos critérios de seus governantes. Alguém com sotaque de Liverpool que acredite falar incorretamente legitimou um poder cultural estabelecido.

Há uma distinção significativa entre ideias que *servem* aos interesses sociais e ideias que ajudam a *legitimá-los*. Uma classe dominante pode promover seus objetivos apregoando que a maioria de seus subordinados tem inteligência sub-humana, mas é pouco provável que isso a legitime perante seus sujeitos. A crença de que o mais elevado valor espiritual é passar a perna nos rivais precisaria, provavelmente, ser racionalizada para assegurar legitimidade a si própria. Muitas das crenças de um grupo oprimido – de que seu sofrimento é inevitável ou de que a rebelião será severamente punida – servem aos interesses de seus senhores, mas não os legitimam particularmente. A *ausência* de certas crenças pode servir aos interesses pessoais de alguém, ou aos de um grupo: é útil à burguesia não acreditar que a consequência por rebaixar salários é o suplício eterno, assim como lhe é útil que aqueles cujos salários são rebaixados rejeitem as doutrinas do materialismo dialético. Um conjunto de crenças falsas pode favorecer os interesses de uma classe, como observa Marx a respeito dos revolucionários de classe média em *O 18 de brumário de Luís Bonaparte*, que se iludem beneficamente quanto ao esplendor de seu projeto. Da mesma maneira que ideias verdadeiras podem mostrar-se disfuncionais quanto a promover interesses sociais, assim também ideias falsas podem mostrar-se funcionais nesse sentido; de fato, para Friedrich Nietzsche, a verdade é qualquer ilusão que se apresente como enaltecedora da vida. Um grupo, por exemplo, pode superestimar sua própria força política, mas o fruto desse erro de cálculo pode ser algum curso de ação bem-sucedido, no qual, de outra forma, ele não se teria engajado. No que diz respeito às classes governantes, a ilusão de que estão encenando no interesse comum pode reforçar sua autoestima e, com ela, seu poder. Note-se também que uma crença pode ser *explicável* em termos da posição social de alguém, sem, no entanto, favorecê-la de maneira significativa; e afirmar que uma crença é funcional para os interesses sociais não implica necessariamente negar que seja racionalmente fundamentada. Os que sustentam a crença podem ter chegado a ela de qualquer maneira, a despeito do fato de terem interesses nela[14].

---

[14] Devo alguns destes pontos a Jon Elster, "Belief, Bias and Ideology", em M. Hollis e S. Lukes (org.), *Rationality and Relativism* (Oxford, Blackwell, 1982).

72 Ideologia: uma introdução

Às vezes, algumas ações do Estado são consideradas legítimas, enquanto outras não. O Estado tem poderes legais, mas ocasionalmente torna-se insubordinado. Para um marxista, no entanto, o Estado burguês é ilegítimo *in se*; não importa que tenha conseguido legitimar-se aos olhos de seus subordinados, pois é essencialmente um órgão de injustificável dominação de classe. Devemos lembrar, contudo, que tal legitimação nunca é, simplesmente, uma questão *ideológica*: as classes dirigentes dispõem de meios materiais para arrancar a anuência de seus subordinados, tais como aumentar os salários ou fornecer assistência médica gratuita. Como vimos ao discutir *The Dominant Ideology Thesis*, é arriscado supor que um poder legitimado é sempre bem-sucedido em fazer-se internalizar por aqueles que ele visa. Precisamos distinguir entre essa aceitação "normativa" e a aceitação "pragmática", que é provavelmente a condição mais disseminada, na qual os grupos subalternos endossam o direito de governar de seus governantes por não verem nenhuma alternativa realista.

Um importante expediente utilizado pela ideologia para alcançar legitimidade é a *universalização* e "eternalização" de si mesma. Valores e interesses que são na verdade específicos de uma determinada época ou lugar são projetados como valores e interesses de toda a humanidade. Supõe-se que, do contrário, a natureza interesseira e setorizada da ideologia revelar-se-ia embaraçosamente ampla demais, o que impediria sua aceitação geral.

O *locus classicus* dessa visão pode ser encontrado em *A ideologia alemã*, na qual Marx e Engels argumentam que

> Realmente, toda nova classe que toma o lugar de outra que dominava anteriormente é obrigada, para atingir seus fins, a apresentar seu interesse como o interesse comum de todos os membros da sociedade, quer dizer, expresso de forma ideal: é obrigada a dar às suas ideias a forma da universalidade, a apresentá-las como as únicas racionais, universalmente válidas.[15]

Não devemos descartar tal racionalização como mera escamoteação: no mesmo trecho, Marx e Engels observam em seguida que é realmente provável que os interesses de uma classe revolucionária emergente *estejam* relacionados com os interesses comuns de todas as demais classes não dirigentes. O proletariado revolucionário tradicionalmente tem procurado congregar sob sua bandeira outros grupos e classes descontentes: camponeses pobres, intelectuais, elementos

---

[15] Karl Marx e Friedrich Engels, *The German Ideology* (org. C. J. Arthur, Londres, Lawrence & Wishart, 1974), p. 65-6 [ed. bras.: *A ideologia alemã*, trad. Luciano Martorano, Nélio Schneider e Rubens Enderle, São Paulo, Boitempo, 2007, p. 48].

da pequena burguesia etc., que têm seus próprios interesses em derrubar o bloco dirigente. E movimentos populares radicais de todos os tipos tradicionalmente se agarram à barra da saia da burguesia revolucionária, apenas para serem traídos, como é típico, assim que essa classe assume o poder. Quando uma classe social ainda está emergindo, não teve ocasião, até então, de consolidar seus próprios interesses parciais e, em vez disso, concentra suas energias em obter o máximo de apoio possível. Uma vez confortavelmente instalada no poder, seus interesses egoístas tenderão a tornar-se mais evidentes, fazendo-a resvalar de um *status* universal para uma condição particular, perante alguns de seus antigos adeptos. Para alguns teóricos marxistas, é só nesse momento que a ideologia propriamente dita se estabelece: segundo essa visão, a consciência de classe não é ideológica enquanto uma classe ainda se encontra em sua fase revolucionária, mas só quando ela precisa esconder, mais tarde, as contradições entre seus interesses particulares e aqueles de toda a sociedade[16]. Em resumo, uma falsa universalização passa a ser necessária, já que a verdadeira fracassou.

A universalização, portanto, nem sempre é um mecanismo ilusoriamente racionalizante. É um fato que a emancipação das mulheres é, no fim das contas, do interesse de todos os indivíduos; e a crença de que os valores de alguém sejam, ao fim e ao cabo, universais pode propiciar um ímpeto considerável no sentido de obter legitimidade para eles. Se um grupo ou classe social necessita universalizar suas crenças e seus valores para conseguir-lhes apoio, então isso terá influência sobre as crenças e os valores em questão. Não se trata apenas de essa classe convencer as outras de que seus interesses estão realmente de acordo com os delas, mas, antes de tudo, de formular esses interesses de modo a tornar isso plausível. Trata-se, em outras palavras, de como o grupo ou classe descreve-se para si mesmo, e não apenas de como se promove aos outros. Ao formular os próprios interesses dessa maneira, pode ir de encontro a seus interesses imediatos ou mesmo contra aqueles a longo prazo. Os valores universais da burguesia revolucionária – liberdade, justiça, igualdade etc. – ao mesmo tempo que promoveram sua própria causa, criaram-lhe sérios embaraços quando outras classes subordinadas começaram a levar a sério esses imperativos.

Se devo persuadir de que é realmente do seu interesse que eu seja interesseiro, então só poderei ser efetivamente interesseiro se me tornar menos assim. Se os meus interesses, para florescerem, têm de levar em conta os seus, então serão redefinidos com base nas suas próprias necessidades, deixando assim de identificar-se consigo mesmos. Mas os seus interesses também deixarão de identificar-se consigo mesmos, uma vez que agora foram retrabalhados de modo a serem alcançados somente a partir da matriz dos meus. Um exemplo ilustrativo desse processo é o

---

[16] Ver Jorge Larrain, *The Concept of Ideology* (Londres, Hutchinson, 1979), p. 62.

Estado político. Para o marxismo, o Estado é fundamentalmente um instrumento de poder da classe governante; mas é também um órgão pelo qual essa classe deve moldar o consenso geral no âmbito do qual seus próprios interesses possam melhor prosperar. Esse último requisito leva o bloco dirigente a negociar com as forças antagonistas dentro da arena do Estado de modos que nem sempre são compatíveis com seus próprios interesses a curto prazo.

Uma classe que consiga universalizar seus objetivos deixará de se apresentar como um interesse parcial; no auge de seu poder, esse poder irá efetivamente desaparecer. É por essa razão que, para os radicais, o termo "universalização" é geralmente pejorativo. Segundo esse ponto de vista, as ideologias são sempre motivadas por ambições globais, suprimindo a relatividade histórica de suas próprias doutrinas. "A ideologia", proclama Louis Althusser, "não tem exterior"[17]. Essa dimensão global abrange tanto o espaço quanto o tempo. Uma ideologia reluta em acreditar que um dia nasceu, pois isso seria o mesmo que reconhecer que pode morrer. Como a criança edipiana, gostaria de acreditar que não tem pais, que brotou por partenogênese de sua própria semente. A presença de ideologias irmãs também constitui um estorvo para ela, uma vez que definem suas fronteiras finitas, delimitando assim seu domínio. Ver uma ideologia de fora é reconhecer seus limites; mas de dentro essas fronteiras desaparecem no infinito, deixando a ideologia curvada sobre si mesma, como o espaço cósmico.

Não é claro, porém, que todo discurso ideológico tenha de ocultar seus limites dessa maneira. "Sei que falo como um liberal ocidental, mas realmente acredito que o islamismo seja um credo bárbaro": tais pronunciamentos timidamente autorreferenciais devem alertar-nos contra a crença, atualmente em voga, de que reconhecer-se em suas próprias declarações é, sem dúvida, uma atitude progressista. Ao contrário, a exemplo da franqueza desarmante do hedonista autodeclarado, isso pode, na verdade, dar convicção a seu ponto de vista. Os ideólogos hoje em dia insistem estupidamente em que todos, de Adão ao chefe druida, compartilharam de suas opiniões – o que nos leva à doutrina da "*naturalização*".

Acredita-se, com frequência, que as ideologias bem-sucedidas são aquelas que tornam suas crenças naturais e autoevidentes – fazendo-as identificar-se de tal modo com o "senso comum" de uma sociedade que ninguém nem sequer imaginaria como poderiam ser diferentes. Esse processo, que Pierre Bourdieu chama de *doxa*, leva a ideologia a criar um ajuste tão perfeito quanto possível entre ela e a realidade social, fechando assim a brecha na qual a alavanca da crítica poderia ser introduzida. A realidade social é redefinida pela ideologia para tornar-se

---

[17] Louis Althusser, *Lenin and Philosophy* (Londres, New Left Books, 1971), p. 164.

Estratégias ideológicas   75

coextensiva a ela, de tal maneira que se obstrui a verdade de que foi a realidade, de fato, que engendrou a ideologia. Ao contrário, ambas parecem ter sido espontaneamente geradas juntas, tão inseparáveis quanto unha e carne. O resultado, politicamente falando, é um círculo aparentemente vicioso: a ideologia só poderia ser transformada se a realidade fosse de tal forma que a permitisse ser objetificada; mas a ideologia processa a realidade de maneira a antecipar-se a essa possibilidade. As duas, portanto, ratificam uma à outra. Dessa perspectiva, uma ideologia dominante não tanto combate as ideias alternativas quanto as empurra para além das próprias fronteiras do imaginável. As ideologias existem porque há coisas sobre as quais, a todo o custo, não se deve pensar, muito menos falar. Como então poderíamos chegar a *saber* da existência de tais pensamentos é, portanto, uma óbvia dificuldade lógica. Talvez simplesmente sintamos que há *algo* sobre o qual deveríamos estar pensando, mas não temos ideia do que seja.

A ideologia, segundo essa visão, oferece-se como um "é claro!", ou um "nem precisava dizer"; e, de György Lukács a Roland Barthes, isso tem figurado como uma suposição central da "crítica da ideologia". A ideologia congela a história em uma "segunda natureza", apresentando-a como espontânea, inevitável e, assim, inalterável. Trata-se, essencialmente, de uma *reificação* da vida social, como Marx parece argumentar em seu famoso ensaio sobre o fetichismo das mercadorias. A naturalização tem uma ligação óbvia com a universalização, já que aquilo que se percebe como universal é, frequentemente, tido como natural; mas as duas não são de fato sinônimas, pois uma atividade poderia ser considerada universal sem que necessariamente alguém a julgasse natural. Pode-se admitir que todas as sociedades humanas até hoje revelaram agressão, ao mesmo tempo que se aguarda ansiosamente por uma ordem futura na qual ela não mais exista. Mas há, evidentemente, uma forte implicação de que aquilo que foi verdadeiro sempre e em toda a parte é inato à natureza humana, e portanto não pode ser mudado. Tem-se apenas de aceitar que os camponeses franceses do século XII eram, na verdade, capitalistas disfarçados, ou que os Sioux sempre nutriram secretamente o desejo de serem corretores da bolsa.

Como a universalização, a naturalização é parte da investida *desistoricizante* da ideologia, sua negação tácita de que as ideias e crenças sejam específicas de uma determinada época, lugar e grupo social. Conforme reconhecem Marx e Engels em *A ideologia alemã*, conceber as formas de consciência como autônomas, magicamente absolvidas dos determinantes sociais, é dissociá-las da história e convertê-las, assim, em um fenômeno natural. Se alguns ideólogos feudalistas denunciaram a primeira iniciativa capitalista, foi porque a consideraram inatural – no sentido, é claro, de infiel às definições feudais da natureza humana. Mais tarde, o capitalismo retribuiria a cortesia ao socialismo. É interessante, aliás, que o próprio conceito de naturalização baseie-se numa *ideologia* particular da

76   Ideologia: uma introdução

Natureza, segundo a qual, à maneira de William Wordsworth, ela é absolutamente imutável e duradoura; e é irônico que essa visão prevaleça numa época histórica em que a Natureza está sendo constantemente talhada na forma humana, dominada e transformada pela tecnologia. Thomas Hardy inicia *The Return of the Native* falando da paisagem estéril e inalterável da charneca de Egdon, uma extensão de terra que foi cultivada de ponta a ponta pelo serviço florestal britânico não muito tempo depois da morte do autor. Talvez seja a natureza *humana* que os ideólogos tenham em mente, a qual também se supõe ser imutável. Negar isso, como o faz adequadamente a esquerda política, não é afirmar que não existe absolutamente nada na espécie humana que seja natural e inalterável. É natural que os seres humanos nasçam, comam, tenham uma atividade sexual, associem-se uns aos outros, transformem seu meio ambiente, morram etc., e o fato de que todas essas práticas possam variar bastante, culturalmente falando, não refuta sua naturalidade. Karl Marx acreditava fortemente em uma natureza humana, e com certeza estava certo ao fazê-lo[18]. Existem muitos aspectos cruciais das sociedades humanas que decorrem da natureza material de nossos corpos, uma natureza que sofreu alterações muito pequenas na história da raça. Os apelos à natureza e ao natural não são, de modo algum, necessariamente reacionários: uma ordem social que negue calor, alimento e abrigo a seus membros é inatural e deve, por essas razões, ser politicamente desafiada. Quando os governantes dos *Anciens Régimes*, na Europa do século XVIII, ouviram a aterradora palavra "natureza", empunharam suas armas.

Muitas formas de ideologia realmente naturalizam seus próprios valores; mas, a exemplo do que acontece com a universalização, pode-se duvidar se isso é universalmente verdadeiro. A tese de que a ideologia converte o controverso no óbvio tornou-se ela própria tão óbvia que está a ponto de ser questionada. A conhecida doutrina da Assunção da Virgem aos Céus é com certeza ideológica, mas dificilmente é óbvia, mesmo para muitos de seus mais devotos adeptos. É difícil imaginá-la originando-se espontaneamente de nossa experiência casual do mundo. Muitas pessoas reverenciam a monarquia, mas nem sempre é evidente para elas que deve *haver* um monarca, e podem estar perfeitamente cientes de que existem sociedades, funcionando razoavelmente bem, que carecem de tal instituição. Alguém pode estar ferrenhamente comprometido com o capitalismo mesmo sabendo que se trata de um sistema histórico bastante recente, uma forma entre muitas de organizar a sociedade.

A suposta obviedade da ideologia é acompanhada por sua presumida falta de autorreflexividade. A suposição aqui é de que seria impossível que alguém sustentasse pontos de vista ideológicos e fosse, ao mesmo tempo, consciente de que são

---

[18]   Ver Norman Geras, *Marx and Human Nature* (Londres, Verso, 1983).

ideológicos. As ideologias são discursos incapazes de curvar-se criticamente sobre si mesmos, cegos a seus próprios terrenos e fronteiras. Se a ideologia se reconhecesse como tal, deixaria imediatamente de ser o que é, assim como se um porco soubesse que é um porco, não mais o seria. "A ideologia", observa Louis Althusser, "nunca diz: 'sou ideológica'"[19]. Embora isso possa ser verdadeiro na maior parte das vezes, esse "nunca" é certamente um exagero. "Sei que estou sendo terrivelmente sexista, mas não aguento ver uma mulher de calças"; "Desculpe-me por ser tão burguês, mas será que você se incomodaria de escarrar na pia, em vez de no processador de alimentos?": tais emissões, por sua astuta franqueza, talvez não sejam mais do que tentativas de se antecipar à crítica, mas indicam um grau limitado de auto-percepção irônica que uma vigorosa teoria da "naturalização" prefere não levar em conta. Posso ter alguma consciência da origem e da função sociais de minhas crenças, sem por essa razão abandoná-las. Um romancista como E. M. Forster é totalmente capaz de distinguir vestígios das condições de exploração nas quais se baseia seu humanismo liberal, sem por isso deixar de ser um humanista liberal. Na verdade, uma percepção cheia de culpa das origens de seu privilégio pessoal é *parte* de seu liberalismo de classe média; um autêntico liberal deve ser liberal o suficiente para suspeitar de seu próprio liberalismo. A ideologia, em resumo, nem sempre é o alvo sem substância (*straw target*) que ilude e cega completamente a si própria, como seus teóricos às vezes fazem parecer — sobretudo na autoironia cínico e infinitamente regressiva de uma época pós-modernista. Ao contrário, pode elevar-se de tempos em tempos à condição "metalinguística" e nomear a si mesma, pelo menos em parte, sem abandonar sua posição. E tal autorreflexividade parcial pode fortalecer, mais do que enfraquecer, seu domínio. O fato de que as ideologias sejam sempre consideradas naturalizantes e universalizantes naturaliza e universaliza o conceito de ideologia e evidentemente fortalece a oposição de seus antagonistas.

Para finalizar, podemos indagar até que ponto as ideologias oposicionistas revelam, tanto quanto as dominantes, os vários mecanismos que examinamos. As ideologias oposicionistas com frequência buscam unificar fileiras de forças políticas diversas e estão aparelhadas para a ação efetiva; também buscam legitimar suas crenças perante toda a sociedade, de modo que alguns socialistas, por exemplo, falam da necessidade de criar um "senso comum socialista" na consciência de homens e mulheres comuns. Quando a classe média era ainda uma força política emergente, seu grito de liberdade revolucionário era, certamente, entre outras coisas mais elevadas, uma racionalização da liberdade de explorar; e pretendia não só universalizar seus valores (apelando para uma "humanidade" abstrata contra o provincianismo da ordem tradicional), como também naturalizá-los (invocando "direitos naturais" em oposição ao costume e ao privilégio). Os radicais políticos

---

[19] Louis Althusser, *Lenin and Philosophy*, cit., p. 175.

78   Ideologia: uma introdução

de hoje, de maneira acertada, estão muito cuidadosos para não repetir esse gesto, e, é claro, rejeitariam a opinião de que suas crenças meramente racionalizam algum motivo ulterior enganoso; mas estão implicitamente empenhados em universalizar seus valores, de modo que não faria sentido argumentar que o feminismo socialista é apropriado para a Califórnia, mas não para o Camboja. Aqueles da esquerda política que se sentem apreensivos com gestos tão globais, temendo que eles impliquem, de modo inevitável, alguma noção opressivamente abstrata de "Homem", não passam de pluralistas liberais ou relativistas culturais em roupagem radical.

3
DO ILUMINISMO À SEGUNDA INTERNACIONAL

As palavras que terminam com "-logia" apresentam uma característica peculiar: "-logia" significa a ciência ou estudo de algum fenômeno, mas, em virtude de um curioso processo de inversão, as palavras assim terminadas passaram, em muitos casos, a significar o fenômeno estudado, mais do que o conhecimento sistemático do próprio fenômeno. Assim, por exemplo, "metodologia" significa o estudo do método, mas é normalmente empregada hoje em dia para referir-se ao próprio método. Quando alguém diz que está investigando a metodologia de Max Weber, quer dizer provavelmente que está examinando os métodos que ele utiliza, mais do que as ideias dele acerca dos métodos. Afirmar que a biologia humana não é adaptada a altas doses de monóxido de carbono significa que nossos corpos, e não o estudo dos corpos em si, não possuem tal adaptação. "A geologia do Peru" pode referir-se tanto aos aspectos físicos desse país como ao exame científico deles. E o turista americano que comentou, com um amigo meu, sobre a "magnífica ecologia" do oeste da Irlanda estava apenas querendo dizer que a paisagem daquele lugar era bela.

Não levou muito tempo para que tal inversão ocorresse também com a palavra ideologia. "Ideologia" originalmente significava o estudo científico das ideias humanas, mas não demorou para que o objeto ultrapassasse a abordagem, e a palavra rapidamente passou a referir-se aos próprios sistemas de ideias. Um ideólogo, então, significava não tanto alguém que analisava ideias, mas alguém que as expunha. Seria interessante examinar pelo menos uma das maneiras pelas quais

80   Ideologia: uma introdução

se deu essa inversão. Como veremos, um ideólogo era, a princípio, um filósofo empenhado em esclarecer a base material de nosso pensamento. A última coisa em que ele acreditava era que as ideias fossem, elas próprias, misteriosas, totalmente independentes do condicionamento externo. A "ideologia" era uma tentativa de restituir as ideias a seu domínio, enquanto produtos de certas leis mentais e fisiológicas. Porém, para levar a cabo esse projeto, era necessário conceder enorme atenção ao reino da consciência humana; é compreensível, portanto – embora irônico –, que esses teóricos tenham começado a acreditar que as ideias eram a única coisa que existia. É como se alguém rotulasse de "filósofo religioso" um racionalista agnóstico que passasse a vida inteira mergulhado em misticismo e mitologia, a fim de demonstrar que estes são ilusões engendradas por determinadas condições sociais. De fato, os primeiros ideólogos franceses realmente acreditavam que as ideias constituíam a base da vida social, de modo que acusá-los de exagerar a importância da consciência humana não é, sem dúvida, um erro; contudo, embora nesse sentido fossem idealistas, tinham uma visão materialista acerca de onde se originavam realmente essas ideias.

Em nossa própria época, a ideologia muitas vezes serviu nitidamente de contrapeso à ciência; assim, é irônico lembrar que a ideologia nasceu precisamente *como* uma ciência, como uma investigação racional das leis que governam a formação e o desenvolvimento das ideias. Tem raízes profundas no sonho iluminista de um mundo totalmente transparente à razão, livre do preconceito, da superstição e do obscurantismo do *ancien régime*. Ser um "ideólogo" – um analista clínico da natureza da consciência – significava ser um crítico da "ideologia", no sentido aqui dos sistemas de crença dogmáticos e irracionais da sociedade tradicional. No entanto, essa crítica da ideologia era na verdade, ela própria, uma ideologia, e em dois sentidos diferentes. Por um lado, os primeiros ideólogos do século XVIII francês, em sua guerra contra a metafísica, recorriam em peso à filosofia empírica de John Locke, insistindo em que as ideias humanas derivavam mais de sensações que de alguma fonte inata ou transcendental; esse empirismo, com sua concepção dos indivíduos como seres passivos e distintos, está intimamente relacionado com as suposições ideológicas burguesas. Por outro lado, o apelo a uma natureza desinteressada, à ciência e à razão, em oposição à religião, à tradição e à autoridade política, simplesmente mascarava os interesses de poder a que essas nobres noções secretamente serviam. Poderíamos então arriscar o paradoxo de que a ideologia nasceu como uma crítica totalmente ideológica da ideologia. Ao iluminar o obscurantismo da velha ordem, lançou sobre a sociedade uma luz ofuscante, que cegou homens e mulheres para as fontes sombrias dessa claridade.

O objetivo dos ideólogos do Iluminismo, como porta-vozes da burguesia revolucionária da Europa do século XVIII, era reconstruir a sociedade de alto a baixo, sobre bases racionais. Invectivavam sem medo contra uma ordem social que fomentava entre as pessoas a superstição religiosa, a fim de fortalecer seu próprio poder brutalmente absolutista, e sonhavam com um futuro no qual se teria em apreço a dignidade de homens e mulheres, como criaturas capazes de sobreviver sem ópio nem ilusão. Sua causa, no entanto, encerrava uma contradição debilitante. Pois se sustentavam, por um lado, que os indivíduos eram os produtos determinados do próprio meio, insistiam, por outro, ser possível elevar-se acima desses determinantes inferiores mediante o poder da educação. Assim que as leis da consciência humana se desnudassem ao exame científico, essa consciência poderia ser transformada, na direção da felicidade humana, por um projeto pedagógico sistemático. Mas quais seriam os determinantes desse projeto? Ou, como indagou Karl Marx, quem educaria os educadores? Se toda consciência é materialmente condicionada, isso não deveria aplicar-se também às noções aparentemente livres e desinteressadas que iluminariam as massas em seu caminho para fora da autocracia, rumo à liberdade? Se tudo deve ser submetido à luz translúcida da razão, não se deveria incluir aí a própria razão?

Os ideólogos não conseguiram solucionar esse dilema, embora tenham perseverado em sua busca da essência da mente. As instituições sociais e políticas precisam ser resgatadas da influência da ilusão metafísica; mas não seria incompleto esse projeto caso não se estendesse ao atributo mais distintivo da humanidade, ou seja, a própria consciência? Como se pode construir uma sociedade racional se a própria mente, que é supostamente a base da existência social, permanece inescrutável e esquiva? O programa de uma "ideologia", portanto, é trazer esse fenômeno (o mais complexo e impalpável de todos) para o domínio da pesquisa científica – o que é motivo de escândalo para os dualistas metafísicos, para quem a mente é uma coisa e a materialidade, outra bem diferente. Em sua época, a nova ciência da ideologia foi subversiva, assim como a psicanálise em nossos dias: se se pudesse demonstrar que a alma ou a psique também funcionam a partir de certos mecanismos determinados, então o último bastião do mistério e da transcendência, em um mundo mecanicista, seria finalmente derrubado. A ideologia é um golpe revolucionário nos sacerdotes e reis, nos técnicos e guardiães tradicionais da "vida interior". O conhecimento da humanidade é arrebatado do monopólio de uma classe dirigente e confiado, em vez disso, a uma elite de teóricos científicos[1].

Que a razão científica deva penetrar os recessos mais profundos da psique humana é não apenas lógico, teoricamente falando, como essencial, do ponto de vista político. Pois as instituições sociais só podem ser transformadas com base no mais exato conhecimento da natureza humana, e a justiça e a felicidade residem

---

[1] Ver George Lichtheim, "The Concept of Ideology", em *The Concept of Ideology and other Essays* (Nova York, Random House, 1967). Ver também Hans Barth, *Truth and Ideology* (Berkeley/Los Angeles, University of California Press, 1976), cap. 1.

82   Ideologia: uma introdução

na adaptação de tais instituições a essas leis imutáveis, e não em forçar arbitrariamente a natureza humana a encaixar-se em formas sociais "artificiais". A ideologia,
em resumo, relaciona-se com um vigoroso programa de engenharia social, que irá
refazer nosso ambiente social, alterando assim nossas sensações e modificando,
por conseguinte, nossas ideias. Essa é a fantasia bem-intencionada dos grandes
ideólogos do Iluminismo, de Holbach, Condillac, Helvetius, Joseph Priestley,
William Godwin e do jovem Samuel Coleridge – de que se poderia traçar uma
linha direta partindo das condições materiais dos seres humanos em direção a
sua experiência sensória e, depois, a seus pensamentos, e que toda essa trajetória
seria desviada por reformas radicais visando o progresso espiritual e a perfeição
suprema[2]. A ideologia, que nas mãos de Marx e Engels logo passou a denotar a
ilusão de que as ideias são, de algum modo, autônomas do mundo material, inicia
sua vida exatamente como o oposto: como ramo de um materialismo mecânico
que se agarra à fé de que as operações da mente são tão previsíveis quanto as leis da
gravidade. Essa ciência das ideias, conforme observou Destutt de Tracy, o criador
do termo ideologia, faz parte da zoologia, é uma região dentro de uma ciência
mais geral do animal humano.

A trajetória de Antoine Destutt de Tracy é uma história fascinante, que estra-
nhamente não ganhou notoriedade[3]. Aristocrata de nascimento, desertou de sua
própria classe para tornar-se um dos mais combativos representantes da burguesia
revolucionária francesa. Ele é, portanto, um caso clássico da transição gramsciana
do intelectual "tradicional" para o "orgânico", que veremos mais tarde. Lutou
como soldado durante a Revolução Francesa e foi preso na época do Terror; na
verdade, foi na cela da prisão que ele esboçou o conceito de uma ciência das ideias.
A noção de ideologia nasceu, portanto, em condições inteiramente ideológicas:
a ideologia pertencia a uma política racional, contrária à barbárie irracionalista
do Terror. Se os indivíduos deviam realmente governar a si próprios, então era
preciso, antes de tudo, esmiuçar pacientemente as leis de sua natureza. Para isso
era necessário, afirmava De Tracy, "um Newton da ciência do pensamento", e
ele próprio era um óbvio candidato ao posto. Uma vez que toda ciência repousa
em ideias, a ideologia desalojaria a teologia como soberana de todas elas, garan-
tindo-lhes unidade. Reconstruiria completamente a política, a economia e a ética,
partindo dos processos mais simples de sensação até as regiões mais sublimes do
espírito. A propriedade privada, por exemplo, baseia-se em uma distinção entre

---

[2]   Para uma descrição proveitosa desse estilo de pensamento, ver Basil Willey, *The Eighteenth
Century Background* (Londres, Chatto & Windus, 1940).

[3]   Para um relato soberbamente erudito da vida de Tracy, ver Emmet Kenedy, *A Philosophe in the
Age of Revolution: Destutt de Tracy and the Origins of "Ideology"* (Filadélfia, American Philosophical
Society, 1978).

o "seu" e o "meu", que se pode remontar, por sua vez, a uma oposição perceptiva fundamental entre "você" e "eu".

Ainda no auge da revolução, De Tracy tornou-se um membro preeminente do Institut Nationale, o grupo de elite de cientistas e filósofos que constituíam a ala teórica da reconstrução social da França. Trabalhou na Divisão de Ciências Morais e Políticas do Instituto, na Seção de Análise das Sensações e Ideias, e ocupou-se em criar para as *écoles centrales* do serviço civil um novo programa de educação nacional, que teria como base a ciência das ideias. Napoleão, a princípio, estava encantado com o Instituto, orgulhoso de ser um membro honorário, e convidou De Tracy a juntar-se a ele como soldado em sua campanha no Egito. (Essa cortesia duvidosa talvez tenha sido calculada, já que passar de *savant* a soldado seria, decerto, um tanto regressivo.)

Mas a sorte de De Tracy logo declinou. Quando Napoleão começou a renegar o idealismo revolucionário, os ideólogos rapidamente tornaram-se sua *bête noir*, e o próprio conceito de ideologia ingressou no campo da luta ideológica. Significava agora o liberalismo político e o republicanismo, em conflito com o autoritarismo bonapartista. Napoleão declarou ter sido ele o inventor do termo depreciativo "ideólogo", como uma forma de rebaixar os homens do Instituto – de cientistas e *savants* a sectários e subversivos. De Tracy e os de sua laia, assim protestava ele, eram "falastrões" e sonhadores – uma classe perigosa de homens empenhada em solapar a autoridade política e que privava homens e mulheres de suas ficções consoladoras. "Vocês, ideólogos", queixava-se Napoleão, "destroem todas as ilusões, e a era das ilusões é, para os indivíduos como para os povos, a era da felicidade"[4]. Em breve, estava vendo ideólogos por toda a parte, e chegou inclusive a culpá-los por sua derrota na Rússia. Em 1802, fechou a Seção de Ciências Morais e Políticas do Institut Nationale, e seus membros foram então designados para ensinar história e poesia. Um ano antes, De Tracy iniciara a publicação de seu *Projet d'éléments d'idéologie* – num gesto (que só pode ter sido premeditado) de desafio ao novo ambiente de reação fanática. O título de seu trabalho prossegue: *À l'usage des écoles centrales de la République* – uma indicação bastante clara de seu caráter prático e político, de seu papel dentro do que Althusser mais tarde chamaria de "aparelhos ideológicos de Estado". "Ideologia" é simplesmente a expressão teórica de uma estratégia abrangente de reconstrução social, na qual o próprio De Tracy era um funcionário público essencial. No entanto, sua luta para manter a ideologia nas *écoles centrales* fracassou, e ela foi substituída como disciplina pela instrução militar.

Em 1812, após ser derrotado pelos russos, Napoleão atacou os ideólogos em um discurso que se tornaria célebre:

---

[4]   Citado por Emmet Kennedy, *A Philosophe in the Age of Revolution*, cit., p. 189.

84 Ideologia: uma introdução

É à doutrina dos ideólogos – a essa metafísica difusa que artificialmente busca encontrar as causas primárias e sobre esse alicerce erigir a legislação dos povos, em vez de adaptar as leis ao conhecimento do coração humano e das lições da história – que se deve atribuir todos os infortúnios que se abateram sobre nossa amada França.[5]

Numa ironia notável, Napoleão desdenhosamente equipara os ideólogos aos próprios metafísicos que eles se esforçavam tanto em desacreditar. Não há dúvida de que suas acusações têm um fundo de verdade: De Tracy e seus colegas, fiéis a seu credo racionalista, atribuíam às ideias o papel de alicerce na vida social, e acreditavam que se podia deduzir uma política de princípios *a priori*. Se por um lado travavam guerra com o idealismo metafísico que via as ideias como entidades espirituais, por outro concordavam com sua crença de que as ideias eram a base sobre a qual assentava todo o resto. Mas a irritação de Napoleão tange uma nota que irá ressoar por todo o período moderno: a impaciência do pragmatista político com o intelectual radical, que ousava teorizar toda a formação social. Trata-se, em nossa época, da disputa entre neopragmatistas como Stanley Fish e Richard Rorty – improváveis candidatos a Napoleão, sob outros aspectos – e a esquerda política. O compromisso dos ideólogos com uma análise "global" da sociedade é inseparável de sua política revolucionária e opõe-se frontalmente à conversa mistificadora de Bonaparte sobre o "coração humano". Em outras palavras, trata-se da inimizade eterna entre o humanista e o cientista social – um primeiro exemplo da máxima de Roland Barthes de que "o sistema é o inimigo do 'Homem'". Se Napoleão denuncia os ideólogos, é porque estes são os adversários juramentados da ideologia, empenhados em desmistificar as ilusões sentimentais e a religiosidade divagante com a qual ele esperava legitimar seu governo ditatorial.

A despeito do desagrado de Napoleão, De Tracy continuou a dedicar-se ao segundo volume de seus *Élements*, e ainda conseguiu tempo para trabalhar em uma *Gramática*. Sua abordagem da linguagem era demasiado abstrata e analítica para o gosto de Napoleão, e acabou por enraivecê-lo ainda mais. De Tracy insistia em levantar questões sobre as origens e funções da linguagem, enquanto Napoleão fomentava o estudo da linguagem mediante o ensino dos clássicos da literatura francesa. De novo, o "teórico" e o "humanista" se puseram em combate, numa disputa filológica que codificava um antagonismo político entre o radical e o reacionário. Suspeito de envolvimento numa trama para assassinar o imperador, De Tracy enfrentou-o como senador e produziu o último volume da obra de sua vida, dedicado à ciência da economia. Como Marx, acreditava que os interesses econômicos eram os determinantes finais da vida social; mas descobre nesses interesses uma recalcitrância que ameaça minar sua política racionalista. De

---

[5] Citado em Arne Naess et al., *Democracy, Ideology and Objectivity*, cit., p. 151.

que adianta, queixa-se ele, persuadir os ricos ociosos de que eles não servem para nada? (O próprio De Tracy era um dos maiores proprietários de terra da França, e um proprietário ausente.) Assim, o volume final dos *Élements* choca-se contra um limite material que caberá a Marx transpor, e o tom de sua "Conclusão" é, consequentemente, derrotista. Ao voltar seu olhar para o reino econômico, De Tracy foi forçado a confrontar-se com a "irracionalidade" radical das motivações sociais na sociedade de classes, o enraizamento do pensamento em interesses egoístas. O conceito de ideologia começa a se deformar em direção a seu significado pejorativo posterior, e o próprio De Tracy reconhece que a razão deve levar mais em conta o sentimento, o caráter e a experiência. Um mês após terminar a obra, escreve um artigo em que defendia o suicídio.

Já mais velho, De Tracy publicou um trabalho sobre – pasmem! – o amor, que foi devorado por seu admirador e discípulo Stendhal. De Tracy sustentava a total liberdade das jovens de escolher seus próprios maridos, advogava a causa das mães solteiras e defendia a liberdade sexual. (Não obstante, seu protofeminismo tinha limites: as mulheres deviam ter direito à instrução completa, mas não ao voto.) Thomas Jefferson elegeu-o para a American Philosophical Society, e De Tracy, por sua vez, estava tão iludido quanto aos Estados Unidos que chegou a declará-los "a esperança e o exemplo do mundo". Quando a revolução francesa de 1830 irrompeu, quase literalmente, à sua porta, De Tracy, já idoso, calmamente saiu de casa e lançou-se sobre as barricadas.

Marx descreveu Destutt de Tracy como uma luz entre os economistas vulgares, embora o tenha atacado tanto em *A ideologia alemã* como em *O capital*, classificando-o, nesse último, de "burguês doutrinário e insensível". Emmet Kennedy, em seu excelente estudo sobre De Tracy, é sagaz ao observar que o único volume de seu tratado que Marx provavelmente lera foi aquele dedicado à economia e que a publicação desse trabalho de economia política burguesa como parte de uma ciência geral da ideologia deve ter firmado na mente de Marx a ligação entre as duas. Em outras palavras, pode ter contribuído para que Marx mudasse sua concepção de ideologia, do sentido de meras ideias abstratas para o de apologia política.

Assim, o surgimento do conceito de ideologia não é um mero capítulo na história das ideias. Ao contrário, está intimamente relacionado com a luta revolucionária e figura, desde o início, como uma arma teórica da guerra de classes. Entra em cena como inseparável das práticas materiais dos aparelhos ideológicos de Estado e, enquanto noção, constitui ele próprio um palco de interesses ideológicos conflitantes. Mas, se a ideologia propõe-se examinar as origens da consciência humana, o que dizer da consciência que realiza essa operação? Por que esse modo particular de razão deve estar imune a suas próprias proposições acerca dos fundamentos materiais do pensamento? Talvez, no entender de um *philosophe* francês chamado Destutt de Tracy, todo o conceito de ideologia seja apenas algum reflexo biologicamente determinado, sem nenhuma outra validade objetiva além dessa. A razão seria capaz de monitorar a realidade como um todo; mas será capaz de monitorar a si mesma? Ou será que deve ser a única coisa a acontecer fora do escopo de nossa própria análise? A ciência das ideias atribui-se, ao que parece, um *status* transcendental; mas é justamente isso que suas próprias doutrinas põem em dúvida. Assim é que Hegel, na *Fenomenologia do espírito*, induz a razão a curvar-se sobre si mesma, rastreando totalmente seu grandioso avanço em direção ao Absoluto, a começar de sua humilde germinação em nossos dados sensórios rotineiros.

O cerne da crítica de Napoleão aos ideólogos é que há algo irracional no racionalismo excessivo. A seu ver, esses pensadores tanto se empenharam em sua investigação das leis da razão que ficaram isolados dentro de seus próprios sistemas fechados, tão divorciados da realidade prática quanto um psicótico. Desse modo, o termo ideologia gradualmente deixou de denotar um cético materialismo científico para significar uma esfera de ideias abstratas e desconexas, e é esse significado da palavra que será então adotado por Marx e Engels.

A teoria da ideologia de Karl Marx é provavelmente mais bem entendida como parte de sua teoria da alienação, apresentada nos *Manuscritos econômicos e filosóficos* (1844) e também em outros lugares[6]. Em certas condições sociais, argumenta Marx, os poderes, produtos e processos humanos escapam ao controle dos sujeitos humanos e passam a assumir uma existência aparentemente autônoma. Apartados dessa forma de seus agentes, tais fenômenos começam então a exercer sobre eles um poder imperioso, de modo que homens e mulheres se submetem ao que, na verdade, são os produtos de sua própria atividade, como se estes fossem uma força estranha. O conceito de alienação está, portanto, estreitamente ligado ao de "reificação" – pois se os fenômenos sociais deixam de ser reconhecidos como o resultado de projetos humanos, é compreensível que sejam percebidos como coisas materiais, admitindo-se assim sua existência como inevitável.

A teoria da ideologia apresentada em *A ideologia alemã* de Marx e Engels (1846) diz respeito a essa lógica generalizada de inversão e alienação. Se os poderes e instituições humanos podem ser submetidos a esse processo, então a consciência também pode. A consciência está, na verdade, estreitamente vinculada à prática social; no entanto, para os filósofos idealistas alemães de que falam Marx e Engels, ela se torna dissociada dessas práticas, fetichizada a uma coisa-em-si, e assim,

---

[6]   Para um relato sobre Marx e a ideologia, ver Henri Lefebvre, *The Sociology of Marx* (Harmondsworth, Penguin, 1968), cap. 3 [ed. bras.: *Sociologia de Marx*, Rio de Janeiro, Forense, 1968].

mediante um processo de inversão, pode ser erroneamente compreendida como a própria origem e fundamento da vida histórica. Se as ideias são apreendidas como entidades autônomas, então isso ajuda a naturalizá-las e desistoricizá-las; e esse é, para o jovem Marx, o segredo de toda ideologia:

> Os homens são os produtores de suas representações, de suas ideias e assim por diante, mas os homens reais, ativos, tal como são condicionados por um determinado desenvolvimento de suas forças produtivas e pelo intercâmbio que a ele corresponde, até chegar às suas formações mais desenvolvidas. A consciência [*Bewusstsein*] não pode jamais ser outra coisa do que o ser consciente [*bewusste Sein*], e o ser dos homens é o seu processo de vida real. Se, em toda ideologia, os homens e suas relações aparecem de cabeça para baixo como numa câmera escura, este fenômeno resulta do seu processo histórico de vida, da mesma forma como a inversão dos objetos na retina resulta de seu processo de vida imediatamente físico.
> Totalmente ao contrário da filosofia alemã, que desce do céu à terra, aqui se eleva da terra ao céu. Quer dizer, não se parte daquilo que os homens dizem, imaginam ou representam, tampouco dos homens pensados, imaginados e representados para, a partir daí, chegar aos homens de carne e osso; parte-se dos homens realmente ativos e, a partir de seu processo de vida real, expõe-se também o desenvolvimento dos reflexos ideológicos e dos ecos desse processo de vida. [...] Não é a consciência que determina a vida, mas a vida que determina a consciência.[7]

O avanço aqui em relação aos *philosophes* do Iluminismo é patente. Para esses pensadores, uma "ideologia" ajudaria a disseminar os erros oriundos da paixão, do preconceito e dos interesses viciosos, todos os quais obstruíam a luz clara da razão. Essa linhagem de pensamento seria transmitida ao positivismo do século XIX e a Émile Durkheim, em cujas *Regras do método sociológico* (1895) ideologia significa, entre outras coisas, permitir que as preconcepções adulterem nosso conhecimento das coisas reais. A sociologia é uma "ciência dos fatos", e, de acordo com isso, o cientista deve livrar-se dos vieses e concepções errôneas do leigo, a fim de chegar a um ponto de vista adequadamente desapaixonado. Tanto para Durkheim quanto para o posterior filósofo francês Gaston Bachelard, esses hábitos e predisposições ideológicos são inatos à mente; e essa corrente positivista do pensamento social, fiel a seus antepassados iluministas, entrega-nos assim uma teoria *psicologista* da ideologia. Marx e Engels, ao contrário, examinam as causas e funções históricas dessa falsa consciência, inaugurando dessa maneira o principal significado moderno do termo cuja história investigavam. Eles chegam a essa visão logo depois

---

[7] Karl Marx e Friedrich Engels, *The German Ideology*, cit., p. 47 [ed. bras.: *A ideologia alemã*, cit., p. 94]. Para alguns comentários sobre esse texto, ver Louis Dupré, *Marx's Social Critique of Culture* (New Haven/Londres, Yale University Press, 1983).

88 Ideologia: uma introdução

de Ludwig Feuerbach, cujo *A essência do cristianismo* (1841) pesquisava as origens da ilusão religiosa nas reais condições de vida da humanidade, mas de maneira notavelmente desistoricizante. Marx e Engels não foram, com efeito, os primeiros pensadores a ver a consciência como socialmente determinada: por diferentes caminhos, Rousseau, Montesquieu e Condorcet chegaram a essa opinião antes deles.

Se as ideias situam-se na fonte mesma da vida histórica, é possível imaginar que se pode mudar a sociedade combatendo-se as ideias falsas com ideias verdadeiras; e é essa combinação de racionalismo e idealismo que Marx e Engels rejeitam. Para eles, as ilusões sociais estão ancoradas em contradições reais, de modo que somente pela atividade prática de transformar as últimas é que podem as primeiras ser abolidas. Portanto, uma teoria materialista da ideologia é inseparável de uma política revolucionária. Isso, no entanto, envolve um paradoxo. A crítica da ideologia afirma, ao mesmo tempo, que certas formas de consciência são falsas e que essa falsidade é, de algum modo, estrutural e necessária a uma ordem social específica. A falsidade das ideias, poderíamos dizer, faz parte da "verdade" de toda uma condição material. Mas a teoria que identifica essa falsidade, consequentemente, solapa a si mesma de um só golpe, expondo uma situação que ela, na condição de mera teoria, é incapaz de resolver. A crítica da ideologia, portanto, é ao mesmo tempo a crítica da crítica da ideologia. Além disso, não é que a crítica da ideologia proponha substituir a falsidade por alguma coisa verdadeira. Em certo sentido, essa crítica conserva algo de uma estrutura racionalista ou iluminista: a verdade, ou teoria, lançará luz sobre as concepções falsas. Mas é antirracionalista na medida em que o que ela propõe, então, não é um conjunto de concepções verdadeiras, mas apenas a tese de que todas as ideias, verdadeiras ou falsas, baseiam-se na atividade prática social – mais particularmente, nas contradições que essa atividade gera.

Seguem então, inevitavelmente, mais problemas. O significado dessa crítica residiria em que ideias verdadeiras seriam as ideias fiéis à atividade prática social? Ou será que a veracidade ou falsidade delas pode ser verificada independentemente disso? As ilusões da sociedade burguesa não serão, em certo sentido, realmente fiéis a suas práticas? Se são racionalizações de contradições originadas por essas práticas, não estarão tais concepções errôneas enraizadas de fato no "processo de vida real", em vez de serem infundadamente autônomas em relação a ele? Ou será então que sua própria autonomia é socialmente determinada? Essa autonomia é meramente *aparente* – uma percepção equivocada por parte dos sujeitos humanos – ou será real? Não seriam também ideias verdadeiras aquelas que correspondem a práticas "verdadeiras", e não apenas aquelas que correspondem a práticas reais? E o que significaria dizer que uma *prática*, em contraste com um significado, é verdadeira ou falsa?

Há diversas dificuldades a respeito das formulações do trecho citado de *A ideologia alemã*. Por um lado, todo o vocabulário de "reflexos" e "ecos" sugere fortemente um materialismo mecânico. O que distingue o animal humano é o fato de que ele se move em um mundo de significados; e esses significados são constitutivos de suas atividades, e não secundários a elas. As ideias são internas a nossas práticas sociais, e não meros produtos destas. A existência humana, como admite Marx em outra passagem, é uma existência proposital ou "intencional", e essas concepções propositadas formam a gramática interna de nossa vida prática, sem a qual esta seria um mero deslocamento físico. O termo "práxis" foi utilizado com bastante frequência pela tradição marxista para apreender essa indissolubilidade da ação e da significação. De modo geral, Marx e Engels reconhecem isso muito bem; mas, em seu entusiasmo de derrotar os idealistas, arriscam-se a terminar simplesmente por invertê-las, conservando uma dualidade nítida entre "consciência" e "atividade prática", mas revertendo as relações causais entre elas. Enquanto os jovens hegelianos a quem eles atacam consideram as ideias a essência da vida material, Marx e Engels apenas invertem esta oposição. Mas a antítese sempre pode ser parcialmente desconstruída, já que a "consciência" figura, por assim dizer, em ambos os lados da equação. Sem dúvida, sem ela não pode haver "processo de vida real".

O problema talvez derive do fato de que o termo "consciência", aqui, está sendo levado a uma dupla função. Pode significar a "vida mental" em geral ou pode aludir, mais especificamente, a sistemas históricos de crenças (religiosas, jurídicas, políticas, e assim por diante), do tipo que Marx mais tarde irá atribuir à chamada "superestrutura", em oposição à "base" econômica. Se pensamos na consciência nesse segundo sentido, como estruturas de doutrina bem articuladas, sua oposição à "atividade prática" torna-se bastante mais plausível. Insere-se na alegação marxista de que tais superestruturas são de fato alheias a sua "base" prática, produtiva, e as causas desse alheamento são inatas à própria natureza dessa atividade material. Mas isso não responde totalmente à questão, uma vez que, apesar de todo o seu caráter alienado, tais discursos ideológicos ainda condicionam poderosamente nossas práticas de vida reais. Os idiomas político, religioso e sexual, bem como os demais idiomas ideológicos, são parte do modo como "vivemos" nossas condições materiais, não apenas o sonho ruim ou o eflúvio disponível da infraestrutura. Mas o argumento sustenta-se ainda menos se mantemos o sentido mais amplo de consciência, pois sem ela não haveria absolutamente nenhuma atividade distintivamente humana. O trabalho fabril não é um conjunto de práticas materiais somado a um conjunto de noções acerca dele; sem a incorporação de certas intenções, significados e interpretações, de modo algum seria considerado trabalho fabril.

É necessário, então, distinguir os dois casos bastante diferentes que *A ideologia alemã* ameaça fundir em um só. De um lado, está a tese materialista geral de que as ideias e a atividade material são inseparavelmente ligadas, em oposição à

90 Ideologia: uma introdução

tendência idealista de isolar e privilegiar as primeiras. De outro, há o argumento materialista *histórico* de que certas formas de consciência historicamente específicas tornam-se apartadas da atividade produtiva, sendo mais bem explicadas em termos de seu papel funcional em sustentá-la. Em *A ideologia alemã*, Marx e Engels parecem às vezes misturar, ilicitamente, o último argumento com o primeiro, considerando "o que os homens e mulheres realmente fazem" uma espécie de "base", e suas ideias sobre o que fazem, um tipo de "superestrutura". Mas a relação entre minha ação de fritar um ovo e minhas concepções acerca dela não é igual à relação entre as atividades econômicas da sociedade capitalista e a retórica da democracia parlamentar. Pode-se acrescentar que pensar, escrever e imaginar constituem parte do "processo de vida real" tanto quanto cavar trincheiras e subverter juntas militares; e que se a expressão "processo de vida real" é, nesse sentido, debilitantemente restrita, no texto de Marx e Engels é também inutilmente amorfa, abarcando, de maneira indiscriminada, toda a "prática sensível".

Em certo ponto de sua obra, Marx e Engels parecem extrair, como por encanto, uma diferença cronológica dessa distinção entre os dois significados de "consciência", ao observarem que "a produção de ideias, de representações, da consciência, está, *em princípio*, imediatamente entrelaçada com a atividade material e o intercâmbio material dos homens, com a linguagem da vida real"[8]. O que eles têm em mente aqui é o importante evento histórico da divisão do trabalho intelectual e manual. Uma vez que um excedente econômico permite a uma minoria de pensadores "profissionais" ser liberada das exigências do trabalho, torna-se possível para a consciência "iludir-se" de que é, de fato, independente da realidade material. "A partir de então", observam Marx e Engels, "a consciência está em condições de emancipar-se do mundo e lançar-se à construção da teoria, da teologia, da filosofia, da moral etc. 'puras'"[9]. Assim, é como se um argumento epistemológico fosse verdadeiro para as sociedades anteriores à divisão do trabalho entre intelectual e manual, enquanto o outro é adequado a toda a história subsequente. É claro que não pode ser isso o que eles querem dizer: a consciência "prática" dos sacerdotes e filósofos continuará a estar "diretamente entrelaçada" com sua atividade material, mesmo que as doutrinas teóricas que eles produzam estejam altivamente distanciadas dela. O aspecto importante, no entanto, é que o cisma entre as ideias e a realidade social explorado pelo texto é, por assim dizer, uma desconjunção interna à própria realidade social, em condições históricas específicas. Pode ser uma ilusão acreditar que as ideias sejam a essência da vida

---

[8] Karl Marx e Friedrich Engels, *The German Ideology*, cit., p. 47 (grifo nosso) [ed. bras.: *A ideologia alemã*, cit., p. 93].

[9] Ibidem, p. 52 [ed. bras.: ibidem, p. 35-6].

social; mas não é ilusão acreditar que sejam relativamente autônomas em relação a ela, pois esse é, por si só, um fato material com determinações sociais particulares. E, uma vez estabelecida, essa condição fornece a base material real para o erro ideológico anterior. Não se trata apenas de que as ideias flutuem livres da existência social, talvez em razão da *hybris* de um punhado de intelectuais; ao contrário, essa "externalidade" das ideias em relação ao processo de vida material é, em si mesma, *interna* a esse processo.

A ideologia alemã parece argumentar, ao mesmo tempo, que a consciência é de fato sempre consciência "prática", de modo que vê-la sob qualquer outra luz é uma ilusão idealista e que as ideias são meramente secundárias à existência material. Requer, portanto, um tipo de imagem que se confunde entre ver a consciência como indissociável da ação e considerá-la dissociável e "inferior", e encontra isso na linguagem dos "reflexos", "ecos" e "sublimados". Um reflexo é, em certo sentido, parte daquilo que ele reflete, como a minha imagem no espelho é, de certa forma, eu e, ao mesmo tempo, um fenômeno secundário, "o segundo melhor". *Por que* Marx e Engels querem relegar a consciência a esse *status* secundário é bastante claro; pois se aquilo que pensamos estar fazendo é realmente constitutivo do que estamos fazendo, se nossas concepções são internas a nossa prática, que espaço resta para a falsa consciência? Será suficiente perguntar ao presidente dos Estados Unidos o que ele pensa estar fazendo para chegar a um relato satisfatório de seu papel no capitalismo avançado? Marx e Engels percebem claramente que os agentes humanos, por boas razões históricas, com frequência se iludem quanto à significação de suas próprias ações; não tenho nenhum acesso infalivelmente privilegiado ao significado de meu comportamento, e você às vezes pode fornecer-me uma explicação mais convincente para ele do que eu mesmo poderia fazê-lo. Mas isso não quer dizer que exista algo chamado "aquilo que fazemos" que seja inteiramente independente de significados. Para que uma ação seja uma prática humana, ela deve encarnar um significado; mas sua significação mais geral não é, necessariamente, aquela que o agente lhe atribui. Quando Marx e Engels falam de tomar como ponto de partida "homens ativos, reais", e não o que esses "homens" dizem, imaginam e concebem, arriscam-se perigosamente a um ingênuo empirismo sensível, o qual é incapaz de compreender que não existe "processo de vida real" sem interpretação. Tentar "suspender" esse reino do significado a fim de melhor examinar as condições "reais" equivaleria a matar um paciente para examinar, de forma mais apropriada, sua circulação sanguínea. Conforme comentou Raymond Williams, essa "fantasia objetivista" presume que as condições de vida reais "podem ser conhecidas independentemente da linguagem e dos registros históricos". Segundo Williams, não é como se houvesse *"primeiro* a vida social material e *depois*, a certa distância temporal ou espacial, a consciência e 'seus' produtos [...] a consciência e seus produtos são sempre, embora de formas variáveis, partes do próprio processo social material"[10]. A insistência hipnótica de Marx e Engels sobre termos como "real", "sensível", "prático", viva e desdenhosamente contrastados com meras "ideias", fazem-nos parecer um pouco com F. R. Leavis ao falar de um dia difícil. E da mesma forma que não podem ignorar a interpretação no caso dos homens e das mulheres que discutem, tampouco podem negligenciá-la em seu próprio caso. Pois embora afirme, com vocação empírica, não terem nenhuma outra premissa além daquela de tomar como ponto de partida "homens reais", é bastante evidente que aquilo que consideram real não é, de modo algum, isento de suposições teóricas. Nesse sentido, também, o "processo de vida real" está estreitamente vinculado com a "consciência": a dos próprios analistas.

Necessitamos, contudo, examinar com bastante atenção a metáfora da "inversão" que controla boa parte dessa descrição da ideologia. Deve-se notar, antes de tudo, que inverter uma polaridade não é, necessariamente, transformá-la. Pouco se tem a ganhar com erigir o idealismo em materialismo mecânico, fazendo do pensamento uma função da realidade, em vez do contrário. Ironicamente, esse gesto faz uma mímica do idealismo ao censurá-lo, pois um pensamento reduzido a um "reflexo" ou "sublimado" é tão imaterial quanto outro que esteja apartado da realidade. A célebre imagem da câmera escura é aqui citada, sugerindo que os hegelianos simplesmente tomaram o mundo de maneira errada. A história da própria imagem remonta ao pai da filosofia empírica, John Locke, que, a exemplo de muitos outros, via a câmera escura como um protótipo da reflexão exata, científica. É portanto irônico, como salienta W. J. T. Mitchell, que Marx tenha utilizado esse mesmo dispositivo como o próprio modelo da ilusão[11]. Desde então, a história empírica por trás da metáfora permanece tal como Marx a desenvolveu: a mente humana é como uma câmera, registrando passivamente os objetos do mundo externo. Admitindo-se que a câmera não pode mentir, a única maneira com que ela *poderia* criar distorções seria mediante alguma espécie de interferência embutida na imagem. Pois essa câmera não tem operador, e, assim, não podemos falar da ideologia, segundo esse modelo, como uma distorção, edição ou interpretação errônea *ativas* da realidade social, como seria possível, digamos, no caso da câmera portátil do repórter fotográfico. A metáfora sugere, então, que o idealismo é realmente um tipo de empirismo invertido. Em vez de derivar as ideias da realidade, deriva a realidade das ideias. Mas essa é, com certeza, uma caricatura do idealismo filosófico, parcialmente determinada pela imagem em questão. Pois os pensadores a quem Marx e Engels buscam combater não são simplesmente empiristas às avessas ou materialistas mecânicos emborcados: ao contrário, um dos aspectos mais valiosos de sua teoria, para o próprio marxismo, é que a consciência

---

[10] Raymond Williams, *Marxism and Literature*, cit., p. 60.
[11] Ver W. J. T. Mitchell, *Iconology* (Chicago/Londres, University of Chicago Press, 1986), p. 168 e seg.

Do Iluminismo à Segunda Internacional 93

humana é uma força ativa, dinâmica. Pensadores marxistas tão diversos quanto Lênin e Lukács irão mais tarde empregar essa noção para fins revolucionários; mas o modelo da câmera escura é realmente incapaz de acomodá-la. Essa figura claramente desprovida de inocência força o idealismo a encaixar-se em seu próprio molde empírico, definindo-o como seu mero oposto.

Esse ponto cego tem o efeito de enfraquecer toda a teoria da ideologia presente no texto. Pois é difícil perceber, nesse caso, de que maneira a ideologia pode ser, em algum sentido, uma força social ativa, organizando a experiência dos sujeitos humanos conforme os requisitos de uma ordem social específica. Em vez disso, seus efeitos parecem ser quase totalmente negativos: trata-se apenas de uma série de quimeras que perpetuam essa ordem, *distraindo* seus cidadãos da desigualdade e da injustiça que, de outra forma, seriam manifestas. A ideologia aqui é essencialmente algo *sobrenatural*: uma resolução imaginária de contradições reais que cega homens e mulheres para a dura realidade de suas condições sociais. Sua função é menos equipá-los com certos discursos de valor e crença relevantes para suas tarefas diárias do que denegrir todo o reino do cotidiano, contrastando-o com um mundo metafísico de fantasia. É como se a ideologia não tivesse nenhum interesse particular em, digamos, inculcar na classe trabalhadora, mediante uma variedade de técnicas disciplinares, as virtudes da parcimônia, da honestidade e da diligência, mas simplesmente negasse que a esfera do trabalho tenha tanta importância assim, em comparação com o reino dos céus ou com a Ideia Absoluta. E, com certeza, é questionável se algum regime conseguiria reproduzir-se por meio de uma ideologia tão generalizada e negativa quanto essa.

W. J. T. Mitchell salientou que uma das implicações da figura da câmera escura é uma relação pura, não mediada, entre os sujeitos humanos e seu ambiente social, e que essa ênfase se opõe claramente ao que diz o texto, em algum outro ponto, sobre a consciência como um produto social[12]. Com efeito, como observa Mitchell, a suposição de que o mundo sensível é dado diretamente à consciência é parte do que os autores de *A ideologia alemã* criticam, em outra passagem, no trabalho de Feuerbach. Ou seja, Marx e Engels tendem a contrapor uma doutrina da natureza socialmente construída do conhecimento a um ingênuo empirismo sensível, e um ingênuo empirismo sensível à insistência do idealismo na natureza discursivamente mediada da realidade. Em um nível, perpetuam, sob nova forma, a "ideologia" do Iluminismo, reduzindo as ideias à vida sensível – embora essa seja agora firmemente definida como prática, social e produtiva. Em outro nível, segundo uma perspectiva política totalmente oposta, compartilham do vivo desprezo de Napoleão pela "ideologia", no sentido de um idealismo fantástico.

---

[12] Ibidem, p. 173.

94   Ideologia: uma introdução

Para *A ideologia alemã*, a consciência ideológica pareceria envolver um duplo movimento de *inversão* e *deslocação*. As ideias ganham prioridade na vida social, ao mesmo tempo que são desligadas dela. Pode-se perceber facilmente a lógica dessa operação dual: fazer das ideias a fonte da história é negar seus determinantes sociais e, assim, dissociá-las da história. Mas não é claro que tal inversão sempre envolva, necessariamente, uma tal deslocação. Pode-se imaginar alguém que sustente ser a consciência autônoma da vida material, sem necessariamente acreditar que ela seja a base desta; e pode-se igualmente imaginar alguém que declare ser a mente a essência de toda realidade, sem afirmar que seja isolada dela. Na verdade, é provável que essa última posição seja aquela adotada pelo próprio Hegel. Será que a ideologia consiste em ver as ideias como socialmente determinantes, ou em considerá-las autônomas? Pode-se dizer que um ideólogo como De Tracy aderiria à primeira hipótese, mas não à última. O próprio Marx considerava os ideólogos franceses idealistas, na medida em que desistoricizavam a consciência humana e atribuíam a ela um papel social fundamental; mas é evidente que não são idealistas no sentido de acreditarem que as ideias caem do céu. Em outras palavras, há um problema quanto ao âmbito em que se pode generalizar esse modelo de ideologia como paradigma de toda falsa consciência. É claro que Marx e Engels estão investigando a ideologia *alemã*, uma corrente particular do idealismo neo-hegeliano, mas suas formulações, com muita frequência, apresentam uma tendência universalizante com respeito a elas próprias. De fato – em uma passagem que foi removida da obra –, eles observam que o que é verdadeiro para o pensamento alemão é verdadeiro também para as outras nações. A objeção óbvia a isso, como bem sabiam Marx e Engels em outros estados de ânimo, é que nem toda ideologia é idealista. Marx certamente considerava Hobbes, Condillac e Bentham ideólogos vigorosos, embora todos os três sejam, em certo sentido, materialistas. Somente num sentido amplo de "idealismo", significando, com efeito, *desistoricizar* ou pressupor uma essência humana invariável, é que se pode declará-los culpados da acusação. Mas desistoricizar não é sinônimo de ser idealista, assim como, de modo inverso, um idealismo como o de Hegel é profundamente histórico.

Não é possível que certas ideias tenham raízes firmes na realidade social e, mesmo assim, sejam ideológicas? *É preciso* que as ideias sejam ilusões vazias para qualificarem-se à condição de ideológicas? Marx e Engels não supõem, obviamente, que qualquer ideia abstrata antiga seja ideológica: os conceitos matemáticos em geral não o são. Mas a dissociabilidade entre pensamento e existência prática, de forma a servir a propósitos políticos objetáveis, pareceria, para eles, definir a noção. Há então uma forte tentação de acreditar que basta juntarmos novamente as ideias com a realidade para que tudo fique bem. É claro que esse não é o caso de Marx e Engels: para sobrepujar a falsa consciência, é necessário atacar as condições sociais que a engendraram, e não simplesmente reunir ideias

Do Iluminismo à Segunda Internacional   95

obscuras com suas origens sociais perdidas. Mas, em alguns marxistas um pouco mais "vulgares", encontra-se às vezes a sugestão de que as ideias estão em uma condição saudável quando estreitamente imbricadas com a prática social. A objeção é que Edmund Burke teria considerado isso totalmente fora de objeção. Uma geração inteira do pensamento conservador voltou-se para a interpenetração "orgânica" entre o pensamento conceitual e a experiência vivida, tão apreensiva quanto Marx e Engels em relação a noções puramente especulativas. É possível então imaginar que a ideologia consista não em tipos particulares de ideias, com funções e efeitos específicos, mas apenas em ideias que, de algum modo, foram separadas da realidade sensível.

"As ideias da classe dominante", proclama *A ideologia alemã* numa célebre passagem, "são, em cada época, as ideias dominantes, isto é, a classe que é a força *material* dominante da sociedade é, ao mesmo tempo, sua força *espiritual* dominante"[13]. Aquele que domina a produção material, controla também a produção mental. Mas esse modelo *político* de ideologia não condiz inteiramente com a concepção mais epistemológica, que a considera inconsciente de sua origem social. O que, então, torna as ideias ideológicas? O fato de estarem livres de suas amarras sociais, ou de serem armas de uma classe dominante? E será que essa última condição envolve necessariamente a primeira? "As ideias dominantes", prossegue o texto em sua crítica, "não são mais do que a expressão ideal das relações materiais dominantes, as relações materiais dominantes concebidas como ideias"[14]. Isso sugeriria uma relação mais "interna" entre ideologia e vida material do que talvez permita o modelo da "ilusão"; mas em outro trecho a obra mistura as duas ênfases, falando dessas ideias dominantes como apenas "formas *ilusórias* [...] nas quais são travadas as lutas reais entre as diferentes classes"[15]. Contudo, se essas formas codificam lutas reais, em que sentido são ilusórias? Talvez no sentido de serem puramente modos "fenomenais" que escondem motivos ulteriores; no entanto, *esse* sentido de "ilusório" não é, necessariamente, sinônimo de "falso". Como nos recorda Lênin, as aparências são, afinal de contas, bastante reais; pode haver uma *discrepância* entre os conflitos materiais e as formas ideológicas que os expressam, mas isso não significa, necessariamente, que essas formas sejam falsas (inverídicas quanto ao que está em questão) ou "irreais".

Em outras palavras, o texto hesita, de maneira significativa, entre uma definição política e uma definição epistemológica de ideologia. As ideias podem ser consideradas ideológicas porque negam suas raízes na vida social com efeitos politicamente

---

[13]   Karl Marx e Friedrich Engels, *The German Ideology*, cit., p. 64 [ed. bras.: *A ideologia alemã*, cit., p. 47].

[14]   Idem.

[15]   Ibidem, p. 53 [ed. bras.: ibidem, p. 37].

96   Ideologia: uma introdução

opressivos; ou podem ser ideológicas exatamente pela razão oposta – por serem expressões diretas de interesses materiais, instrumentos reais da guerra entre as classes. Acontece que Marx e Engels estão em confronto com uma classe dominante cuja consciência apresenta um caráter excessivamente "metafísico"; e visto que essa metafísica se aplica a propósitos de dominação política, os dois sentidos opostos de ideologia encontram-se de acordo na situação histórica examinada *A ideologia alemã*. Mas não há razão para supor que todas as classes dominantes necessitam infletir seus interesses de maneira assim especulativa. Mais tarde, no "Prefácio" à *Contribuição à crítica da economia política* (1859), Marx escreverá sobre "as formas jurídicas, políticas, religiosas, artísticas ou filosóficas, numa palavra, as formas ideológicas em que os homens adquirem consciência desse conflito [econômico] e lutam para resolvê-lo"*. A referência a formas *ilusórias*, significativamente, foi aqui omitida; não há nenhuma sugestão específica de que esses modos "superestruturais" sejam, em qualquer sentido, quiméricos ou fantásticos. A definição de ideologia, conforme podemos notar, também foi ampliada para abranger *todos* os "homens", em vez de apenas a classe governante; a ideologia tem agora o sentido bem menos pejorativo da luta de classes no nível das ideias, sem nenhuma indicação necessária de que essas ideias sejam sempre falsas. Com efeito, nas *Teorias da mais-valia*, Marx traça uma distinção entre o que ele chama de "os componentes ideológicos da classe dominante" e a "livre produção espiritual dessa formação social específica", sendo a arte e a poesia um exemplo dessa última.

O "Prefácio" à *Contribuição à crítica da economia política* expõe a famosa (ou notória) formulação marxista de "base" e "superestrutura", e parece firmemente situar a ideologia nesta última:

> Na produção social da sua vida, os homens contraem determinadas relações necessárias e independentes da sua vontade, relações de produção que correspondem a uma determinada fase de desenvolvimento das suas forças produtivas materiais. O conjunto dessas relações de produção forma a estrutura econômica da sociedade, a base real sobre a qual se levanta a superestrutura jurídica e política e à qual correspondem determinadas formas de consciência social. O modo de produção da vida material condiciona o processo da vida social, política e espiritual em geral. Não é a consciência do homem que determina o seu ser, mas, pelo contrário, o seu ser social é que determina a sua consciência.[16]

Talvez possamos assumir que "determinadas formas de consciência social" sejam equivalentes a ideologia, embora essa equação não deixe de ser problemática.

---

*   Karl Marx e Friedrich Engels, *Obras escolhidas* (São Paulo, Alfa-Ômega, s.d.), v. 1, p. 302. Os colchetes são do autor. (N. T.)

[16]   Karl Marx e Friedrich Engels, *Selected Works* (Londres, Lawrence and Wishart, 1962), v. 1, p. 362.

Poderia haver formas de consciência social que fossem não ideológicas, seja no sentido de não contribuírem para legitimar a dominação de classe, seja no sentido de não serem particularmente centrais a qualquer forma de luta pelo poder. O próprio marxismo é uma forma de consciência social, mas se ele constitui uma ideologia, isso depende de qual significado do termo se tem em mente. Sem dúvida, o que Marx tem em mente aqui são sistemas de crença históricos e "visões de mundo" específicos; e, como argumentei no caso de *A ideologia alemã*, é muito mais plausível ver a consciência, *nesse* sentido, como determinada pela prática material, do que considerá-la em sua acepção mais ampla de significados, valores, intenções e todo o resto. É difícil perceber em que medida *aquela* pode ser simplesmente "superestrutural", se é na verdade interna à produção material.

Mas se Marx está falando historicamente, o que podemos deduzir a respeito da frase final da citação? "Não é a consciência do homem que determina o seu ser, mas, pelo contrário, o seu ser social é que determina a sua consciência." Trata-se de uma afirmação ontológica, e não simplesmente histórica; para Marx, resulta do modo como é constituído o animal humano, e seria verdadeira para os homens e mulheres de todas as épocas históricas. Um dos efeitos dessa doutrina mais propriamente universalizante é fazer com que a tese da "base-superestrutura", ao lado da qual ela se situa, pareça também universal. Nem todos os marxistas, no entanto, adotaram esse ponto de vista; e se o próprio Marx o fez, em algum ponto de sua obra, é uma questão a ser debatida. Pois sempre podemos levantar a questão: por que a atividade produtiva humana *necessita* de uma superestrutura? Uma resposta a essa indagação seria: porque, ao longo da história, ela envolveu relações sociais de exploração, que precisam então ser ratificadas e reguladas em termos legais, políticos e ideológicos. A superestrutura é necessária porque a base material é autodividida. Se ela suplantasse essas divisões – assim argumentam os marxistas –, a superestrutura enfraqueceria. Numa sociedade comunista plena, prossegue o argumento, não haveria mais nenhuma necessidade de um Estado político que fizesse frente à sociedade civil, nem de uma ideologia dominante legitimadora, nem mesmo da parafernália de uma "legalidade" abstrata.

Implícita na noção de uma superestrutura, em outras palavras, encontra-se a ideia de que certas instituições estão *apartadas* da vida material, opondo-se a esta como força dominadora. Não interessa discutir aqui se tais instituições – tribunais de justiça, Estado político, aparelhos ideológicos – poderiam de fato chegar a ser abolidas, ou se isso não passa de uma pretensão utópica. O que está em questão é a aparente contradição entre essa versão *histórica* da doutrina da base-superestrutura, segundo a qual a superestrutura seria funcional para a regulação da luta de classes, e as implicações mais universais do comentário de Marx sobre a consciência e o ser social. No primeiro modelo, a ideologia tem um período limitado de vida histórica: uma vez superadas as contradições da sociedade de classes, ela

98 Ideologia: uma introdução

desapareceria com o resto da superestrutura. Na última versão, a ideologia poderia significar, por exemplo, o modo como nossa consciência total é condicionada por fatores materiais. E *isso* presumivelmente não será alterado com o estabelecimento do comunismo pleno, visto que é parte de nossa constituição biológica, tanto quanto a necessidade de comer. As duas ênfases do trecho citado apontam então, respectivamente, na direção dos sentidos mais amplo e mais restrito de ideologia que já examinamos; mas a relação entre eles não é exatamente clara. Uma questão política é associada, de modo um tanto obscuro, a uma questão ontológica ou epistemológica: será a superestrutura (e, com ela, a ideologia) um fenômeno historicamente funcional, ou é tão natural para as sociedades humanas quanto respirar?

A doutrina da base-superestrutura foi amplamente hostilizada por ser estática, hierárquica, dualista e mecanicista, mesmo em suas descrições mais sofisticadas, nas quais a superestrutura reage dialeticamente para condicionar a base material. Portanto, talvez fosse oportuno e convenientemente fora de época apresentar uma ou duas palavras em sua defesa. Vamos primeiro esclarecer o que ela não está afirmando. Não seria indefensável argumentar que as prisões e a democracia parlamentar, as salas de aula e as fantasias sexuais sejam menos *reais* que as usinas de aço ou a libra esterlina. As igrejas e os cinemas são tão materiais quanto as minas de carvão; só que, segundo esse argumento, não podem ser os catalisadores primários da transformação social revolucionária.

Selecionar a produção material como essa determinante crucial é, em certo sentido, nada mais que dizer o óbvio. Pois, certamente, não há dúvida de que é nisso que a vasta maioria dos homens e mulheres ao longo da história gastaram o seu tempo. Um socialista é apenas alguém que é incapaz de superar seu assombro diante do fato de que a maioria das pessoas que viveram e morreram tiveram vidas de labuta deprimente, infrutífera e incessante. Detenha-se a história em qualquer ponto e é isso que encontraremos. A simples luta pela sobrevivência e pela reprodução materiais, em condições de escassez real ou artificialmente induzida, obstruiu recursos tão enormes de energia humana que, com certeza, esperaríamos encontrar seus vestígios inscritos no resto do que fazemos. A produção material, então, é "primária" no sentido de que constitui a principal narrativa da história até o presente; mas é primária também no sentido de que, sem essa narrativa particular, nenhuma outra escola jamais decolaria. Tal produção é a condição prévia de todo o nosso pensamento. O modelo de base-superestrutura, com certeza, pretende mais que isso: afirma não apenas que a produção material é a condição prévia de nossas outras atividades, mas que é a mais fundamental *determinante* delas. "Comida primeiro, moral depois" é apenas uma formulação de doutrina se alguma eficácia causal da comida sobre a moral estiver sendo sugerida. Não é apenas uma questão de prioridades. Qual a melhor maneira, então, de compreender essa determinação?

"Superestrutura" é um termo *relacional*. Designa a maneira como certas instituições sociais atuam como "suportes" das relações sociais dominantes. Convida-nos a contextualizar de determinada maneira tais instituições – a considerá-las em suas relações funcionais com um poder social dominante. O que é desorientador, a meu ver, pelo menos, é pular desse sentido "adjetivo" do termo para um sentido substantivo – para um "domínio" dado, fixo, de instituições que formam "a superestrutura", e que inclui, digamos, o cinema. Os cinemas são fenômenos superestruturais? Às vezes, a resposta é sim, às vezes é não. Pode haver aspectos de um filme particular que subscrevam as relações de poder dadas e que, nessa medida, sejam "superestruturais". Mas pode haver outros aspectos dele que não o façam. Uma instituição pode comportar-se "superestruturalmente" em um momento do tempo e não fazê-lo em outro, ou fazê-lo em algumas de suas atividades, mas não em outras. Você pode examinar um texto literário em termos de sua história de publicação, caso em que, no que diz respeito ao modelo marxista, estará tratando-o como parte da base material da produção social. Ou você pode contar o número de pontos-e-vírgulas, uma atividade que parece não se ajustar a nenhum nível do modelo. Mas, assim que você passa a explorar as relações desse texto com uma ideologia dominante, está tratando-o superestruturalmente. A doutrina, em outras palavras, torna-se um tanto mais plausível quando é vista menos como uma fatia ontológica do mundo da metade para baixo do que como uma questão de perspectivas diferentes. Se há dúvidas de que Marx e Engels teriam concordado com essa reformulação de sua tese, também há dúvidas, a meu ver, se isso realmente tem tanta importância.

Até aqui, então, parece que Marx nos deixa com três sentidos conflitantes de ideologia, sem nenhuma ideia muito clara de suas inter-relações. A ideologia pode denotar crenças ilusórias ou socialmente desvinculadas que se veem como o fundamento da história e que, distraindo homens e mulheres de suas condições sociais efetivas (inclusive as determinantes sociais de suas ideias), servem para sustentar um poder político opressivo. O oposto disso seria um conhecimento preciso, imparcial das condições sociais práticas. Por outro lado, a ideologia pode designar as ideias que expressam os interesses materiais da classe social dominante e que são úteis na promoção de seu domínio. O contrário disso poderia ser o verdadeiro conhecimento científico ou a consciência das classes não dominantes. Finalmente, a ideologia pode ser ampliada para abranger todas as formas conceptuais em que é travada a luta de classes como um todo, o que, presumivelmente, incluiria a consciência válida das forças politicamente revolucionárias. O que o contrário *disso* poderia ser é, presumivelmente, qualquer forma conceptual correntemente não envolvida em tal luta.

Como se tudo isso não fosse suficiente, os escritos econômicos tardios surgirão com uma versão inteiramente diferente de ideologia, para a qual agora podemos nos voltar.

100 Ideologia: uma introdução

Em seu capítulo sobre "O fetichismo da mercadoria", no primeiro volume de *O capital* (1867), Marx argumenta que na sociedade capitalista as relações sociais efetivas entre os seres humanos são governadas pelas inter-relações aparentemente autônomas das mercadorias que eles produzem:

> O caráter misterioso da forma-mercadoria consiste, portanto, simplesmente no fato de que ela reflete aos homens os caracteres sociais de seu próprio trabalho como caracteres objetivos dos próprios produtos do trabalho, como propriedades sociais que são naturais a essas coisas e, por isso, reflete também a relação social dos produtores com o trabalho total como uma relação social entre os objetos, existente à margem dos produtores. [...] É apenas uma relação social determinada entre os próprios homens que aqui assume, para eles, a forma fantasmagórica de uma relação entre coisas. Desse modo, para encontrarmos uma analogia, temos de nos refugiar na região nebulosa do mundo religioso. Aqui, os produtos do cérebro humano parecem dotados de vida própria, como figuras independentes que travam relação umas com as outras e com os homens. Assim se apresentam, no mundo das mercadorias, os produtos da mão humana.[17]

O tema inicial da alienação é aqui expandido: os homens e as mulheres fazem produtos que depois escapam a seu controle e determinam suas condições de existência. Uma flutuação na bolsa de valores pode significar desemprego para milhares. Em virtude desse "fetichismo da mercadoria", as relações humanas reais surgem, enganosamente, como relações entre coisas, e isso tem graves consequências de um tipo ideológico. Primeiro, os mecanismos reais da sociedade são, com isso, velados e obstruídos: o caráter social do trabalho é ocultado por trás da circulação de mercadorias, que não são mais reconhecíveis como produtos sociais. Segundo – embora este seja um ponto desenvolvido apenas pela tradição marxista posterior –, a sociedade é fragmentada por essa lógica da mercadoria: já não é fácil compreendê-la como uma totalidade, dadas as operações atomizantes da mercadoria, que transmutam a atividade coletiva do trabalho social em relações entre coisas mortas e distintas. E, ao deixar de surgir como uma totalidade, a ordem capitalista torna-se menos vulnerável à crítica política. Finalmente, o fato de que a vida social é dominada por entidades *inanimadas* empresta-lhe um ar espúrio de naturalidade e inevitabilidade: a sociedade não é mais perceptível como construto humano e, portanto, como humanamente alterável.

---

[17] Karl Marx, *Capital*, v. 1 (Nova York, International Publishers, 1967), p. 71 [ed. bras.: *O capital*, Livro I, trad. Rubens Enderle, São Paulo, Boitempo, 2013, p. 147-8]. Para duas excelentes análises da versão posterior de ideologia de Marx, ver Norman Geras, "Marxism and the Critique of Political Economy" em Robin Blackburn (org.), *Ideology in the Social Sciences* (Londres, Fontana Books, 1972), e G. A. Cohen, *Karl Marx's Theory of History: A Defence* (Oxford, Clarendon Press, 1978), cap. 5. Ver também os comentários de Franz Jakubowski, *Ideology and Superstructure in Historical Materialism* (Londres, Allison and Busby, 1976).

Do Iluminismo à Segunda Internacional   101

É claro, então, que o tema da inversão dos comentários iniciais de Marx sobre a ideologia passa para o seu trabalho "maduro". Muitas coisas, porém, alteraram-se decisivamente durante esse trânsito. Para começar, essa curiosa inversão entre sujeitos humanos e suas condições de existência é agora inerente à própria realidade social. Não é simplesmente uma questão da percepção distorcida dos seres humanos, que invertem o mundo real em sua consciência e, assim, *imaginam* que as mercadorias controlam suas vidas. Marx não está afirmando que sob o capitalismo as mercadorias *parecem* exercer um domínio tirânico sobre as relações sociais; está argumentando que elas efetivamente o fazem. A ideologia é agora menos uma questão de a realidade tornar-se invertida na mente do que de a mente refletir uma inversão real. Na verdade, não é mais primariamente uma questão de *consciência*, mas está ancorada nas operações econômicas cotidianas do sistema capitalista. E, se é assim, então a ideologia foi, por assim dizer, transferida da superestrutura para a base ou, pelo menos, sinaliza alguma relação particularmente próxima entre elas. É antes uma função da própria economia capitalista que, como observa Alex Callinicos, "produz sua própria percepção errônea"[18], do que, primordialmente, uma questão de discursos, crenças e instituições "superestruturais". Precisamos, então, como formula Étienne Balibar, "pensar o real e o imaginário dentro da ideologia"[19], em vez de conceber esses domínios como simplesmente externos um ao outro.

Em outra parte de *O capital*, Marx argumenta que existe uma disjunção no capitalismo entre como as coisas são e como elas se apresentam – entre, em termos hegelianos, "essências" e "fenômenos". A relação de salário, por exemplo, é na realidade um negócio desigual, explorador; mas ela se apresenta "naturalmente" como uma troca igual e recíproca de um tanto de dinheiro por um tanto de trabalho. Como Jorge Larrain convenientemente resume esses deslocamentos:

> A circulação, por exemplo, surge como aquilo que está imediatamente presente na superfície da sociedade burguesa, mas seu ser imediato é pura aparência [...] O lucro é uma forma fenomenal de mais-valia que tem a virtude de obscurecer a base real de sua existência. A competição é um fenômeno que oculta a determinação do valor pelo tempo de trabalho. A relação de valor entre mercadorias dissimula uma relação social definida entre os homens. A forma do salário extingue todos os traços da divisão do dia de trabalho em trabalho necessário e trabalho excedente, e assim por diante.[20]

Mais uma vez, tudo isto não é, em primeiro lugar, uma questão de certa consciência percebendo erroneamente: é antes o fato de que existe uma espécie de

---

[18]   Alex Callinicos, *Marxism and Philosophy*, cit., p. 131.
[19]   Étienne Balibar, "The Vacillation of Ideology", em Cary Nelson e Lawrence Grossberg (org.), *Marxism and the Interpretation of Culture* (Urbana/Chicago, University of Illinois Press, 1988), p. 168.
[20]   Jorge Larrain, *The Concept of Ideology*, cit., p. 180.

102 Ideologia: uma introdução

dissimulação ou duplicidade embutida nas próprias estruturas econômicas do capitalismo, de tal modo que não pode deixar de se apresentar à consciência de maneiras distorcidas quanto ao que efetivamente é. A mistificação, por assim dizer, é um fato "objetivo", incrustado no próprio caráter do sistema: há uma contradição estrutural inevitável entre os conteúdos reais do sistema e as formas fenomenais em que esses conteúdos se oferecem espontaneamente à mente. Como escreveu Norman Geras: "Existe, no interior do capitalismo, um tipo de ruptura interna entre as relações sociais que prevalecem e a maneira como são experimentadas"[21]. E, se isto é assim, então a ideologia não pode brotar em primeira instância da consciência de uma classe dominante, menos ainda de alguma espécie de conspiração. Como formula John Mepham: a ideologia agora não é uma questão da *bourgeoisie*, mas da *sociedade burguesa*[22].

No caso do fetichismo da mercadoria, a mente reflete uma inversão na própria realidade, e há problemas teóricos espinhosos quanto ao que uma "inversão na realidade" poderia significar. No caso de alguns outros processos econômicos capitalistas, porém, a mente reflete uma forma fenomenal que é, ela própria, uma inversão do real. Em benefício da explicação, podemos decompor essa operação em três momentos distintos. Primeiro, algum tipo de inversão ocorre no mundo real: em vez de o trabalho vivo empregar o capital inanimado, por exemplo, é o capital morto que controla o trabalho vivo. Em segundo lugar, há uma disjunção ou contradição entre esse estado de coisas reale a maneira como ele surge "fenomenalmente": no contrato de salário, a forma exterior retifica a inversão, para fazer as relações entre trabalho e capital parecerem iguais e simétricas. Em um terceiro momento, a forma fenomenal é obedientemente refletida pela mente, e é assim que a consciência ideológica é gerada. Note que, enquanto em *A ideologia alemã* era uma questão de não enxergar as coisas como realmente eram, em *O capital* é uma questão de a própria realidade ser dupla e enganadora. A ideologia, assim, não pode ser desmascarada simplesmente por uma atenção límpida sobre o "processo da vida real", já que esse processo, à semelhança do inconsciente freudiano, exibe um conjunto de aparências de certa maneira estruturais a ele, inclui a sua falsidade na sua verdade. O que é necessário, ao invés, é a "ciência" – pois a ciência, como Marx comenta, torna-se necessária assim que essências e aparências deixam de coincidir. Não precisaríamos do trabalho científico se a lei da física fosse espontaneamente visível a nós, inscrita nos corpos dos objetos à nossa volta.

A vantagem dessa nova teoria da ideologia diante do argumento defendido em *A ideologia alemã* é certamente clara. Enquanto a ideologia na obra inicial

---

[21] Norman Geras, "Marxism and the Critique of Political Economy", cit., p. 286.
[22] John Mepham, "The Theory of Ideology in Capital", *Radical Philosophy*, n. 2, verão de 1972.

surgia como especulação idealista, ela agora recebe uma fundamentação firme nas práticas materiais da sociedade burguesa. Não é mais inteiramente redutível à falsa consciência: a ideia de falsidade persiste na noção de aparências enganadoras, mas estas são menos ficções da mente que efeitos estruturais do capitalismo. Se a realidade capitalista abrange sua própria falsidade, então essa falsidade deve, de certa maneira, ser real. E há efeitos ideológicos, como o fetichismo da mercadoria, que não são, de maneira nenhuma, irreais, por mais que possam envolver mistificação. Pode-se sentir, contudo, que, se *A ideologia alemã* corre o risco de relegar as formas ideológicas ao domínio da irrealidade, a obra posterior de Marx coloca-as desconfortavelmente muito perto da realidade. Não substituímos simplesmente um *idealismo* potencial da ideologia por um *economismo* incipiente da ideologia? Tudo o que chamamos ideologia é realmente redutível às operações econômicas do capitalismo? György Lukács afirmará posteriormente que "não há nenhum problema que não reconduza finalmente à questão [da produção de mercadoria], e que essa estrutura "permeia todas as expressões da vida"[23]; mas pode-se achar a reivindicação um pouco presunçosa. Em que sentido importante, por exemplo, a doutrina de que os homens são superiores às mulheres, os brancos aos negros, pode ser reconstituída até uma fonte secreta de produção de mercadoria? E o que devemos dizer das formações ideológicas de sociedades para as quais a produção de mercadoria ainda é desconhecida ou não central? Certo essencialismo da ideologia parece estar em jogo aqui, reduzindo a variedade dos mecanismos e efeitos ideológicos a uma causa homogênea. Além disso, se a economia capitalista tem seus próprios dispositivos embutidos de ilusão – se, como observa em algum lugar Theodor Adorno, "a mercadoria é a sua própria ideologia" –, qual é a necessidade de instituições especificamente ideológicas no nível da "superestrutura"? Talvez apenas para reforçar efeitos já endêmicos na economia; mas a resposta é com certeza meio capenga. Marx pode muito bem ter descoberto uma poderosa fonte da falsa consciência na sociedade burguesa, mas se isso pode ser generalizado para explicar a ideologia como um todo é certamente questionável. Em que sentido, por exemplo, essa visão da ideologia está ligada à luta de classes? A teoria do fetichismo da mercadoria forja um elo dramaticamente imediato entre a atividade produtiva capitalista e a consciência humana, entre o econômico e o experiencial; mas ela o faz, pode-se afirmar, apenas provocando um curto circuito no nível do especificamente político. Todas as classes estão indiferentemente sob o domínio do fetichismo da mercadoria? Trabalhadores, camponeses e capitalistas compartilham todos o mesmo universo ideológico, universalmente inscritos que estão pelas mesmas estruturas materiais do capitalismo?

---

[23] Georg Lukács, *History and Class Consciousness* (Londres, Merlin Press, 1971), p. 83-4 [ed. bras.: *História e consciência de classe*, Rio de Janeiro, Elfos, 1989].

104   Ideologia: uma introdução

O argumento de Marx no capítulo sobre o "Fetichismo da mercadoria" parece reter duas características dúbias de sua versão inicial de ideologia: seu empirismo e seu negativismo. *O capital* parece argumentar que nossa percepção (ou má percepção) da realidade é, de alguma maneira, inerente à própria realidade; e essa crença, de que o real já contém o conhecimento ou mau conhecimento de si mesmo, é, pode-se argumentar, uma doutrina empirista. O que ela suprime é precisamente a questão do que os agentes humanos *fazem*, variada e conflitivamente, desses mecanismos materiais – de como os constroem e interpretam discursivamente segundo seus interesses e crenças particulares. Os sujeitos humanos figuram aqui como os meros recipientes passivos de certos efeitos objetivos, crédulos de uma estrutura social dada espontaneamente à sua consciência. Dizem que o filósofo Ludwig Wittgenstein perguntou a um colega por que as pessoas consideravam mais natural sustentar que o Sol se movia ao redor da Terra do que vice-versa. Quando ele lhe disse que simplesmente *parecia* ser assim, perguntou o que pareceria se a Terra se movesse em redor do Sol. O argumento, é claro, é que no caso não se deriva simplesmente um erro a partir da natureza das aparências, pois as aparências são as mesmas em ambos os casos.

Se a teoria posterior também reproduz o negativismo de *A ideologia alemã*, é porque a ideologia, mais uma vez, não parece ter nenhum outro propósito além de *ocultar* a verdade da sociedade de classes. É menos uma força ativa na constituição da subjetividade humana que uma máscara ou véu que impede um sujeito já constituído de compreender o que está diante dele. E isto, qualquer que seja a verdade parcial que possa conter, com certeza não consegue dar conta do poder e da complexidade reais das formações ideológicas.

O próprio Marx nunca usou a expressão "falsa consciência", uma distinção que deve ser conferida a seu colaborador, Friedrich Engels. Em uma carta de 1893 a Franz Mehring, Engels fala da ideologia como um processo de falsa consciência porque "os reais motivos que impelem [o agente] permanecem desconhecidos a ele, pois, do contrário, não seria sequer um processo ideológico. Portanto, ele imagina motivos falsos ou aparentes". No caso, a ideologia é, na verdade, uma racionalização – uma espécie de dupla motivação, em que o significado superficial serve para bloquear à consciência o verdadeiro propósito do sujeito. Talvez não seja surpreendente que essa versão de ideologia tenha surgido na era de Freud. Como argumentou Joe McCarney, a falsidade em jogo neste caso é uma questão de autoilusão, não de perceber o mundo erroneamente[24]. Não há razão para supor que a crença superficial envolva necessariamente a falsidade empírica, ou que seja em

---

[24]   Joe McCarney, *The Real World of Ideology* (Brighton, Harvester, 1980), p. 95.

Do Iluminismo à Segunda Internacional   105

algum sentido "irreal". Alguém pode realmente amar animais e, ao mesmo tempo, não ter consciência de que sua autoridade benigna sobre eles compensa uma carência de poder dentro do processo do trabalho. Engels prossegue na carta acrescentando o conhecido corolário de *A ideologia alemã* a respeito do pensamento "autônomo", mas não é evidente por que todos os que são iludidos quanto a seus motivos devam ser vítimas de uma confiança crédula no "pensamento puro". O que Engels quer dizer é que no processo de racionalização o verdadeiro motivo está para o aparente assim como o "processo da vida real" está para a ideia ilusória no modelo inicial. Mas, naquele modelo, as ideias em questão eram muitas vezes falsas "em si", ilusões metafísicas sem nenhum enraizamento na realidade, ao passo que o motivo aparente na racionalização pode ser bastante autêntico.

Por volta do final do século XIX, no período da Segunda Internacional, a ideologia continuou a reter o sentido de falsa consciência, em contraste com um "socialismo científico" que discerniu as verdadeiras leis do desenvolvimento histórico. A ideologia, segundo Engels em *Anti-Dühring*, pode então ser vista como a "derivação da realidade não a partir dela mesma, mas da sua representação"[25] – uma formulação da qual é difícil extrair algum sentido. Nas bordas dessa definição particular, contudo, esgueira-se um sentido mais amplo de ideologia, como uma espécie de pensamento socialmente determinado, o qual realmente é elástico demais para ter alguma utilidade. Para o Marx de *A ideologia alemã*, todo pensamento é socialmente determinado, mas a ideologia é o pensamento que *nega* essa determinação, ou melhor, o pensamento tão socialmente determinado a ponto de negar seu próprio determinante. Mas há também uma nova corrente fervilhando nesse período, que acolhe o sentido marxista posterior de ideologia, como as formas mentais dentro das quais homens e mulheres levam a cabo seus conflitos sociais, e que, assim, começa a falar ousadamente de "ideologia socialista", uma expressão que, para *A ideologia alemã*, seria um oxímoro. O revisionista marxista Eduard Bernstein foi o primeiro a designar o próprio marxismo como ideologia e em *Que fazer?* encontramos Lênin declarando que "a única escolha é – a ideologia burguesa ou a ideologia socialista". O socialismo, escreve Lênin, é "a ideologia da luta da classe proletária", mas, com isso, ele não quer dizer que o socialismo seja a expressão espontânea da consciência proletária. Pelo contrário, "na luta de classes do proletariado, que se desenvolve espontaneamente, como uma força elementar, na base das relações capitalistas, o socialismo é *introduzido* pelos ideólogos"[26]. A

---

[25] Friedrich Engels, *Anti-Dühring* (Moscou, Progress, 1971), p. 135 [ed. bras.: *Anti-Dühring: a revolução da ciência segundo o senhor Eugen Dühring*, trad. Nélio Schneider, São Paulo, Boitempo, 2015, p. 127].

[26] V. I. Lenin, *What Is to Be Done?* (Londres, 1958), p. 23 [ed. port.: "Que fazer? Problemas candentes de nosso movimento", em *Obras escolhidas em três tomos* (Lisboa, Avante!, 1979), t. 1].

106 Ideologia: uma introdução

ideologia, em resumo, tornou-se agora idêntica à teoria científica do materialismo histórico, e fizemos um retorno completo aos *philosophes* do Iluminismo. O "ideólogo" não é mais alguém chafurdando na falsa consciência, mas o exato oposto, o analista científico das leis fundamentais da sociedade e de suas formações sociais.

A situação, em resumo, está agora inteiramente confusa. A ideologia parece agora denotar simultaneamente a falsa consciência (Engels), todo pensamento socialmente condicionado (Plekhanov), a cruzada política do socialismo (Bernstein e às vezes Lênin) e a teoria científica do socialismo (Lênin). Não é difícil perceber como ocorreram essas confusões. Elas parecem originar-se, na verdade, do equívoco que notamos nas obras de Marx entre ideologia como ilusão e ideologia como a armadura intelectual de uma classe social. Ou, dizendo de outra maneira, refletem um conflito entre os significados epistemológico e político do termo. No segundo sentido da palavra, o que importa não é o caráter das crenças em questão, mas sua função e talvez sua origem; e, assim, não há razão para que essas crenças devam ser necessariamente falsas em si. Concepções verdadeiras podem ser postas a serviço de um poder dominante. A falsidade da ideologia nesse contexto, então, é a "falsidade" do próprio domínio de classe, mas, nesse caso, crucialmente, o termo "falso" deslocou-se de seu sentido epistemológico para seu sentido ético. Tão logo alguém tenha admitido essa definição, porém, o caminho está aberto para que se estenda o termo ideologia também à consciência da classe operária, já que também se trata de uma questão de dispor ideias para propósitos políticos. E se a ideologia vem, assim, a designar qualquer sistema de doutrinas que expresse interesses de classe e sirva à sua concretização, não há razão para que não deva, à Lênin, ser aplicada ao próprio marxismo.

Assim como o significado de ideologia modifica-se dessa maneira, modifica-se também, inevitavelmente, qualquer coisa que possa ser considerada seu oposto. Para *A ideologia alemã*, o oposto de ideologia parece ser enxergar a realidade tal como realmente é; para *O capital*, as coisas não são tão simples, já que essa realidade, como vimos, é agora intrinsecamente traidora, e, assim, há necessidade de um discurso especial conhecido como ciência para penetrar suas formas fenomenais e desnudar suas essências. Uma vez que a ideologia se desloca do sentido epistemológico para o sentido mais político, há dois candidatos disponíveis à antítese, e as relações entre eles são profundamente férteis. O que pode contrapor-se à ideologia dominante é a ciência do materialismo histórico ou a consciência da classe proletária. Para o marxismo "historicista", como veremos no próximo capítulo, a primeira é essencialmente uma "expressão" da segunda: a teoria marxista é a mais plena autoconsciência da classe operária revolucionária. Para o leninismo, a ideologia no sentido de "teoria científica" deve manter certa distância capacitadora da ideologia no sentido de consciência da classe operária para intervir nela criativamente.

Mas o sentido mais amplo de ideologia, como qualquer forma de pensamento socialmente determinado, intervém para interrogar essa distinção. Se todo pensamento é socialmente determinado, então o marxismo também deve sê-lo e, se for esse o caso, o que acontece com suas reivindicações de objetividade científica? No entanto, se essas afirmações forem simplesmente rejeitadas, como adjudicar entre a verdade do marxismo e a verdade dos sistemas de crença a que se opõe? O oposto da ideologia dominante não seria então simplesmente uma ideologia alternativa? E baseados em que fundamentos racionais escolheríamos entre elas? Estamos escorregando, em resumo, para o pântano do relativismo histórico; mas a única alternativa parece ser alguma forma de positivismo ou racionalismo científico que reprimiu suas próprias condições históricas capacitadoras e que, portanto, é ideológico das piores maneiras delineadas por *A ideologia alemã*. E se, pela mais notável das ironias, o próprio marxismo terminasse como um exemplo primordial das próprias formas de pensamento metafísico ou transcendental que pretende desacreditar, confiando em um racionalismo científico que pairasse desinteressadamente acima da história?

4

DE LUKÁCS A GRAMSCI

Pensar no marxismo como a análise científica das formações sociais e como ideias em luta ativa tenderá a fornecer duas epistemologias completamente diferentes. No primeiro caso, a consciência é essencialmente contemplativa, procurando "ajustar-se" ou "corresponder" a seu objeto com a maior exatidão possível de cognição. No segundo caso, a consciência é muito mais evidentemente *parte* da realidade social, uma força dinâmica na sua transformação potencial. E, se é assim, então, para um pensador como György Lukács não pareceria inteiramente adequado dizer se tal pensamento "reflete" ou "ajusta-se" à história à qual está indissoluvelmente ligado.

Se a consciência é compreendida dessa maneira, como uma força transformadora em concordância com a realidade que procura modificar, parece não haver nenhum "espaço" entre ela e a realidade em que a falsa consciência poderia germinar. Ideias não podem ser "infiéis" a seu objeto se são realmente parte dele. Nos termos do filósofo J. L. Austin, podemos falar de uma elocução "constativa", do tipo que pretende descrever o mundo, seja como falsa, seja como verdadeira; mas não faria sentido falar de um enunciado "performativo" como "reflexo" correto ou incorreto da realidade. Não estou *descrevendo* nada quando prometo levá-lo ao teatro ou quando o xingo por derrubar tinta na minha camisa. Se batizo cerimonialmente um navio ou se me ponho com você diante de um sacerdote e digo "prometo", esses são eventos materiais, na realidade atos tão eficazes quanto passar minhas meias, não "retratos" de algum estado de coisas que se possam considerar exatos ou equivocados.

Isso significa, então, que o modelo da consciência como *cognitiva* (ou erroneamente cognitiva) deveria ser eliminado por uma imagem da consciência como

110   Ideologia: uma introdução

performativa? Não exatamente: pois está claro que essa oposição pode, até certo ponto, ser desconstruída. Não há efetividade em minha promessa de levá-lo ao teatro se o teatro em questão foi fechado por obscenidade na semana passada e não tenho conhecimento do fato. Meu ato de amaldiçoá-lo é vazio se o que eu pensava ser uma mancha de tinta em minha camisa é apenas parte do padrão floral. Todos os atos "performativos" envolvem cognição de algum tipo; é fútil um grupo político afiar suas ideias na luta contra algum poder opressivo se o poder em questão desabou três anos atrás e eles simplesmente não perceberam.

Em sua grande obra, *História e consciência de classe* (1922), o marxista húngaro György Lukács toma pleno conhecimento desse ponto. "É verdade", escreve Lukács ali, "que a realidade é o critério para a correção do pensamento. Mas a realidade não é, ela se torna – e, para tornar-se, é necessária a participação do pensamento"[1]. O pensamento, poderíamos dizer, é simultaneamente cognitivo e criativo: no ato de compreender suas reais condições, um grupo ou classe oprimida começou, naquele exato momento, a modelar as formas de consciência que contribuirão para modificá-las. E é por isso que nenhum simples modelo de consciência como reflexo realmente servirá. "O pensamento e a existência", escreve Lukács, "não são idênticos no sentido de que 'correspondem' um ao outro ou 'refletem' um ao outro, de que 'correm paralelamente' ou 'coincidem' um com o outro (todas elas expressões que ocultam uma dualidade rígida). Sua identidade consiste em serem aspectos de um mesmo processo histórico e dialético real"[2]. A cognição do proletariado revolucionário, para Lukács, é parte da situação que é objeto de sua cognição e altera essa situação de chofre. Se essa hipótese for levada ao extremo, parecerá que nunca conhecemos simplesmente alguma "coisa", já que nosso ato de conhecê-la já transformou-a em outra coisa. O modelo tacitamente subjacente a essa doutrina é o do *auto*conhecimento, pois conhecer a mim mesmo é não ser mais o eu que eu era um momento antes de conhecê-lo. Parecerá, de qualquer modo, que toda essa concepção da consciência como essencialmente ativa, prática e dinâmica, que Lukács deve à obra de Hegel, irá nos forçar a rever qualquer noção excessivamente simplista da falsa consciência como um descompasso, lacuna ou disjunção entre a maneira como as coisas são e a maneira como as conhecemos.

Lukács toma de aspectos da Segunda Internacional o sentido positivo e não pejorativo da palavra ideologia, escrevendo desembaraçadamente a favor do marxismo como "a expressão ideológica do proletariado", e isto é, pelo menos, uma razão para considerar simplesmente equivocada a visão largamente difundida de que, para ele, ideologia é sinônimo de falsa consciência. Mas, ao mesmo tempo,

---

[1]   Georg Lukács, *History and Class Conciousness*, cit., p. 204.
[2]   Ibidem, p. 204.

ele conserva todo o aparato conceptual da crítica de Marx do fetichismo da mercadoria e, assim, mantém vivo um sentido mais crítico do termo. O "outro" ou oposto da ideologia nesse sentido negativo deixa, porém, de ser primariamente a "ciência marxista", mas o conceito de *totalidade*, e uma das funções desse conceito em sua obra é permitir que rejeite a ideia de uma ciência social desinteressada sem com isso ser presa do relativismo histórico. Todas as formas de consciência de classe são ideológicas, mas algumas, por assim dizer, são mais ideológicas que outras. O que é especificamente ideológico na burguesia é sua incapacidade de compreender a estrutura da formação social como um todo por causa dos efeitos nefastos da reificação. A reificação fragmenta e desloca nossa experiência social, de modo que, sob sua influência, esquecemos que a sociedade é um processo coletivo e passamos a vê-la meramente como este ou aquele objeto ou instituição isolados. Como argumenta o contemporâneo de Lukács, Karl Korsch, a ideologia é essencialmente uma forma de sinédoque, a figura de linguagem em que tomamos a parte pelo todo. O que é peculiar à consciência proletária, no seu mais pleno desenvolvimento político, é sua capacidade de "totalizar" a ordem social, pois, sem tal conhecimento, a classe operária nunca será capaz de compreender e transformar suas próprias condições. Um verdadeiro reconhecimento de sua situação será, inseparavelmente, um discernimento do todo social em que está opressivamente posicionada, de tal modo que os momentos em que o proletariado chega à autoconsciência e conhece o sistema capitalista pelo que ele é são, na verdade, idênticos.

Ciência, verdade ou teoria, em outras palavras, não devem mais ser estritamente contrapostas à ideologia; pelo contrário, são apenas "expressões" de uma ideologia de classe *particular*, a visão de mundo revolucionária da classe operária. Verdade é apenas a sociedade burguesa atingindo a consciência de si como um todo, e o "lugar" onde esse significativo evento ocorre é na autoconsciência do proletariado. Como o proletariado é a mercadoria prototípica, forçado a vender sua força de trabalho para sobreviver, pode ser visto como a "essência" de uma ordem social baseada no fetichismo da mercadoria, e, portanto, a autoconsciência do proletariado, por assim dizer, é a forma da mercadoria atingindo uma consciência de si mesma e, nesse ato, transcendendo a si mesma.

Ao escrever *História e consciência de classe*, Lukács viu-se diante de uma espécie de escolha de Hobson ou oposição impossível. Por um lado, havia a fantasia positivista (herdada da Segunda Internacional) de uma ciência marxista que parecia reprimir suas próprias raízes históricas; por outro lado, havia o espectro do relativismo histórico. Ou o conhecimento era sublimemente exterior à história que procurava conhecer, ou era simplesmente uma questão desta ou daquela marca de consciência histórica, sem nenhum fundamento mais firme que esse. A maneira de Lukács contornar esse dilema é introduzir a categoria da *autorreflexão*. Existem certas formas de conhecimento – notavelmente o *auto*conhecimento de

112 Ideologia: uma introdução

uma classe explorada – que, embora inteiramente históricas, são, não obstante, capazes de revelar os limites de outras ideologias e, portanto, de figurar como uma força emancipatória. A verdade, na perspectiva "historicista" de Lukács[3], é sempre relativa a uma situação histórica particular, nunca uma questão metafísica inteiramente além da história; mas o proletariado, de forma única, está posicionado historicamente de tal forma que é capaz, em princípio, de revelar o segredo do capitalismo como um todo. Assim, não há mais necessidade de permanecer preso à antítese estéril da ideologia como consciência falsa ou parcial, por um lado, e da ciência como modo de saber absoluto, a-histórico, por outro. Pois nem toda consciência de classe é falsa consciência e a ciência é simplesmente uma expressão ou codificação da "verdadeira" consciência de classe.

A própria maneira de Lukács formular esse argumento não tem muita chance de conquistar apoio incondicional hoje. O proletariado, afirma ele, é uma classe potencialmente "universal", já que carrega consigo a emancipação potencial de toda a humanidade. Sua consciência, assim, é universal em princípio; mas uma subjetividade universal é, na verdade, idêntica à objetividade. Portanto, o que a classe operária conhece a partir de sua própria perspectiva histórica deve ser objetivamente verdadeiro. Não é necessário ser persuadido por essa linguagem hegeliana um tanto pomposa para recuperar o importante *insight* nela encerrado. Lukács percebe acertadamente que o contraste entre pontos de vista ideológicos meramente parciais, por um lado, e certas visões desapaixonadas da totalidade social, por outro, é radicalmente desorientador. Pois o que essa oposição deixa de levar em conta é a situação de grupos e classes oprimidas, que precisam obter alguma visão do sistema social como um todo e de seu lugar dentro dele simplesmente para darem-se conta de seus próprios interesses parciais e particulares. Para que as mulheres se emancipem, precisam ter o interesse de compreender algo das estruturas gerais do patriarcado. Tal compreensão não é, de maneira alguma, inocente ou desinteressada; pelo contrário, está a serviço de interesses políticos prementes. Mas sem passar em algum ponto, por assim dizer, do particular para o geral, é provável que esses interesses fracassem. Um povo colonial, simplesmente para sobreviver, pode ver-se "forçado" a investigar as estruturas globais do imperialismo, como seus governantes imperialistas não precisam fazer. Aqueles que hoje, seguindo a moda, desautorizam a necessidade de uma perspectiva "global" ou "total" podem ser privilegiados o suficiente para

---

[3] O "historicismo" em seu sentido marxista é resumido precisamente por Perry Anderson como uma ideologia em que "a sociedade torna-se uma totalidade 'expressiva' circular, a história, um fluxo homogêneo de tempo linear, a filosofia, uma autoconsciência do processo histórico, a luta de classes, um combate de 'sujeitos' coletivos, o capitalismo, um universo essencialmente definido pela alienação, o comunismo, um estado de verdadeiro humanismo para além da alienação" (*Considerations on Western Marxism*, Londres, NLB, 1976, p. 70 [ed. bras.: *Considerações sobre o marxismo ocidental/ Nas trilhas do materialismo histórico*, São Paulo, Boitempo, no prelo]).

dispensá-la. É onde tal totalidade exerce uma influência urgente sobre as condições sociais imediatas que a intersecção entre parte e todo é mais significativamente estabelecida. O argumento de Lukács é que certos grupos e classes precisam inscrever sua própria condição em um contexto mais amplo para mudar essa condição e, ao fazê-lo, ver-se-ão desafiando a consciência dos que têm interesse em bloquear esse conhecimento emancipatório. É nesse sentido que o bicho-papão do relativismo é irrelevante: pois afirmar que todo conhecimento nasce de um ponto de vista social específico não é sugerir que qualquer ponto de vista social antigo seja tão valioso para esses propósitos quanto qualquer outro. Se o que se procura é alguma compreensão do funcionamento do imperialismo como um todo, então seria singularmente impróprio consultar o governador-geral ou o correspondente na África do *Daily Telegraph*, que quase certamente negarão sua existência.

Existe, porém, um problema lógico com a noção de Lukács de uma consciência de classe "verdadeira". Pois se a classe operária é o portador potencial de tal consciência, segundo qual ponto de vista é feito *esse* julgamento? Não pode ser o ponto de vista do próprio proletariado (ideal), já que isso simplesmente incorre em petição de princípio; mas se apenas esse ponto de vista é verdadeiro, então também não pode ser feito segundo algum ponto de vista exterior a ele. Como assinala Bhikhu Parekh, afirmar que apenas a perspectiva proletária permite compreender a verdade da sociedade como um todo pressupõe que se saiba o que essa verdade é[4]. É como se essa verdade fosse inteiramente interna à consciência da classe operária, caso em que não pode ser avaliada *como* verdade e torna-se simplesmente dogmática, ou, então, como se ficássemos presos no paradoxo impossível de julgar a verdade a partir de fora da verdade, caso em que a afirmação de que essa forma de consciência é verdadeira simplesmente anula a si mesma.

Se o proletariado é para Lukács, em princípio, o portador de um conhecimento do todo social, ele afigura-se como a antítese direta de uma classe burguesa afundada no lamaçal do imediato, incapaz de totalizar sua própria situação. Trata-se de um argumento marxista tradicional, o de que o que impede tal conhecimento são suas condições sociais e econômicas atomizadas: cada capitalista individual persegue seu próprio interesse, com pouca ou nenhuma percepção de como esses interesses isolados combinam-se em um sistema total. Lukács, porém, enfatiza antes o fenômeno da reificação – um conceito que deriva da doutrina marxista do fetichismo da mercadoria, mas à qual empresta um significado grandemente expandido. Juntando a análise econômica de Marx e a teoria da racionalização de Max Weber, ele argumenta em *História e consciência de classe* que, na sociedade capitalista, a forma da mercadoria permeia todo aspecto da vida social, assumindo a forma de uma ampla mecanização, quantificação e desumanização da experiência

---

4   Bhikhu Parekh, *Marx's Theory of Ideology* (Londres, Croom Helm, 1982), p. 171-2.

114 Ideologia: uma introdução

humana. A "totalidade" da sociedade é partida em muitas operações técnicas, especializadas, distintas, que, todas elas, passam a assumir uma vida própria semiautônoma e a dominar a existência humana quase como uma força natural. Técnicas puramente formais de calculabilidade impregnam cada região da sociedade, do trabalho na fábrica à burocracia política, do jornalismo ao judiciário, e as próprias ciências naturais são simplesmente mais uma instância de pensamento reificado. Assolado por um mundo opaco de objetos e instituições autônomas, o sujeito humano é rapidamente reduzido a um ser inerte, contemplativo, incapaz de reconhecer nesses produtos petrificados sua própria prática criativa. O momento do reconhecimento revolucionário chega quando a classe operária reconhece esse mundo alienado como sua criação confiscada, reclamando-o por meio da práxis política. Em termos da filosofia hegeliana subjacente ao pensamento de Lukács, isso sinalizaria a reunificação de sujeito e objeto, dolorosamente separados pelos efeitos da reificação. Ao conhecer-se pelo que é, o proletariado torna-se sujeito e objeto da história. Na verdade, ocasionalmente, Lukács parece sugerir que esse ato de autoconsciência é uma prática revolucionária em si.

O que Lukács fez nesse caso, na verdade, foi substituir a Ideia Absoluta de Hegel – ela própria o idêntico sujeito-objeto da história – pelo proletariado[5]. Ou, pelo menos, para qualificar o argumento, pelo tipo de consciência politicamente desejável que o proletariado *poderia*, em princípio, alcançar – o que ele chama consciência "atribuída" ou "imputada". E se nisso Lukács é hegeliano o suficiente, tambémoé em sua confiança de que a verdade está no todo. Para o Hegel de *Fenomenologia do espírito*, a experiência imediata é ela própria um tipo de consciência falsa ou parcial; ela concederá sua verdade apenas quando for dialeticamente mediada, quando suas múltiplas relações latentes com o todo forem pacientemente descobertas. Poderíamos dizer, então, que, por essa visão, nossa consciência rotineira é ela própria inerentemente "ideológica", simplesmente em virtude de sua parcialidade. Não que os enunciados que fazemos nessa situação sejam necessariamente falsos; antes, são verdadeiros apenas em um sentido superficial, empírico, pois são julgamentos a respeito de objetos isolados que ainda não foram incorporados a seu contexto pleno. Podemos pensar novamente no enunciado: "O príncipe Charles é um camarada sério e escrupuloso", o que pode ser verdade, mas que isola o objeto conhecido como príncipe Charles do contexto total da instituição da realeza. Para Hegel, é apenas por meio das operações da razão dialética que tais fenômenos estáticos, distintos, podem ser reconstituídos como um todo dinâmico, em desenvolvimento. Nessa medida, pode-se dizer que certo tipo de falsa consciência, para Hegel, é nossa condição "natural", endêmica em nossa experiência imediata.

---

[5] Como a maioria das analogias, esta é manca: a Ideia hegeliana é realmente sua própria criação, ao passo que o proletariado, longe de ser autogerador, é para o marxismo um efeito do processo do capital.

Para Lukács, em contraste, tal visão parcial tem sua origem em causas históricas específicas –, o processo da reificação capitalista – mas deve ser vencido da mesma maneira, pela atividade de uma razão "totalizante" ou dialética. A ciência, a lógica e a filosofia burguesas são os equivalentes do modo de conhecimento rotineiro, impenitente, de Hegel, fragmentando o que, na verdade, é um complexo, transformando a totalidade em partes artificialmente autônomas. Assim, a ideologia é para Lukács não exatamente um discurso infiel à maneira como as coisas são, mas fiel apenas de uma maneira limitada, superficial, ignorando suas tendências e ligações mais profundas. E este é outro sentido em que, ao contrário da opinião difundida, para ele, a ideologia não é falsa consciência no sentido de simples erro ou ilusão.

Capturar a história como totalidade é compreendê-la em seu desenvolvimento dinâmico, contraditório, do qual é parte vital a realização potencial dos poderes humanos. Nesse âmbito, um tipo particular de *cognição* – conhecer o todo – é, para Hegel e para Lukács, um determinado tipo de *norma* moral e política. O método dialético reúne, assim, não apenas sujeito e objeto, mas também "fato" e "valor", separados pelo pensamento burguês. Compreender o mundo de um modo particular torna-se inseparável de atuar para promover a manifestação livre e plena das forças criativas humanas. Não somos relegados, como no pensamento positivista ou empírico, a um conhecimento frio, livre de valores, por um lado, e a um conjunto arbitrário de valores subjetivos, por outro. Pelo contrário, o ato do conhecimento é ele mesmo "fato" e "valor", uma cognição acurada, indispensável à emancipação política. Como argumenta Leszek Kolakovski: "Neste caso particular [i.e., o do conhecimento emancipatório], a compreensão e a transformação da realidade não são dois processos separados, mas um único e mesmo fenômeno"[6].

Os escritos de Lukács sobre a consciência de classe encontram-se entre os mais ricos e originais documentos do marxismo do século XX. Estão, porém, sujeitos a muitas críticas danosas. Pode-se argumentar, por exemplo, que sua teoria da ideologia tende a uma mistura perversa de economismo e idealismo. Economismo porque adota acriticamente a implicação posterior de Marx de que a forma da mercadoria é, de alguma maneira, a essência secreta de toda a consciência ideológica na sociedade burguesa. A reificação afigura-se a Lukács não apenas como característica central da economia capitalista, mas como "o problema estrutural central da sociedade capitalista em todos os aspectos"[7]. Consequentemente, está em funcionamento nesse caso uma espécie de essencialismo da ideologia,

---

[6] Leszek Kolakowski, *Main Currents of Marxism* (Oxford, Oxford University Press, 1978), v. 3, p. 270.

[7] Georg Lukács, *History and Class Conciousness*, cit., p. 83. Para discussões úteis do pensamento de Lukács, ver Andrew Arato e Paul Breines, *The Young Lukács* (Londres, Pluto, 1979), cap. 8, e Michael Löwy, *Georg Lukács – From Romanticism to Bolshevism* (Londres, NLB, 1979), parte 4.

116 Ideologia: uma introdução

homogeneizando o que, na verdade, são discursos, estruturas e efeitos muito diferentes. No que tem de pior, esse modelo tende a reduzir a sociedade burguesa a um conjunto de "expressões" de reificação cuidadosamente superpostas, em que cada um de seus níveis (econômico, político, jurídico, filosófico) imita e reflete obedientemente os outros. Além disso, como iria sugerir posteriormente Theodor Adorno, essa insistência obcecada na reificação como pista para todos os crimes é, ela própria, veladamente idealista: nos textos de Lukács, tende a deslocar conceitos mais fundamentais, como a exploração econômica. O mesmo poderia ser dito de seu uso da categoria hegeliana da totalidade, que às vezes desvia a atenção dos modos de produção, das contradições entre as forças e relações de produção e similares. O marxismo, assim como a visão poética de Matthew Arnold, é apenas uma questão de ver a realidade com firmeza e como um todo? Parodiando um pouco o caso de Lukács, a revolução é simplesmente uma questão de fazer *ligações*? E a totalidade social, para o marxismo, se não para Hegel, não é "torta" e assimétrica, falseada pela preponderância nela de determinantes econômicas? Adequadamente cauteloso diante de versões marxistas "vulgares" de "base" e "superestrutura", Lukács deseja deslocar a atenção desse tipo de determinismo mecanicista para a ideia de ordem social, mas esse todo social corre então o risco de tornar-se um todo puramente "circular", em que se confere igual efetividade a cada "nível".

O fetichismo da mercadoria, para Lukács, assim como para Marx, é uma estrutura material objetiva do capitalismo, não apenas um estado da mente. Mas, em *História e consciência de classe*, funciona confusamente outro modelo residualmente idealista de ideologia, que parece localizar a "essência" da sociedade burguesa na subjetividade coletiva da própria classe burguesa. "Pois uma classe estar madura para a hegemonia", escreve Lukács, "significa que seus interesses e consciência a tornam capaz de organizar o todo da sociedade de acordo com esses interesses"[8]. O que, então, constitui o sustentáculo ideológico da ordem burguesa? É o sistema "objetivo" do fetichismo da mercadoria, que supostamente se inscreve de igual modo em todas as classes, ou a força subjetiva da consciência da classe dominante? Gareth Stedman Jones argumentou que, no que diz respeito a esse segundo parecer, é como se para Lukács a ideologia se afirmasse por meio da "saturação da totalidade social pela essência ideológica de um sujeito de classe puro"[9]. O que se negligencia, como assinala Stedman Jones, é que as ideologias, longe de ser "o produto subjetivo da 'vontade de poder' de diferentes classes", são "sistemas *objetivos* determinados pelo *campo total* da luta social entre

---

[8]   Georg Lukács, *History and Class Consciousness*, cit., p. 52.
[9]   Gareth Stedman Jones, "The Marxism of the early Lukács: An Evaluation", *New Left Review*, n. 70, nov.-dez., 1971.

as classes contendoras". Para Lukács, como para o marxismo "historicista" em geral, é como se cada classe social tivesse sua "visão de mundo" peculiar, corporativa, que expressasse diretamente suas condições materiais de existência, e a dominação ideológica consistisse em uma dessas visões de mundo impor sua marca na formação social como um todo. Essa versão do poder ideológico não só é difícil de conciliar com a doutrina mais estrutural e objetiva do fetichismo da mercadoria como também simplifica drasticamente a verdadeira irregularidade e complexidade do "campo" ideológico. Pois, como argumentou Nicos Poulantzas, a ideologia, como a própria classe social, é um fenômeno inerentemente *relacional*: expressa menos como uma classe vive suas condições de existência do que como as vive *em relação à experiência vivida de outras classes*[10]. Assim como não pode haver uma classe burguesa sem um proletariado, ou vice-versa, a ideologia típica de cada uma dessas classes é constituída até as raízes pela ideologia de sua antagonista. As ideologias dominantes, como argumentamos antes, têm de se engajar eficazmente na experiência vivida das classes subordinadas, e a maneira como essas classes subalternas vivem seu mundo será tipicamente moldada e influenciada pelas ideologias dominantes. O marxismo historicista, em resumo, supõe uma relação excessivamente orgânica e interna entre um "sujeito de classe" e sua "visão de mundo". Há classes sociais, como a pequena burguesia – "a contradição encarnada", como apelidou-a Marx –, cuja ideologia é tipicamente composta de elementos tirados das classes superiores e inferiores a elas; e existem temas ideológicos vitais, como o nacionalismo, que não "pertencem" a nenhuma classe social particular, mas que antes colocam um pomo de discórdia entre elas[11]. As classes sociais não manifestam ideologias da mesma maneira que indivíduos exibem um estilo particular de andar: a ideologia é antes um campo de significado complexo e conflitivo, no qual alguns temas estarão intimamente ligados à experiência de classes particulares, enquanto outros estarão mais "à deriva", empurrados ora para um lado, ora para o outro na luta entre os poderes contendores. A ideologia é um domínio de contestação e negociação, em que há um tráfego intenso e constante: significados e valores são roubados, transformados, apropriados através das fronteiras de diferentes classes e grupos, cedidos, recuperados, reinfletidos. Uma classe dominante pode "viver sua experiência" em parte por meio da ideologia de uma classe previamente dominante: pense na coloração aristocrática da *haute bourgeoisie* inglesa. Ou pode modelar sua ideologia, parcialmente, em termos das crenças de uma classe subordinada – como no caso do fascismo, em que um setor

---

[10] Nicos Poulantzas, *Political Power and Social Classes* (Londres, NLB and Sheed and Ward, 1973), parte 3, cap. 2. Deve-se assinalar que Lukács realmente sustenta que existem "níveis" heterogêneos de ideologia.

[11] Ver Ernesto Laclau, *Politics and Ideology in Marxist Theory* (Londres, NLB, 1977), cap. 3.

118 Ideologia: uma introdução

dominante do capitalismo financeiro incorpora para seus propósitos os preconceitos e angústias da baixa classe média. Não existe uma correspondência exata, ponto a ponto, entre classes e ideologias, como é evidente no caso do socialismo revolucionário. Qualquer ideologia revolucionária, para ser politicamente eficaz, teria de ser muito mais que a consciência proletária "pura" de Lukács: a menos que emprestasse alguma coerência provisória a uma rica série de forças de oposição, teria escassa chance de sucesso.

A ideia de classes sociais como "sujeitos", central na obra de Lukács, também foi contestada. Uma classe não é apenas um tipo de indivíduo coletivizado, equipado com os tipos de atributos conferidos pelo pensamento humanista às pessoas individuais: consciência, unidade, autonomia, autodeterminação etc. As classes, para o marxismo, são certamente *agentes* históricos, mas são formações estruturais, materiais, assim como entidades "intersubjetivas", e o problema é como pensar esses seus dois aspectos juntos. Já vimos que as classes dominantes são "blocos" geralmente complexos, internamente conflitivos, mais que corpos homogêneos, e o mesmo se aplica a seus antagonistas políticos. É provável, então, que uma "ideologia de classe" exiba o mesmo tipo de irregularidade e contradição.

A crítica mais incisiva à teoria da ideologia de Lukács seria que, em uma série de fusões progressivas, ele transforma a teoria marxista em ideologia proletária, a ideologia em expressão de algum sujeito de classe "puro", e esse sujeito de classe puro em essência da formação social. Mas esse argumento exige significativa qualificação. Lukács não está, em absoluto, cego para os modos como a consciência da classe operária é "contaminada" pela de seus governantes e parece não atribuir a ela nenhuma "visão de mundo" orgânica em condições não revolucionárias. Na verdade, se o proletariado em seu estado "normal" é pouco mais que a mercadoria encarnada, é difícil perceber como pode ser um *sujeito* – e, portanto, é difícil perceber exatamente como pode realizar a transição para transformar-se em uma "classe por si". Mas esse processo de "contaminação" não parece funcionar no sentido inverso, no sentido de que a ideologia *dominante* não parece ser moldada de nenhuma maneira significativa por um diálogo com seus subordinados.

Já vimos que existem realmente duas teorias discrepantes de ideologia em funcionamento em *História e consciência de classe* – uma que deriva do fetichismo da mercadoria, outra que deriva de uma visão historicista da ideologia como visão de mundo de um sujeito de classe. No que diz respeito ao proletariado, essas duas concepções parecem corresponder respectivamente aos seus estados de ser, "normal" e revolucionário. Em condições não revolucionárias, a consciência da classe operária está sujeita passivamente aos efeitos da reificação; não nos é fornecida nenhuma pista de como essa situação é ativamente *constituída* pela ideologia proletária ou de como ela interage com aspectos menos submissos dessa experiência. Como a mulher operária constitui-se como sujeito na base de sua objetificação? Mas quando a

De Lukács a Gramsci   119

classe muda – misteriosamente – para transformar-se em um sujeito revolucionário, uma problemática historicista assume o comando e o que era verdadeiro no caso de seus governantes – que eles "saturavam" toda a formação social com suas concepções ideológicas – pode agora tornar-se verdade também no caso deles. O que se diz desses governantes, porém, é incoerente: pois essa noção *ativa* de ideologia, no seu caso, está em conflito com a visão de que também eles são simplesmente vítimas das estrutura do fetichismo da mercadoria. Como a classe média pode governar em virtude de sua visão de mundo única, unificada, quando está simplesmente sujeita, juntamente com outras classes, à estrutura de reificação? A ideologia dominante é uma questão da burguesia ou da sociedade burguesa?

Pode-se sustentar que *História e consciência de classe* é prejudicado por uma superestimação tipicamente idealista da própria "consciência". "Apenas a consciência do proletariado", escreve Lukács, "pode apontar o caminho que conduz para fora do impasse do capitalismo"[12]; e, embora isso seja bastante ortodoxo em certo sentido, já que é improvável que um proletariado *in*consciente realize o truque, sua ênfase, não obstante, é reveladora. Pois, em primeiro lugar, não é a *consciência* da classe operária, atual ou potencial, que leva o marxismo a selecioná-la como agência primordial da mudança revolucionária. Se a classe operária surge como tal agente é por razões estruturais, materiais – o fato de que é o único corpo localizado de tal maneira no processo produtivo do capitalismo, treinado e organizado de tal maneira por esse processo e inteiramente indispensável a ele, que acaba por ser o único capaz de conquistá-lo. Nesse sentido, é o capitalismo, não o marxismo, que "seleciona" os instrumentos da vitória revolucionária, nutrindo pacientemente o seu coveiro potencial. Quando Lukács observa que a força de uma formação social é sempre, em última análise, uma força "espiritual", ou quando escreve que "o destino da revolução ... dependerá da maturidade ideológica do proletariado, *i.e.*, da sua consciência de classe"[13], pode-se dizer que corre o risco de transformar essas questões materiais em questões de pura consciência – e de uma consciência que, como assinala Gareth Stedman Jones, permanece curiosamente desencarnada e etérea, uma questão de "ideias" mais que de práticas ou instituições.

Se Lukács é residualmente idealista na alta prioridade que confere à consciência, tambémoé em sua hostilidade romântica à ciência, à lógica e à tecnologia[14]. Os discursos formal e analítico são simplesmente modos de reificação burguesa, assim como todas as formas de mecanização e racionalização parecem inerentemente alienadoras. O lado progressista, emancipador desses processos na história do capitalismo é meramente ignorado, em uma nostalgia elegíaca típica do

---

12   Georg Lukács, *History and Class Conciousness*, cit., p. 76.
13   Ibidem, p. 70.
14   Ver Lucio Colletti, *Marxism and Hegel* (Londres, NLB, 1973), cap. 10.

120 Ideologia: uma introdução

pensamento conservador romântico. Lukács não deseja negar que o marxismo seja uma ciência, mas essa ciência é a "expressão ideológica do proletariado", não um conjunto de proposições analíticas atemporais. Isso certamente oferece um poderoso desafio ao "cientismo" da Segunda Internacional – a crença de que o materialismo histórico é um conhecimento puramente objetivo das leis imanentes do desenvolvimento histórico. Mas reagir a tais fantasias metafísicas *reduzindo* a teoria marxista a ideologia revolucionária não é mais adequado. As equações complexas de *O capital* não são mais que uma "expressão" teórica da consciência socialista? Essa consciência não é parcialmente *constituída* por tal trabalho teórico? E se apenas a autoconsciência proletária nos dará a verdade, como, em primeiro lugar, aceitaremos essa verdade como verdadeira, se não por meio de determinada compreensão teórica, que deve ser relativamente independente dela?

Já argumentei que é errôneo considerar que Lukács iguala ideologia e falsa consciência *tout court*. Em sua visão, a ideologia socialista da classe operária, naturalmente, não é falsa em sua visão e mesmo a ideologia burguesa é ilusória apenas em um sentido complexo do termo. Na verdade, podemos afirmar que, ao passo que para os Marx e Engels iniciais a ideologia é tida como falsa para com a verdadeira situação, em Lukács ela é tida como verdadeira para com uma situação falsa. As ideias burguesas realmente refletem com exatidão o estado de coisas na sociedade burguesa, mas é justamente esse estado de coisas que, de certa maneira, é falseado. Tal consciência é fiel à natureza reificada da ordem social capitalista e, com bastante frequência, faz afirmações verdadeiras a respeito dessa condição; é "falsa" na medida em que não pode penetrar esse mundo de aparências congeladas para desnudar a totalidade das tendências e ligações a ele subjacentes. Na eletrizante parte central de *História e consciência de classe*, "A reificação e a consciência do proletariado", Lukács corajosamente reescreve toda a filosofia pós-kantiana como uma história secreta da forma da mercadoria, do cisma entre sujeitos vazios e objetos petrificados e, nesse sentido, tal pensamento é exato para as categorias sociais dominantes da sociedade capitalista, estruturada por elas até as raízes. A ideologia burguesa é falsa não tanto porque distorce, inverte ou nega o mundo material, mas porque é incapaz de ir além de certos limites estruturais da sociedade burguesa como tal. Como Lukács escreve: "Assim, a barreira que converte a consciência de classe da burguesia em 'falsa' consciência é objetiva; é a própria situação da classe. É o resultado objetivo da organização econômica e não é arbitrária, subjetiva ou psicológica"[15]. Temos aqui, então, ainda outra definição de ideologia, como "pensamento estruturalmente coagido", que remonta, pelo menos, até *O 18 de brumário de Luís Bonaparte* de Marx. Em uma discussão nesse texto sobre o que torna certos políticos franceses representativos da pequena

---

[15] Georg Lukács, *History and Class Conciousness*, cit., p. 54.

burguesia, Marx comenta que é "o fato de, em suas mentes, não ultrapassarem os limites que a [pequena burguesia] não ultrapassam na vida". A falsa consciência, assim, é uma espécie de pensamento que se vê frustrado e impedido por certas barreiras, antes na sociedade que na mente, e que, portanto, apenas pela transformação da própria sociedade poderia ser dissolvido.

Pode-se formular esse argumento de outra maneira. Existem certos tipos de erro que resultam simplesmente de lapsos de inteligência ou informação e que podem ser resolvidos por um refinamento adicional do pensamento. Mas quando continuamos a nos chocar com um limite a nossas concepções que se recusa teimosamente a ceder, então essa obstrução pode ser sintoma de algum "limite" embutido em nossa vida social. Nessa situação, nenhuma quantidade de inteligência ou engenho, nenhuma simples "evolução de ideias" servirão para nos levar adiante, pois o que é impróprio nesse caso é toda a formação e arcabouço de nossas consciências, condicionada como é por certos limites materiais. Nossas práticas sociais constituem o obstáculo às próprias ideias que buscam explicá-las e, se quisermos promover essas ideias, teremos de mudar nossas formas de vida. É precisamente isso que Marx afirma a respeito dos economistas políticos burgueses, cujas investigações teóricas veem-se continuamente rechaçadas por problemas que marcam a inscrição no interior de seu discurso das condições sociais que o rodeiam.

É assim que Lukács pode escrever sobre a ideologia burguesa como "algo que é *subjetivamente* justificado na situação social e histórica, como algo que pode e deve ser compreendido, *i.e.*, como 'certo'. Ao mesmo tempo, *objetivamente*, ela se desvia da essência da evolução da sociedade e deixa de localizá-la com precisão e de expressá-la adequadamente"[16]. A ideologia agora está longe de ser mera ilusão, e o mesmo é verdade se invertermos esses termos, "objetivo" e "subjetivo". Pois seria igualmente possível afirmar, como observa Lukács, que a ideologia burguesa deixa "subjetivamente" de alcançar os objetivos que se propôs (liberdade, justiça etc.), mas, exatamente ao fracassar, ajuda a promover certos alvos objetivos que ignora. Com isso, presumivelmente, ele quer dizer ajudar a promover as condições históricas que finalmente levarão o socialismo ao poder. Tal consciência de classe envolve uma *in*consciência de nossas verdadeiras condições sociais e, assim, é uma espécie de autoilusão; mas, enquanto Engels, como vimos, inclinava-se a rejeitar a motivação consciente envolvida nesse caso como mera ilusão, Lukács está pronto a conferir-lhe certa verdade limitada. "A despeito de toda a sua falsidade objetiva", escreve ele, "a autoenganadora 'falsa' consciência que encontramos na burguesia está, pelo menos, de acordo com sua situação de classe"[17]. A ideologia burguesa pode ser falsa do ponto de vista de alguma realidade social

---

[16] Ibidem, p. 50.
[17] Ibidem, p. 69.

putativa, mas isso não significa que seja falsa para com a situação tal como ela presentemente é.

Essa maneira de formular o argumento talvez ajude a compreender algo da noção enigmática de ideologia como pensamento verdadeiro em relação a uma situação falsa. Pois o que parece espúrio a respeito dessa formulação é a própria ideia de que uma *situação* pode ser declarada falsa. Enunciados sobre mergulho em profundidade podem ser verdadeiros ou falsos, mas não o mergulho em profundidade em si. Como humanista marxista, porém, o próprio Lukács tem um tipo de resposta para esse problema. Uma situação "falsa" para ele é aquela em que a "essência" humana – o potencial pleno dos poderes que a humanidade desenvolveu historicamente – está sendo desnecessariamente bloqueada e alienada, e tais julgamentos, portanto, são sempre feitos segundo o ponto de vista de algum futuro possível e desejável. Uma situação falsa pode ser identificada apenas subjuntiva ou retrospectivamente, de acordo com o que poderia ser possível se fossem abolidas essas forças frustrantes e alienadoras. Mas isso não significa colocar-se no espaço vazio de um futuro especulativo, à maneira do "mau" utopismo, pois, na visão de Lukács e, na verdade, na visão do marxismo em geral, o delineamento desse futuro desejável já pode ser detectado em certas potencialidades que se agitam no presente. Assim, o presente não é idêntico a si mesmo: há nele aquilo que aponta para além dele como, na verdade, a forma de todo presente histórico é estruturada pela sua antecipação de um futuro possível.

Se a crítica da ideologia propõe-se a examinar os fundamentos sociais do pensamento, então, logicamente, deve ser capaz de fornecer alguma explicação de suas próprias origens históricas. Qual foi o material que deu origem à própria noção de ideologia? O estudo da ideologia pode girar em torno de suas condições de possibilidade?

O conceito de ideologia, pode-se argumentar, surgiu no ponto histórico em que os sistemas de ideias primeiro perceberam sua própria parcialidade, e isso ocorreu quando essas ideias foram obrigadas a encontrar formas de discurso estranhas ou alternativas. Foi com a ascensão da sociedade burguesa, acima de tudo, que a cena foi preparada para essa ocorrência. Pois é característico dessa sociedade, como notou Marx, que tudo a seu respeito, inclusive suas formas de consciência, encontra-se em um estado de fluxo incessante, em contraste com uma ordem social mais determinada pela tradição. O capitalismo sobrevive apenas por um desenvolvimento incansável das forças produtivas e, nessa agitada condição social, novas ideias atropelam-se umas às outras tão freneticamente quanto as modas em mercadorias. A autoridade entrincheirada de uma única visão de mundo é, consequentemente, minada pela própria natureza do capitalismo. Além disso, tal ordem social engendra a pluralidade e a fragmentação tão certamente quanto gera a privação social, transgredindo fronteiras consagradas pelo tempo entre formas diversas de vida e jogando-as em uma *mêlée* de idiomas, origens étnicas, estilos de vida, culturas nacionais. É exatamente isso que o crítico soviético Mikhail Bakhtin quer dizer com "polifonia". Dentro desse espaço atomizado, marcado por uma divisão proliferante de trabalho intelectual, uma variedade de credos, doutrinas e modos de percepção lutam pela autoridade, e isso devia dar o que pensar aos pensadores pós-modernos para quem a diferença, a pluralidade e a heterogeneidade são inequivocamente "progressistas". Nesse torvelinho de credos em competição, qualquer sistema de crença particular ver-se-á espremido entre competidores indesejados e, assim, suas fronteiras serão mais contrastantes. O palco, então, está pronto para o desenvolvimento do ceticismo e do relativismo filosóficos – para a convicção de que, no indecente burburinho do mercado intelectual, nenhuma maneira de pensar pode pretender mais validade que qualquer outra. Se todo pensamento é parcial e sectário, então todo pensamento é "ideológico".

Em um paradoxo notável, então, o próprio dinamismo e a mutabilidade do sistema capitalista ameaçam eliminar o seu fundamento de autoridade, e isso talvez seja mais evidente no fenômeno do imperialismo. O imperialismo precisa afirmar a verdade absoluta de seus valores exatamente no ponto em que esses valores confrontam-se com culturas estrangeiras, e essa pode revelar-se uma experiência notavelmente desorientadora. É difícil manter-se convencido de que sua maneira de fazer as coisas é a única possível quando se está ocupado tentando subjugar outra sociedade que conduz seus negócios de uma maneira radicalmente diferente, mas aparentemente eficaz. A ficção de Joseph Conrad gira em torno dessa contradição incapacitadora. Dessa maneira, dentre outras, então, a emergência histórica do conceito de ideologia atesta uma angústia corrosiva – a embaraçosa percepção de que suas próprias verdades só lhe parecem plausíveis conforme a posição ocupada no momento.

A burguesia moderna, consequentemente, está presa em algo como uma espécie de beco sem saída. Incapaz de retornar às antigas certezas metafísicas, reluta igualmente em abraçar o ceticismo pleno, que simplesmente subverteria a legitimidade de seu poder. Uma tentativa do início do século de negociar esse dilema é *Ideologia e utopia* (1929) de Karl Mannheim, escrito sob a influência do historicismo de Lukács, no tumulto político da República de Weimar. Mannheim percebe bastante bem que, com a ascensão da sociedade de classe média, a antiga visão de mundo monológica da ordem tradicional desapareceu para sempre. Uma casta eclesiástica e política autoritária, que antigamente monopolizava com confiança o conhecimento, cedeu terreno a uma *intelligentsia* "livre", capturada no salto entre perspectivas teóricas conflitantes. O objetivo de uma "sociologia do saber" será, assim, rejeitar todos os sistemas de crenças, precavendo-se ao mesmo

124 Ideologia: uma introdução

tempo contra o relativismo paralisante que nivelaria todas essas crenças. O problema, como percebe desconfortavelmente Mannheim, é que qualquer crítica das visões de outrem como ideológicas sempre é suscetível de um rápido *tu quoque*. Ao puxar o tapete de um antagonista intelectual, sempre corremos o risco de puxar também o nosso.

Contra tal relativismo, Mannheim fala a favor do que denomina "relacionismo", que significa a localização das ideias no sistema social que lhes dá origem. Tal investigação da base social do pensamento, ele considera, não precisa chocar-se com a meta da objetividade, pois, embora as ideias sejam moldadas por suas origens sociais, seu valor de verdade não pode ser reduzido a elas. O unilateralismo inevitável de qualquer ponto de vista particular pode ser corrigido sintetizando-o com rivais, construindo assim uma totalidade de pensamento provisória, dinâmica. Ao mesmo tempo, por um processo de automonitoração, podemos vir a apreciar os limites de nossa própria perspectiva e, portanto, alcançar uma espécie restrita de objetividade. Mannheim surge assim como o Matthew Arnold da Alemanha de Weimar, preocupado em ver a vida com firmeza e em vê-la como um todo. Pontos de vista ideológicos e limitadores serão pacientemente subordinados a uma totalidade maior pelos que são imparciais o suficiente para isso – ou seja, por intelectuais "livres", com uma notável semelhança com Karl Mannheim. O único problema desse enfoque é que ele meramente faz a questão do relativismo recuar um estágio, pois sempre podemos perguntar pelo ponto de vista tendencioso segundo o qual essa síntese é efetivamente empreendida. O interesse pela totalidade não é somente um outro interesse?

Tal sociologia do saber é, para Mannheim, uma alternativa bem-vinda ao estilo mais antigo de crítica da ideologia. Tal crítica, a seu ver, é essencialmente uma questão de *desmascarar* as noções do antagonista, expondo-as como mentiras, logros ou ilusões alimentadas por motivações sociais conscientes ou inconscientes. A crítica da ideologia, em resumo, reduz-se nesse caso ao que Paul Ricoeur chamaria uma "hermenêutica da suspeita" e é claramente inadequada para a tarefa mais sutil, mais ambiciosa de extrair a "estrutura mental" total subjacente aos preconceitos e crenças de um grupo. A ideologia é própria apenas de asserções ilusórias específicas, cujas raízes, assim argumenta Mannheim nesse ponto, podem remontar à psicologia de indivíduos particulares. Não há dúvida de que isso é, de certo modo, fazer da ideologia um alvo sem substância: Mannheim quase não leva em consideração teorias como a do fetichismo da mercadoria, em que a ilusão, longe de originar-se de fontes psicológicas, é vista como gerada por uma estrutura social inteira.

A função ideológica da "sociologia do conhecimento" é, na verdade, eliminar toda a concepção marxista de ideologia, substituindo-a pela concepção menos aguerrida, menos contenciosa de "visão de mundo". Mannheim, com certeza, não crê que tais visões possam algum dia ser analisadas não avaliatoriamente, mas a tendência de sua obra é diminuir os conceitos de mistificação, racionalização e função de poder das ideias em nome de alguma revisão sinóptica da evolução das formas de consciência histórica. Em um sentido, então, esse enfoque pós-marxista da ideologia retorna a uma visão *pré*-marxista dela, como simplesmente "pensamento socialmente determinado". E como isso se aplica a qualquer pensamento, há um risco de cancelamento total do conceito de ideologia.

Na medida em que Mannheim *realmente* retém o conceito de ideologia, ele o faz de um modo singularmente pouco esclarecedor. Na condição de historicista, a verdade para Mannheim significa ideias adequadas a um estágio particular do desenvolvimento histórico, e a ideologia, então, significa um corpo de crenças incongruente com sua época, fora de sintonia com o que exige a era. De modo inverso, a "utopia" denota ideias à frente de seu tempo e, portanto, similarmente discrepantes com a realidade social, mas capazes, não obstante, de sacudir as estruturas do presente e de transgredir suas fronteiras. A ideologia, em resumo, é a crença antiquada, um conjunto de mitos, normas e ideais obsoletos, desvinculados do real; a utopia é prematura e irreal, mas deve ser reservada como termo para as prefigurações conceptuais que realmente conseguem perceber uma nova ordem social. A ideologia surge sob essa luz como uma espécie de utopia fracassada, incapaz de adentrar a existência material, e essa definição simplesmente nos faz retornar à noção marxista inicial, evidentemente insuficiente, de ideologia como inefabilidade sem eficácia. Mannheim parece desprovido de toda percepção de ideologias como formas de consciência muito bem adaptadas às exigências sociais correntes, entrelaçadas produtivamente com a realidade histórica, capazes de organizar a atividade social prática de maneiras altamente eficazes. Nessa difamação da utopia, que, similarmente, é uma "distorção da realidade", está simplesmente fechando os olhos aos modos em que o que "a era exige" pode ser justamente um pensamento que a ultrapasse. O "pensamento", observa ele, "não deve conter nem menos nem mais que a realidade em cujo veículo opera"[18] – uma identificação do conceito com seu objeto que Theodor Adorno, ironicamente, denunciará como a própria essência do pensamento ideológico.

Por fim, Mannheim amplia o termo ideologia para além de qualquer emprego útil, igualando-o à determinação social de absolutamente qualquer crença, ou restringe-o indevidamente a atos específicos de engodo. Deixa de compreender que a ideologia não pode ser sinônimo de pensamento parcial ou de perspectiva – pois

---

[18]   Karl Mannheim, *Ideology and Utopia* (Londres, Routledge & Kegan Paul, 1954), p. 87 [ed. bras.: *Ideologia e utopia*, 4. ed., Rio de Janeiro, Guanabara, 1986]. Há críticas sugestivas de Mannheim em Larrain, *The Concept of Ideology* (London, Hutchinson of London, 1979), e em Nigel Abercrombie, *Class, Structure and Knowledge* (Oxford, Blackwell, 1980). Ver também o ensaio de Bhikhu Parekh em Robert Benewick (org.), *Knowledge and Belief in Politics* (Londres, G. Allen & Unwin, 1973).

126 Ideologia: uma introdução

a qual pensamento isso não se aplica? Para que o conceito não seja inteiramente vazio, deve ter conotações um tanto mais específicas de luta por poder e legitimação, dessemelhança estrutural e mistificação. O que ele sugere com utilidade, porém, é uma terceira via entre os que sustentariam que a verdade ou falsidade dos enunciados é sublimemente imaculada por sua gênese social e os que reduziriam abruptamente a primeira à segunda. Para Michel Foucault, parece que o valor de verdade de uma proposição é inteiramente uma questão de sua função social, um reflexo dos interesses de poder que promove. Como os linguistas poderiam dizer, o que é enunciado é inteiramente vulnerável às condições da enunciação; o que interessa não é tanto o que é dito, mas quem o diz e para que propósitos. O que isso negligencia é que, embora os enunciados certamente não sejam independentes de suas condições sociais, um enunciado como "os esquimós, genericamente falando, são tão bons quanto as outras pessoas" é verdadeiro, não importa quem o diz e para que fim; e uma das características importantes de uma afirmação como "os homens são superiores às mulheres" é que, seja qual for o interesse que possa estar promovendo, também é falsa.

Outro pensador sobre o qual desce o manto lukácsiano é o sociólogo romeno Lucien Goldmann. O método de Goldmann, o "estruturalismo genético", procura identificar as "estruturas mentais" de um grupo ou classe social particular, especialmente como estes são revelados na literatura e na filosofia. A consciência cotidiana é uma coisa fortuita, amorfa, mas certos membros excepcionalmente dotados de uma classe – artistas, por exemplo – podem elevar-se acima dessa experiência confusa, irregular e expressar os interesses da classe em forma mais pura, mais esquemática. A essa estrutura "ideal" Goldmann dá o nome de "visão de mundo" – uma organização específica de categorias mentais que informam silenciosamente a arte e o pensamento de um grupo social e que é o produto de sua consciência coletiva. A visão de mundo goldmanniana é, assim, uma versão da consciência "imputada" de Lukács: o estilo de pensamento a que uma classe social idealmente chegaria se compreendesse sua real situação e articulasse suas verdadeiras aspirações.

Goldmann impõe uma distinção entre essa visão de mundo e a mera ideologia. Aquela é global em alcance e tipifica uma classe social no auge de seus poderes, ao passo que esta é uma perspectiva parcial, deformadora, característica de uma classe em declínio. Existe algum fundamento para essa oposição, como vimos, em certa leitura de Marx, que contrasta a universalidade genuína de uma classe revolucionária emergente com as racionalizações ilusórias de sua carreira posterior. Ainda assim, a distinção parece um tanto frouxa: uma visão de mundo é não ideológica no sentido de ser inocente do poder? Não existe nenhum sentido em que se esforça por legitimar interesses sociais particulares? É como se Goldmann desejasse salvaguardar a "pureza" da visão de mundo da vergonha do meramente ideológico; e uma razão por que precisa fazê-lo é porque a totalidade da visão de mundo, para ele, assim como para Lukács, oferece outra perspectiva que não a da desacreditada ciência, a partir da qual se podem avaliar ideologias específicas. Isso não é afirmar que toda visão de mundo é "verdadeira"; para Goldmann, a visão kantiana é tragicamente limitada pelas categorias da sociedade burguesa. Mas é verdadeira em relação a condições históricas efetivas e, portanto, contrasta com a mera especiosidade de uma ideologia. A visão de mundo é a ideologia purificada, elevada e largamente purgada de seus elementos negativos.

Em sua grande obra, *The Hidden God* (1955), Goldmann examina a trágica visão de mundo de um setor da burguesia francesa do século XVII, demonstrando como as obras de autores tão aparentemente afastados como Racine e Pascal exibem uma estrutura "profunda" invariável de categorias que expressam a busca vã por um valor absoluto em um mundo agora privado de significado numinoso pelo racionalismo e o empirismo científicos. Todos os elementos do marxismo "historicista" estão claramente em evidência aqui. As classes sociais são vistas não primariamente como estruturas materiais objetivas, mas como "sujeitos coletivos", providos do que é – idealmente, pelo menos – como uma consciência altamente homogênea. Essa consciência está em relação diretamente expressiva com as condições sociais da classe, e as obras de arte e filosofia, por sua vez, são expressivas dessa visão de mundo. Não há um espaço particular nesse modelo para as formas de consciência "de não classe" e pouco espaço também para quaisquer complicações, deslocamentos ou contradições entre seus vários níveis. A formação social apresenta-se como uma "totalidade expressiva", dentro da qual as condições sociais, a classe, a visão de mundo e os artefatos literários refletem-se mutuamente sem problemas.

Em seu trabalho posterior, *Towards a Sociology of the Novel* (1964), Goldmann volta-se do conceito de visão de mundo para a teoria da reificação. Esse deslocamento metodológico, considera ele, reflete uma mutação real, do capitalismo clássico para o avançado, pois os estágios posteriores do sistema, com sua racionalização penetrante e desumanização da existência, bloquearam definitivamente a possibilidade de totalidade global no nível da consciência. O que isso sugere é que a noção de visão de mundo e a teoria do fetichismo da mercadoria não podem coexistir como explicações de ideologia. Se, como vimos, encontram-se numa inter-relação desconfortável no trabalho de Lukács, dividem-se em fases cronologicamente sucessivas da história do capitalismo nos escritos de Goldmann. Portanto, a questão que levantamos no caso de Lukács retorna no caso de seu discípulo: a ideologia dominante é uma questão de a classe dominante impor, de alguma maneira, sua consciência coerentemente organizada à sociedade como um todo ou é uma questão das estruturas materiais da própria economia capitalista?

128 Ideologia: uma introdução

A categoria-chave no trabalho do colega marxista ocidental de Lukács, Antonio Gramsci, não é a ideologia, mas a *hegemonia*, e vale a pena ponderar a distinção entre esses dois termos. Gramsci normalmente usa a palavra hegemonia para designar a maneira como um poder governante conquista o consentimento dos subjugados a seu domínio – apesar de, é verdade, empregar o termo ocasionalmente para designar conjuntamente o consentimento e a coerção. Assim, há uma diferença imediata ante o conceito de ideologia, já que está claro que as ideologias podem ser impostas à força. Pense, por exemplo, no funcionamento da ideologia racista na África do Sul. Mas a hegemonia é também uma categoria mais ampla que a ideologia: *inclui* a ideologia, mas não pode ser reduzida a ela. Um grupo ou classe dominante pode assegurar o consentimento a seu poder por meios ideológicos, mas também pode fazê-lo, digamos, alterando o sistema de tributação de maneira favorável aos grupos de cujo apoio necessita ou criando uma camada de operários relativamente opulenta e, portanto, razoavelmente inerte. Ou a hegemonia pode assumir antes formas políticas que econômicas: o sistema parlamentar nas democracias ocidentais é um aspecto crucial de tal poder, já que reforça a ilusão de autogoverno por parte do populacho. O que distingue de maneira única a forma política de tais sociedades é que se espera que as pessoas acreditem que governam a si mesmas, uma crença que não era esperada de um escravo da Antiguidade ou de um servo da Idade Média. Na verdade, Perry Anderson chega a descrever o sistema parlamentar como "o eixo do aparelho ideológico do capitalismo", em relação ao qual instituições como os meios de comunicação, igrejas e partidos políticos desempenham um papel crítico, mas complementar. É por esse motivo, como assinala Anderson, que Gramsci erra ao localizar a hegemonia apenas na "sociedade civil" em vez de no Estado, pois a forma política do Estado capitalista é ela própria um órgão vital de tal poder[19].

Outra poderosa fonte da hegemonia política é a suposta neutralidade do Estado burguês. Esta, na verdade, não é simplesmente uma ilusão ideológica. Na sociedade capitalista, o poder político é relativamente autônomo diante da vida social e econômica, ao contrário da organização política das formações pré-capitalistas. Nos regimes feudais, por exemplo, a nobreza que explora economicamente o campesinato também exerce certas funções políticas, culturais e jurídicas em suas vidas, de modo que a relação entre poder econômico e político é mais visível nesse caso. Sob o capitalismo, a vida econômica não está sujeita a tal supervisão política contínua: como Marx comenta, é a "compulsão obtusa do econômico", a necessidade simplesmente de sobreviver, que mantém homens e mulheres no trabalho, separados de qualquer estrutura de obrigações políticas, sanções religiosas

---

[19] Perry Anderson, "The Antinomies of Antonio Gramsci", *New Left Review*, n. 100, nov. 1976/ jan. 1977.

De Lukács a Gramsci 129

ou responsabilidades costumeiras. É como se, nessa forma de vida, a economia passasse a operar "inteiramente por si" e, assim, o Estado político pudesse ocupar como que o assento de trás, sustentando as estruturas gerais em que é conduzida essa atividade econômica. Essa é a verdadeira base material da crença de que o Estado burguês é sumamente desinteressado, interpondo-se entre forças sociais contendoras, e, nesse sentido, mais uma vez, a hegemonia está embutida em sua própria natureza.

A hegemonia, então, não é apenas um tipo bem-sucedido de ideologia, mas pode ser decomposta em seus vários aspectos ideológicos, culturais, políticos e econômicos. A ideologia refere-se especificamente à maneira como as lutas de poder são levadas a cabo no nível da significação, e, embora tal significação esteja envolvida em todos os processos hegemônicos, ela não é em todos os casos o nível *dominante* pelo qual a regra é sustentada. Cantar o Hino Nacional aproxima-se tanto quanto se pode imaginar de uma atividade puramente ideológica; certamente não parece cumprir nenhum outro propósito além de, talvez, irritar os vizinhos. A religião, de modo similar, é provavelmente a mais puramente ideológica de todas as várias instituições da sociedade civil. Mas a hegemonia também é mantida em formas culturais, políticas e econômicas – em práticas não discursivas, assim como em todas as elocuções retóricas.

Com certas incoerências notáveis, Gramsci associa a hegemonia à arena da "sociedade civil", com o que pretende designar todo o espectro de instituições intermediárias entre o Estado e a economia. Estações de televisão privadas, a família, o escotismo, a Igreja metodista, escolas, a Legião Britânica, o jornal *Sun*: todos eles seriam dispositivos hegemônicos, que submetem os indivíduos ao poder dominante antes pelo consentimento que pela coerção. A coerção, em contraste, é reservada ao Estado, que tem um monopólio da violência "legítima". (Devemos notar, porém, que as instituições coercitivas de uma sociedade – exércitos, tribunais de justiça e o resto – devem elas mesmas conquistar o consentimento do povo para operar com eficiência, de modo que a oposição entre coerção e consentimento possa, até certo ponto, ser desconstruída.) Nos modernos regimes capitalistas, a sociedade civil assumiu um poder formidável, em contraste com os dias em que os bolcheviques, vivendo em uma sociedade pobre em tais instituições, puderam conquistar as rédeas do governo com um ataque frontal ao próprio Estado. O conceito de hegemonia, assim, acompanha a questão: como a classe operária assumirá o poder em uma formação social em que o poder dominante está sutil e difusamente presente em todas as práticas habituais diárias, intimamente entrelaçado com a própria "cultura", inscrito na própria textura de nossa experiência, da pré-escola ao salão do velório? Como combatemos um poder que se tornou o "senso comum" de toda uma ordem social em vez de um poder que é amplamente percebido como alheio e opressivo?

130 Ideologia: uma introdução

Na sociedade moderna, então, não é suficiente ocupar fábricas ou entrar em confronto com o Estado. O que também deve ser contestado é toda a área da "cultura", definida em seu sentido mais amplo, mais corriqueiro. O poder da classe dominante é espiritual assim como material, e qualquer "contra-hegemonia" deve levar sua campanha política até esse domínio, até agora negligenciado, de valores e costumes, hábitos discursivos e práticas rituais. Talvez o comentário mais perspicaz já feito sobre esse tópico seja de Lênin, em um discurso na conferência dos sindicatos de Moscou em 1918:

> Toda a dificuldade da Revolução Russa é que foi muito mais fácil a classe operária revolucionária russa começar do que o é para as classes da Europa ocidental, mas é muito mais difícil para nós continuar. É mais difícil começar uma revolução nos países da Europa ocidental porque lá o proletariado revolucionário é confrontado pelo pensamento superior que vem com a cultura, enquanto a classe trabalhadora encontra-se em um estado de escravidão cultural.[20]

O que Lênin quer dizer é que a relativa falta de "cultura" da Rússia czarista, no sentido de uma densa teia de instituições "civis", era um fator crucial para tornar a revolução possível, já que a classe dominante não podia assegurar sua hegemonia por esses meios. Mas a mesma ausência de cultura, no sentido de uma população alfabetizada, bem educada, forças tecnológicas desenvolvidas etc., também mergulhou a revolução em graves problemas tão logo teve início. Inversamente, é a preponderância da cultura no Ocidente, no sentido de um complexo elenco de instituições hegemônicas na sociedade civil, que torna difícil iniciar a revolução política, mas essa mesma cultura, no sentido de uma sociedade rica em recursos técnicos, materiais e "espirituais", tornaria a revolução política mais fácil de sustentar depois que ocorresse. Esse talvez seja o momento para observar que, para Lênin, como, na verdade, para todos os pensadores marxistas até Stálin, o socialismo era inconcebível sem um alto grau de desenvolvimento das forças produtivas e, mais geralmente, da "cultura". O marxismo nunca pretendeu ser a teoria e a prática de como sociedades retrógradas podem saltar desesperadamente, isoladas e sem ajuda, para o século XX; e a consequência material de tal tentativa é geralmente conhecida como stalinismo.

Se o conceito de hegemonia expande e enriquece a noção de ideologia, também empresta a esse termo, em outras circunstâncias um tanto abstrato, um corpo material e um gume político. É com Gramsci que se efetua a transição crucial de ideologia como "sistema de ideias" para ideologia como prática social vivida, habitual – que, então deve presumivelmente abranger as dimensões inconscientes,

---

[20] V. I. Lenin, *Collected Works* (Moscou, Foreign Lang. Publ. House, 1965), v. 27, p. 464. Ver também Carmen Claudin-Urondo, *Lenin and the Cultural Revolution* (Hassocks, Harvester, Sussex, 1977).

inarticuladas da experiência social, além do funcionamento de instituições formais. Louis Althusser, para quem a ideologia é largamente inconsciente e sempre institucional, herdará ambas as ênfases, e a hegemonia como processo "vivido" de dominação política aproxima-se em alguns aspectos do que Raymond Williams designa como uma "estrutura do sentimento". Em sua discussão de Gramsci, Williams reconhece o caráter *dinâmico* da hegemonia, em confronto com as conotações potencialmente estáticas de "ideologia": a hegemonia nunca é uma conquista definitiva, mas "tem de ser continuamente renovada, recriada, defendida e modificada"[21]. Como conceito, então, a hegemonia é inseparável dos sobretons da luta, como a ideologia talvez não seja. Nenhum modo único de hegemonia, assim afirma Williams, pode esgotar os significados e valores de qualquer sociedade e, assim, qualquer poder governante é forçado a travar combate com forças contra-hegemônicas de maneiras que provam ser parcialmente constitutivas de seu próprio domínio. Assim, a hegemonia é uma noção inerentemente relacional, além de prática e dinâmica, e oferece, nesse sentido, um avanço notável diante das definições de ideologia mais ossificadas, escolásticas, encontradas em certas correntes "vulgares" do marxismo.

Muito toscamente, então, podemos definir a hegemonia como um espectro inteiro de estratégias práticas pelas quais um poder dominante obtém o consentimento ao seu domínio daqueles que subjuga. Conquistar a hegemonia, no parecer de Gramsci, é estabelecer liderança moral, política e intelectual na vida social, difundindo sua própria "visão de mundo" pelo tecido da sociedade como um todo, igualando, assim, o próprio interesse com o da sociedade em geral. Tal domínio consensual não é, está claro, peculiar ao capitalismo; na verdade, pode-se afirmar que *qualquer* forma de poder político, para ser durável e bem fundado, deve evocar pelo menos certo grau de consentimento entre seus subalternos. Mas há bons motivos para crer que na sociedade capitalista em particular a razão entre consentimento e coerção desloca-se decididamente para o primeiro. Em tais condições, o poder do Estado para disciplinar e punir – o que Gramsci chama "dominação" – mantém-se firmemente e, na verdade, nas sociedades modernas, torna-se mais formidável à medida que as várias tecnologias de opressão começam a proliferar. Mas as instituições da "sociedade civil" – escolas, famílias, igrejas, meios de comunicação e todo o resto – agora desempenham um papel mais central no processo de controle social. O Estado burguês recorrerá à violência direta se for obrigado, mas, ao fazê-lo, arrisca-se a sofrer uma perda drástica de credibilidade ideológica. É preferível, no todo, que o poder permaneça convenientemente

---

[21] Raymond Williams, *Marxism and Literature*, cit., p. 112. Para um estudo histórico da hegemonia na Inglaterra dos séculos XVIII e XIX, ver Francis Hearn, *Domination, Legitimation, and Resistance* (Westport, Conn., Greenwood, 1978).

132 Ideologia: uma introdução

invisível, disseminado por toda a textura da vida social e, assim, "naturalizado" como costume, hábito, prática espontânea. Assim que o poder mostra seu jogo, pode transformar-se em objeto de contestação política[22].

Um deslocamento da coerção para o consentimento está implícito nas próprias condições materiais da sociedade de classe média. Como essa sociedade é composta de indivíduos "livres", aparentemente autônomos, cada um perseguindo seus interesses privados, qualquer supervisão política centralizada desses sujeitos atomizados torna-se consideravelmente mais difícil de sustentar. Cada um deles deve, consequentemente, tornar-se sua própria sede de governo, cada um deve "internalizar" o poder, torná-lo espontaneamente seu e carregá-lo consigo como um princípio inseparável de sua identidade. Deve-se construir uma ordem social, escreve Gramsci, "em que o indivíduo possa governar-se sem que seu autogoverno entre em conflito com a sociedade política – mas tornando-se antes sua continuação normal, seu complemento orgânico"[23]. "A vida do Estado", acrescenta ele, deve tornar-se "espontânea", coincidir com a identidade "livre" do sujeito individual, e se essa é a dimensão "psicológica" da hegemonia, é uma dimensão com uma sólida base material na vida da classe média.

Em seus *Cadernos do cárcere*, Gramsci rejeita de imediato qualquer uso puramente negativo do termo ideologia. Esse "mau" sentido do termo tornou-se amplamente difundido, ele observa, "com o efeito de que a análise teórica do conceito de ideologia foi modificada e desnaturada"[24]. A ideologia foi muitas vezes vista como pura aparência ou mera estupidez, ao passo que, na verdade, deve ser traçada uma distinção entre ideologias "historicamente orgânicas" – designando as que são necessárias a uma dada estrutura social – e ideologia no sentido de especulações arbitrárias dos indivíduos. Isso, até certo ponto, é paralelo à oposição que observamos entre "ideologia" e "visão de mundo", embora devamos notar que, para o próprio Marx, o sentido negativo de ideologia não se limitava, de maneira nenhuma, à especulação subjetiva arbitrária. Gramsci também rejeita qualquer redução economista de ideologia a mero pesadelo da infraestrutura: pelo contrário, as ideologias devem ser vistas como forças ativamente organizadoras que são psicologicamente "válidas", moldando o terreno no qual homens e mulheres atuam, lutam e adquirem consciência de suas posições sociais. Em qualquer "bloco histórico", comenta Gramsci, as forças materiais são o "conteúdo" e as ideologias a "forma".

---

[22] Ver, de minha autoria, *The Ideology of the Aesthetic*, cit., caps. 1 e 2.

[23] Antonio Gramsci, *Selections from the Prison Notebooks* (ed. Q. Hoare e G. Nowell Smith, Londres, Lawrence and Wishart, 1971), p. 268 [ed. bras.: *Cadernos do cárcere*, 2. ed., Rio de Janeiro, Civilização Brasileira, 1978].

[24] Ibidem, p. 376.

De Lukács a Gramsci   133

A equiparação entre ideologia e ilusão especulativa feita em *A ideologia alemã* é para Gramsci simplesmente uma fase historicamente determinada pela qual passam tais ideologias: toda concepção de mundo, observa ele, pode, em certo ponto, assumir uma forma especulativa que representa simultaneamente seu apogeu histórico e os primórdios de sua dissolução.

> Isto é, pode-se dizer que toda cultura tem seu momento especulativo e religioso, que coincide com o período de hegemonia completa do grupo social do qual é a expressão e talvez coincida exatamente com o momento em que a hegemonia real desintegra-se na base, molecularmente: mas justamente por causa dessa desintegração, e para reagir a ela, o sistema de pensamento aperfeiçoa-se como dogma e torna-se uma "fé" transcendental.[25]

O que Marx e Engels, em suas obras iniciais, estavam tentados a perceber como a forma eterna de toda ideologia é para Gramsci um fenômeno histórico específico.

A teoria da ideologia de Gramsci, então, é produzida, como a de Lukács, no que é conhecido como o molde "historicista". Ele suspeita, tanto quanto Lukács, de qualquer recurso a um marxismo "científico" que ignore a natureza prática, política, historicamente relativa da teoria marxista e compreende essa teoria como a expressão da consciência da classe operária revolucionária. Uma ideologia "orgânica" não é simplesmente falsa consciência, mas uma consciência adequada a um estágio específico do desenvolvimento histórico e a um momento político particular. Julgar toda a filosofia passada como mero "delírio e insensatez", à maneira do marxismo "vulgar", é um erro anacrônico, que supõe que os homens e mulheres do passado deviam ter pensado como pensamos hoje. Mas também é, ironicamente, uma ressaca do dogma metafísico daquele passado, já que pressupõe uma forma eternamente válida de pensamento, pela qual todas as eras podem ser julgadas. O fato de que sistemas teóricos foram ultrapassados não significa que não foram historicamente válidos algum dia. O marxismo é simplesmente a forma de consciência histórica adequada ao presente momento e desaparecerá quando esse momento for, por sua vez, ultrapassado. Se percebe contradições históricas, também percebe-se como um elemento dessas contradições e, na verdade, por ser a mais consciente, é a sua expressão mais completa. O marxismo afirmar que toda verdade supostamente eterna tem origens históricas é inevitavelmente voltar essa perspectiva para si mesmo. Quando isso não ocorre, o marxismo rapidamente petrifica-se em uma ideologia metafísica.

Para Gramsci, a consciência de grupos subalternos na sociedade é tipicamente fraturada e desigual. Em tais ideologias, geralmente existem duas concepções

---

[25] Ibidem, p. 370.

134   Ideologia: uma introdução

conflitantes de mundo, uma extraída das noções "oficiais" dos governantes, a outra derivada da experiência prática da realidade social por um povo oprimido. Tais conflitos podem assumir a forma do que vimos anteriormente como uma "contradição performativa" entre o que um grupo ou classe diz e o que tacitamente revela em sua conduta. Mas isso não deve ser visto como mera autoilusão: tal explicação, pensa Gramsci, pode ser adequada no caso de indivíduos particulares, mas não no caso de grandes massas de homens e mulheres. Essas contradições no pensamento devem ter uma base histórica, e Gramsci a localiza no contraste entre o conceito emergente de mundo que uma classe exibe quando atua como uma "totalidade orgânica" e sua submissão, em tempos "normais", às ideias dos que a governam. Um alvo da prática revolucionária, então, deve ser elaborar e explicitar os princípios potencialmente criativos implícitos na compreensão prática dos oprimidos – elevar esses elementos incipientes, ambíguos de sua experiência à condição de filosofia coerente ou "visão de mundo".

O que está em jogo aqui, para colocar a questão nos termos de Lukács, é uma transição da consciência "empírica" da classe operária para sua consciência "possível" – para a visão de mundo que poderia conquistar em condições propícias e que, mesmo agora, está implícita em sua experiência. Mas, enquanto Lukács é perturbadoramente vago sobre como tal transição deve ocorrer, Gramsci oferece uma resposta muito precisa a essa questão: a atividade dos intelectuais "orgânicos". Os intelectuais "orgânicos", dos quais o próprio Gramsci é um exemplo, são o produto de uma classe social emergente, e seu papel é emprestar a essa classe alguma autoconsciência homogênea nos campos cultural, político e econômico. A categoria do intelectual orgânico, assim, une não apenas ideólogos e filósofos, mas ativistas políticos, técnicos industriais, economistas políticos, especialistas jurídicos etc. Tal figura é menos um pensador contemplativo, no velho estilo idealista da *intelligentsia*, que um organizador, construtor, "persuasor permanente", que participa ativamente da vida social e ajuda a trazer para a articulação teórica correntes políticas positivas já contidas nela. A atividade filosófica, observa Gramsci, deve ser vista "como, acima de tudo, uma batalha cultural para transformar a mentalidade popular e difundir as inovações filosóficas que provarão ser historicamente verdadeiras na medida em que se tornam concretamente – *i.e.*, histórica e socialmente – universais"[26]. O intelectual orgânico, assim, provê o vínculo ou pivô entre a filosofia e o povo, versado na primeira, mas ativamente identificado com o segundo. Seu objetivo é construir, baseado na consciência comum, uma unidade "cultural-social" na qual vontades individuais normalmente heterogêneas são fundidas na base de uma concepção comum do mundo.

---

[26]   Ibidem, p. 348.

De Lukács a Gramsci   135

O intelectual orgânico, assim, não aquiesce sentimentalmente ao estado corrente de consciência das massas nem lhes traz "de cima" alguma verdade alheia, como na caricatura comum e banal do leninismo difundida hoje mesmo na esquerda política. (Vale a pena notar aqui que o próprio Gramsci, longe de ser o precursor de um marxismo "liberal", que considera a liderança política como "elitista", era um marxista-leninista revolucionário.) Todos os homens e mulheres, afirma ele, são, em algum sentido, intelectuais, no sentido de que sua atividade prática envolve uma "filosofia" ou concepção de mundo implícitas. O papel do intelectual orgânico, como vimos, é dar forma e coesão a essa compreensão prática, unindo assim teoria e prática. "Pode-se construir", argumenta Gramsci, "sobre uma prática específica uma teoria que, por coincidir e identificar-se com os elementos decisivos da própria prática, pode acelerar o processo histórico que está acontecendo, tornando a prática mais homogênea, mais coerente, mais eficiente em todos os seus elementos e, assim, em outras palavras, desenvolvendo seu potencial ao máximo"[27].

Fazer isso, porém, significa combater muito do que é negativo na consciência empírica do povo, que recebe de Gramsci o título de "senso comum". Tal senso comum é um "agregado caótico de concepções díspares" – uma zona de experiência ambígua, contraditória, que, como um todo, é politicamente retrógrada. Como poderíamos esperar que fosse diferente se um bloco governante teve séculos para aperfeiçoar sua hegemonia? Na visão de Gramsci há um certo *continuum* entre consciência "espontânea" e "científica", de tal tipo que as dificuldades da segunda não devem ser ameaçadoramente superestimadas; mas há também uma guerra permanente entre a teoria revolucionária e as concepções mitológicas ou folclóricas das massas, e estas não devem ser condescendentemente romantizadas à custa daquela. Certas concepções "folclóricas", sustenta Gramsci, com certeza refletem espontaneamente aspectos importantes da vida social; a "consciência popular" não deve ser rejeitada como puramente negativa, mas, em vez disso, suas características mais progressivas e mais reacionárias devem ser cuidadosamente distinguidas[28]. A moralidade popular, por exemplo, é em parte o resíduo fossilizado de uma história anterior, em parte "um espectro de inovações muitas vezes criativas e progressivas ... que vão contra ou meramente divergem da moralidade dos estratos dominantes da sociedade"[29]. O que é necessário não é apenas algum endosso paternalista da consciência popular existente, mas a construção de "um novo senso comum e, com ele, de uma nova cultura e uma nova filosofia que estarão enraizadas na consciência popular com a mesma solidez e qualidade

---

[27] Ibidem, p. 365.
[28] Ver sobre este tópico Alberto Maria Cirese, "Gramsci's Observations on Folklore", em Anne Showstack Sassoon (org.), *Approaches to Gramsci* (Londres, Writers and Readers, 1982).
[29] Citado em Alberto Maria Cirese, "Gramsci's Observations on Folklore", cit., p. 226.

136 Ideologia: uma introdução

imperativa que as crenças tradicionais"[30]. A função dos intelectuais orgânicos, em outras palavras, é forjar os vínculos entre "teoria" e "ideologia", criando uma passagem em ambas as direções entre a análise política e a experiência popular. E o termo ideologia, aqui, "é usado em seu sentido mais elevado, de concepção do mundo implicitamente manifestada na arte, no direito, na atividade econômica e em todas as manifestações da vida individual e coletiva"[31]. Tal "visão de mundo" cimenta um bloco social e político mais como um princípio de unificação, organização, inspiração do que como um sistema de ideias abstratas.

O oposto do intelectual orgânico é o "tradicional", que se acredita inteiramente independente da vida social. Tais figuras (clérigos, filósofos idealistas, doutores de Oxford e todo o resto) são, na visão de Gramsci, sombras de alguma época histórica anterior e, nesse sentido, a distinção entre "orgânico" e "tradicional" pode, até certo ponto, ser desconstruída. Um intelectual tradicional talvez tenha sido orgânico, mas não é mais: os intelectuais idealistas serviram bem a classe média em seu apogeu revolucionário, mas são agora um embaraço marginal. A distinção entre intelectual tradicional e orgânico corresponde, *grosso modo*, à que traçamos entre os sentidos negativo e positivo de ideologia: a ideologia como pensamento que se desprendeu da realidade, em oposição à ideologia como ideias a serviço ativo de um interesse de classe. A confiança do intelectual tradicional em sua independência da classe dominante é para Gramsci a base material do idealismo filosófico – da fé ingênua, denunciada por *A ideologia alemã*, de que a fonte das ideias são outras ideias. Para Marx e Engels, por contraste, as ideias não têm uma história *independente*: elas são os produtos de condições históricas específicas. Mas essa crença na autonomia do pensamento pode servir muito bem a uma classe dominante particular, e, nessa medida, o intelectual hoje tradicional pode ter cumprido uma função "orgânica" precisamente em sua falta de ligação social. Na verdade, o próprio Gramsci sugere o mesmo quando afirma que a visão especulativa do mundo pertence a uma classe no auge de seu poder. Devemos lembrar, de qualquer modo, que a confiança do intelectual tradicional na autonomia das ideias não é mera ilusão: dadas as condições materiais da sociedade de classe média, tais membros da *intelligentsia* realmente ocupam uma posição altamente "mediada" em relação à vida social.

Como Lukács e Goldmann, Gramsci é um marxista historicista que acredita que a verdade é historicamente variável, relativa à consciência da classe social mais progressista de uma época particular. Objetividade, escreve ele, sempre significa

---

[30] Antonio Gramsci, *Prison Notebooks*, cit., p. 424.
[31] Ibidem, p. 328.

"humanamente objetivo", o que, por sua vez, pode ser decodificado como "historicamente ou universalmente subjetivo". As ideias são verdadeiras na medida em que servem para dar coesão e promover as formas de consciência que estão afinadas com as tendências mais significativas de uma era. O argumento alternativo a esse é afirmar que a asserção de que Júlio César foi assassinado, ou de que a relação de salários sob o capitalismo é exploradora, é verdadeira ou não é. Um consenso universal sempre pode revelar-se retrospectivamente falso. Além disso, por quais critérios julgamos que um desenvolvimento específico *é* progressista? Como decidimos o que conta como consciência "possível" ou visão de mundo mais ricamente elaborada da classe operária? Como determinamos quais são os verdadeiros interesses de uma classe? Se não existem critérios para tais julgamentos fora da própria consciência de classe, então, nesse caso, parece que estamos presos justamente no mesmo tipo de círculo vicioso epistemológico que notamos no caso de György Lukács. Se são verdadeiras as ideias que servem para realizar certos interesses sociais, isso não abre a porta a um pragmatismo cínico que, como no caso de Stálin, define a objetividade como aquilo que lhe serve politicamente? E se a *prova* da verdade das ideias é o fato de realmente promoverem tais interesses desejáveis, como podemos algum dia ter certeza de que as ideias em questão foram as responsáveis por isso e não algum outro fato histórico?

Gramsci foi criticado por marxistas "estruturalistas" como Nicos Poulantzas por cometer o erro historicista de reduzir a ideologia à expressão de uma classe social e de reduzir uma classe dominante à "essência" da formação social[32]. Para Poulantzas, não é a classe hegemônica que une a sociedade; pelo contrário, a unidade de uma formação social é uma questão estrutural, um efeito da superposição de vários "níveis" ou "regiões" da vida social sob as restrições finalmente determinantes de um modo de produção. A realidade política de uma classe dominante é um nível dentro dessa formação, não o princípio que dá unidade e direção ao todo. De modo similar, a ideologia é uma estrutura material complexa, não apenas um tipo de subjetividade coletiva. Uma ideologia dominante reflete não apenas a visão de mundo dos governantes, mas as relações entre classes governantes e dominadas na sociedade *como um todo*. Sua tarefa é recriar, em um nível "imaginário", a unidade da formação social inteira, não apenas emprestar coerência à consciência de seus governantes. A relação entre uma classe hegemônica e uma ideologia dominante é, assim, indireta: ela passa, por assim dizer, pela mediação da estrutura social total. Tal ideologia não pode ser decifrada com base na consciência do bloco governante tomado isoladamente, mas deve ser compreendida do ponto de vista do campo todo da luta de classes. Aos

---

[32] Ver Nicos Poulantzas, *Political Power and Social Classes*, cit., p. 111, 2. O quanto Poulantzas dirige esses ataques mais diretamente a Gramsci que a Lukács é, de certa maneira, ambíguo.

138 Ideologia: uma introdução

olhos de Poulantzas, o marxismo historicista é culpado do erro idealista de crer que uma ideologia ou visão de mundo dominante é a que assegura a unidade da sociedade. Para ele, em contraste, a ideologia dominante *reflete* essa unidade mais do que a *constitui.*

A obra de Gramsci certamente é vulnerável à crítica do historicismo empreendida por Poulantzas; mas ele não está, em absoluto, enamorado de algum sujeito de classe "puro". Uma visão de mundo oposta não é para ele apenas a expressão da consciência proletária, mas uma questão irredutivelmente composta. Qualquer movimento revolucionário eficaz deve ser uma complexa aliança de forças, e sua visão de mundo resultará de uma síntese transformadora de seus vários componentes ideológicos em uma "vontade coletiva". A hegemonia revolucionária, em outras palavras, envolve uma prática complexa *sobre* dadas ideologias radicais, que rearticulam seus motivos em um todo diferenciado[33]. Tampouco Gramsci negligencia a natureza *relacional* de tais visões de mundo, como Lukács ocasionalmente é tentado a fazer. Já vimos que ele não subestima, de modo nenhum, o âmbito em que a consciência dos oprimidos é "maculada" pelas crenças de seus superiores, mas essa operação também ocorre no sentido contrário. Qualquer classe hegemônica, escreve ele em *Cadernos do cárcere*, deve levar em conta os interesses e tendências daqueles sobre os quais exerce o poder e deve estar preparada para soluções de compromisso nesse aspecto. Ele também não postula uma relação direta entre uma classe dominante e uma ideologia dominante: "Uma classe em que alguns estratos ainda têm uma concepção ptolomaica do mundo pode, não obstante, ser a representante de uma situação histórica muito avançada"[34]. O marxismo "estruturalista" tem costumeiramente acusado sua contraparte historicista de não distinguir entre uma classe social *dominante* e uma *determinante* – de negligenciar o fato de que uma classe pode exercer domínio político sobre a base da determinabilidade econômica de outra. Na verdade, pode-se dizer algo do tipo a respeito da Grã-Bretanha do século XIX, onde a classe média economicamente determinante "delegava" boa parte de seu poder político à aristocracia. Essa não é uma situação que qualquer teoria que pressuponha uma relação ponto a ponto entre classes e ideologias possa decifrar facilmente, já que a ideologia dominante que resulta será tipicamente um híbrido de elementos extraídos da experiência de ambas as classes. É um sinal do sutil discernimento histórico de Gramsci, porém, que seus breves comentários sobre a história social britânica em *Cadernos do cárcere* sigam em boa parte estas linhas:

---

[33] Ver Chantal Mouffe, "Hegemonia e ideologia em Gramsci", em Chantal Mouffe (org.), *Gramsci and Marxist Theory* (Londres, Routledge & Kegan Paul, 1979), p. 192.

[34] Antonio Gramsci, *Prison Notebooks*, cit., p. 453

[Na Inglaterra do século XIX] há uma categoria muito extensa de intelectuais orgânicos – isto é, os que passam a existir no mesmo terreno industrial que o grupo econômico – mas na esfera mais alta descobrimos que a antiga classe de proprietários preserva sua posição de virtual monopólio. Ela perde sua supremacia econômica mas mantém por um longo tempo uma supremacia político-intelectual e é assimilada como "intelectuais tradicionais" e como grupo diretivo pelo novo grupo no poder. A antiga aristocracia proprietária liga-se aos industrialistas por um tipo de sutura que é precisamente a que une em outros países o intelectual tradicional às novas classes dominantes.[35]

Todo um aspecto vital da história de classes britânica é aqui resumido com uma concisão brilhante, um permanente testemunho da originalidade criativa de seu autor.

---

[35] Ibidem, p. 18.

5

DE ADORNO A BOURDIEU

Vimos no capítulo 3 como uma teoria da ideologia pode ser gerada com base na forma da mercadoria. Mas no âmago da análise econômica de Marx encontra-se outra categoria também relevante para a ideologia, e esse conceitoé o do valor de troca. No primeiro volume de *O capital*, Marx explica como duas mercadorias com "valores de uso" inteiramente diversos podem ser trocadas igualmente, com base no princípio de que ambas contêm a mesma quantidade de trabalho abstrato. Se é necessária a mesma quantidade de força de trabalho para produzir um pudim de Natal e um esquilo de brinquedo, então esses produtos terão o mesmo valor de troca, isto é, a mesma quantia de dinheiro pode comprar ambos. Mas as diferenças específicas entre esses objetos são com isso suprimidas, já que seu valor de uso torna-se subordinado à sua equivalência abstrata.

Se esse princípio reina na economia capitalista, pode também ser observado em ação nos pontos mais elevados da "superestrutura". Na arena política da sociedade burguesa, todos os homens e mulheres são abstratamente iguais como votantes e cidadãos, mas essa equivalência teórica serve para mascarar suas desigualdades concretas no âmbito da "sociedade civil". Senhorio e inquilino, homem de negócios e prostituta podem acabar em cabines de votação adjacentes. O mesmo é verdade nas instituições jurídicas: todos os indivíduos são iguais perante a lei, mas isso meramente obscurece o modo como a própria lei, em última análise, está do lado dos proprietários. Existe, então, alguma maneira de rastrear esse princípio de falsa equivalência ainda mais acima na chamada superestrutura, nos domínios inebriantes da ideologia?

Para o marxista da Escola de Frankfurt Theodor Adorno, esse mecanismo de troca abstrato é o próprio segredo da ideologia. A troca de mercadorias efetua

142 Ideologia: uma introdução

uma equação entre coisas que são, na verdade, incomensuráveis, e, para Adorno, o mesmo ocorre com o pensamento ideológico. Tal pensamento revolta-se diante da "alteridade", do que ameaça escapar a seu sistema fechado, e o reduz violentamente à sua própria imagem e semelhança. "Se o leão tivesse uma consciência", escreve Adorno em *Neggative Dialectics*, "sua fúria contra o antílope que quer comer seria ideologia". Na verdade, Fredric Jameson sugeriu que o gesto fundamental de toda ideologia é exatamente tal oposição binária rígida entre o eu ou o familiar, que é valorizado positivamente, e o não eu ou o alheio, que é empurrado para além das fronteiras da inteligibilidade[1]. O código ético de bem x mal, assim considera Jameson, é então o modelo mais exemplar desse princípio. Para Adorno, portanto, a ideologia é uma forma de "pensamento de identidade" – um estilo veladamente paranoico de racionalidade, que transmuta inexoravelmente a singularidade e a pluralidade das coisas em mero simulacro de si ou que as expulsa para além de suas fronteiras, em um ato de exclusão dominado pelo pânico.

Por isso, o oposto da ideologia não seria a verdade ou a teoria, mas a diferença ou a heterogeneidade. E dessa maneira, assim como de outras, o pensamento de Adorno prefigura notavelmente o dos pós-estruturalistas de nossa época. Diante desse cerceamento conceptual, ele afirma a *não* identidade essencial de pensamento e realidade, do conceito e seu objeto. Supor que a ideia de liberdade é idêntica à medíocre caricatura desta encontrada no mercado capitalista é deixar de perceber que esse objeto não está à altura de seu conceito. De maneira inversa, imaginar que o ser de qualquer objeto pode ser esgotado pelo seu conceito é apagar sua materialidade única, já que os conceitos são inelutavelmente gerais e os objetos teimosamente particulares. A ideologia *homogeneíza* o mundo, igualando espuriamente fenômenos distintos e, assim, desfazer isso exige uma "dialética negativa", que se esforça, talvez impossivelmente, por incluir no pensamento o que é heterogêneo a ele. Para Adorno, o paradigma mais elevado de tal razão negativa é a arte, que fala pelo diferencial e não idêntico, promovendo as afirmações do particular sensual contra a tirania de alguma totalidade única[2].

A identidade, então, aos olhos de Adorno, é a "forma primal" de toda a ideologia. Nossa consciência reificada reflete um mundo de objetos congelados em seu ser monotonamente idêntico e ao nos prender assim ao que é, ao puramente "dado", cega-nos para a verdade de que "o que é, é mais do que é"[3]. Em contraste com boa parte do pensamento pós-estruturalista, porém, Adorno não celebra acriticamente a noção de diferença nem denuncia inequivocamente o princípio de identidade. Apesar de toda a sua angústia paranoica, o princípio de identidade

---

[1]   Ver Frederic Jameson, *The Political Unconscious* (Londres, Methuen, 1981), p. 114-5.
[2]   Ver Theodor Adorno, *Aesthetic Theory* (Londres, Routledge & K. Paul, 1984).
[3]   Theodor Adorno, *Negative Dialectics*, cit., p. 161.

De Adorno a Bourdieu 143

carrega consigo uma tênue esperança de que um dia a reconciliação acontecerá e de que um mundo de puras diferenças seria indistinguível de um mundo de puras identidades. A ideia de utopia viaja entre os dois conceitos: seria, ao invés, uma "conjunção na diversidade"[4]. O objetivo do socialismo é libertar a rica diversidade do valor de uso sensual da prisão metafísica do valor de troca – emancipar a história das equivalências especiosas a ela impostas pela ideologia e pela produção de mercadoria. "A reconciliação", escreve Adorno, "liberaria o não idêntico, livrá-lo-ia da coerção, inclusive da coerção espiritualizada; abriria o caminho para a multiplicidade de coisas diferentes e despiria a dialética de seu poder sobre elas"[5].

Como isso deve acontecer, porém, não é fácil perceber. Pois a crítica da sociedade capitalista exige o uso da razão analítica, e tal razão, para Adorno, pelo menos em alguns de seus estados de espírito, parece intrinsecamente opressiva e reificatória. Na verdade, a própria lógica, que Marx certa vez descreveu como uma "moeda da mente", é um tipo de barganha generalizada ou falsa equalização de conceitos, análoga às trocas do mercado. Uma racionalidade dominadora, então, pode ser revelada apenas com conceitos já irremediavelmente contaminados por ela, e essa mesma proposição, já que obedece as regras da razão analítica, deve estar sempre do lado do domínio. Segundo a *Dialética do esclarecimento* (1947), obra escrita por Adorno e seu colega Max Horkheimer, a razão tornou-se inerentemente violenta e manipuladora, esmagando as particularidades sensuais da natureza e do corpo. Pensar, simplesmente, é ser culpado de cumplicidade com a dominação ideológica; contudo, renunciar inteiramente ao pensamento instrumental seria retornar ao irracionalismo bárbaro.

O princípio de identidade luta por suprimir toda a contradição e para Adorno esse processo foi aperfeiçoado no mundo reificado, burocratizado, administrado do capitalismo avançado. A mesma visão soturna é projetada pelo colega de Adorno na Escola de Frankfurt, Herbert Marcuse, em seu *O homem unidimensional* (1964). A ideologia, em resumo, é um sistema "totalitário" que geriu e processou todos os conflitos sociais até privá-los de existência. Essa tese social não seria apenas algo como uma surpresa para os que efetivamente dirigem o sistema ocidental; ela também parodia toda a noção de ideologia. A escola marxista de Frankfurt, entre cujos membros havia vários refugiados do nazismo, simplesmente projeta o universo ideológico "extremo" do fascismo nas estruturas inteiramente diferentes dos regimes capitalistas liberais. *Toda* ideologia funciona pelo princípio de identidade, extirpando impiedosamente tudo o que é heterogêneo a ela? O que dizer, por exemplo, da ideologia do humanismo liberal, que, por mais especiosa e restrita que seja, tem espaço para variedade, pluralidade, relatividade cultural, particularidade concreta?

---

[4]   Ibidem, p. 150.
[5]   Ibidem, p. 6.

144 Ideologia: uma introdução

Adorno e seus colegas oferecem-nos como ideologia como que um alvo sem substância, à maneira dos teóricos pós-estruturalistas, para quem toda ideologia, sem exceção, baseia-se em absolutos metafísicos e fundamentos transcendentais. As reais condições ideológicas das sociedades capitalistas ocidentais certamente são muito mais misturadas e autocontraditórias, mesclando discursos "metafísicos" e pluralistas em várias medidas. Uma oposição à monótona autoidentidade ("O que seria do azul se todos gostassem do amarelo?"); uma suspeita de reivindicações de verdade absoluta ("Todo mundo tem direito a seu ponto de vista"); uma rejeição de estereótipos redutores ("Aceito as pessoas como são"); uma celebração da diferença ("O mundo seria muito estranho se pensássemos todos do mesmo jeito") são parte do estoque de sabedoria popular do Ocidente e não se ganha politicamente nada caricaturando o antagonista. Opor simplesmente a diferença à identidade, a pluralidade à unidade, o marginal ao central é recair na oposição binária, como sabem perfeitamente os mais sutis desconstrutores. É puro formalismo imaginar que alteridade, heterogeneidade e marginalidade são benefícios políticos absolutos independentemente de seu conteúdo social concreto. Adorno, como vimos, não quer simplesmente substituir a identidade pela diferença, mas sua sugestiva crítica da tirania da equivalência leva-o com muita frequência a "demonizar" o capitalismo moderno como um sistema uniforme, pacificado, autorregulador. Isso, sem dúvida, é o que o sistema *gostaria* que lhe fosse dito, mas certamente seria recebido com certo ceticismo nos corredores de Whitehall e Wall Street.

O filósofo tardio da Escola de Frankfurt, Jürgen Habermas, segue Adorno ao rejeitar o conceito de uma ciência marxista e recusar-se a atribuir qualquer privilégio à consciência do proletariado revolucionário. Mas, enquanto Adorno tem pouco com que se opor ao sistema além da arte e da dialética negativa, Habermas volta-se para os recursos da linguagem comunicativa. A ideologia para ele é uma forma de comunicação sistematicamente distorcida pelo poder – um discurso que se tornou um meio de dominação e que serve para legitimar relações de força organizadas. Para filósofos hermenêuticos como Hans-Georg Gadamer, equívocos e lapsos de comunicação são bloqueios textuais a ser retificados pela interpretação sensível. Habermas, em contraste, chama a atenção para a possibilidade de um sistema discursivo inteiro que está, de certa maneira, deformado. O que falseia tal discurso é o impacto sobre ele de forças extradiscursivas: a ideologia marca o ponto em que a linguagem tem sua forma comunicativa distorcida pelos interesses de poder impingidos a ela. Mas esse cerco da linguagem pelo poder não é apenas uma questão externa: pelo contrário, tal domínio inscreve-se no interior de nossa linguagem, de modo que a ideologia se torna um conjunto de efeitos internos aos próprios discursos particulares.

De Adorno a Bourdieu   145

Se uma estrutura comunicativa é *sistematicamente* distorcida, então tende a apresentar a aparência de normatividade e justiça. Uma distorção tão abrangente tende a cancelar-se inteiramente e a desaparecer de vista – assim como não descreveríamos como desvio ou incapacidade uma condição em que todos mancassem ou engolissem os hh o tempo todo. Uma rede de comunicação sistematicamente deformada tende, assim, a ocultar ou erradicar as próprias normas pelas quais se poderia dizer que *é* deformada e, portanto, torna-se peculiarmente invulnerável à crítica. Nessa situação, torna-se impossível levantar *dentro* da rede a questão de seu funcionamento ou condições de possibilidade, já que, por assim dizer, ela confiscou essas investigações logo no início. As condições históricas de possibilidade do sistema são redefinidas pelo próprio sistema, evaporando-se nele. No caso de uma ideologia "bem-sucedida", um corpo de ideias não é percebido como mais poderoso, legítimo ou persuasivo que outro, mas os próprios fundamentos para escolher racionalmente entre eles foram habilmente removidos, de modo que se torna impossível pensar ou desejar fora dos termos do próprio sistema. Tal formação ideológica curva-se sobre si mesma como o espaço cósmico, negando a possibilidade de qualquer "exterior", impedindo a geração de novos desejos e frustrando os que já temos. Se um "universo do discurso" é verdadeiramente um universo, então não há nenhum ponto de vista para além dele onde possamos encontrar um ponto de apoio para a crítica. Ou, se outros universos são reconhecidos como existentes, então eles são simplesmente definidos como incomensuráveis em relação ao nosso.

Habermas tem a seu favor o fato de não subscrever nenhuma visão distópica fantástica de uma ideologia toda-poderosa que tudo absorve. Se a ideologia é linguagem falseada, então, presumivelmente, devemos ter alguma ideia do que seria um ato comunicativo "autêntico". Como notamos, para ele não se abre o recurso a uma metalinguagem científica que adjudicasse nesse aspecto entre idiomas competidores; portanto, ele tem de extrair de nossas práticas linguísticas a estrutura de alguma "racionalidade comunicativa" subjacente – alguma "situação ideal de discurso", que tremula debilmente através de nossos discursos degradados e que, portanto, pode fornecer uma norma ou modelo regulador para a avaliação crítica destes[6].

A situação ideal de discurso seria uma situação inteiramente livre de dominação, na qual todos os participantes teriam chances simetricamente iguais de selecionar e exibir atos discursivos. A persuasão dependeria apenas da força do melhor argumento, não de retórica, autoridade, sanções coercitivas etc. Esse modelo nada mais é que um dispositivo heurístico ou ficção necessária, mas está implícito, em certo sentido, mesmo em nossos trâmites verbais comuns e irregenerados. Na visão de Habermas, toda linguagem, mesmo as de tipo dominador,

---

6   Ver Jürgen Habermas, *The Theory of Communicative Action* (Boston, Beacon, 1984), 2v.

146 Ideologia: uma introdução

está inerentemente voltada para a comunicação e, assim, tacitamente, para o consenso humano: mesmo quando xingo alguém, espero ser compreendido pois, do contrário, por que desperdiçaria meu fôlego? Nossos atos de fala mais despóticos traem, apesar de si mesmos, os débeis contornos de uma *racionalidade* comunicativa: ao fazer uma elocução, um falante afirma implicitamente que o que diz é inteligível, verdadeiro, sincero e adequado à situação discursiva. (O modo exato como isso se aplica a atos discursivos como piadas, poemas e gritos de alegria não é tão evidente.) Existe, em outras palavras, uma espécie de racionalidade "profunda" embutida nas próprias estruturas de nossa linguagem, independentemente do que dizemos, e é isso que fornece a Habermas a base para uma crítica de nossas práticas verbais efetivas. Num sentido curioso, o próprio *ato* de enunciação pode tornar-se um julgamento normativo do que é enunciado.

Habermas sustenta uma teoria da verdade antes de "consenso" que de "correspondência", ou seja, pensa que a verdade é menos certa adequação entre mente e mundo que uma questão do tipo de asserção que seria aceita por todos que pudessem entrar em diálogo não coagido com o falante. Mas a dominação sociológica e ideológica atualmente proíbe tal comunicação não coagida, e, até podermos transformar essa situação (o que, para Habermas, significaria moldar uma democracia socialista participatória), a verdade, por assim dizer, é inevitavelmente adiada. Se queremos conhecer a verdade, temos de mudar nossa forma de vida política. Assim, a verdade está profundamente ligada à justiça social: minhas pretensões de verdade referem-se a uma condição social alterada onde possam ser "redimidas". É assim que Habermas pode observar que "a verdade dos enunciados está ligada, em última análise, à intenção do bem e da vida verdadeira"[7].

Há uma importante diferença entre esse estilo de pensamento e o dos membros mais antigos da Escola de Frankfurt. Para eles, como vimos, a sociedade, tal como existe, parece inteiramente reificada e degradada, sinistramente bem-sucedida em sua capacidade de "administrar" contradições até privá-las de existência. Essa visão sombria não os impede de discernir alguma alternativa ideal para ela, do tipo que Adorno descobre na arte modernista, mas é uma alternativa com parco fundamento na ordem social dada. É menos uma função dialética dessa ordem que uma solução caída de algum espaço exterior ontológico. Assim, afigura-se como uma forma de "mau" utopismo, tal como oposto ao "bom" utopismo, que busca, de alguma maneira, ancorar o desejável no efetivo. Um presente degradado deve ser pacientemente esquadrinhado em busca dessas tendências que estão indissoluvelmente ligadas a ele e que, não obstante – interpretadas de certa maneira –, podem ser vistas apontando para além dele. É assim que o marxismo,

---

[7] Citado por Thomas McCarthy, *The Critical Theory of Jürgen Habermas* (Londres, Hutchinson, 1978), p. 273.

por exemplo, não é apenas algum tipo de pensamento veleitário, mas uma tentativa de descobrir uma alternativa para o capitalismo latente na própria dinâmica da vida. Para resolver suas contradições estruturais, a ordem capitalista *teria* de transcender-se no socialismo; não é simplesmente uma questão de acreditar que seria agradável para ele fazer isso. A ideia de uma racionalidade comunicativa é outra maneira de assegurar um vínculo interno entre presente e futuro e, portanto, como o próprio marxismo, é uma forma de crítica "imanente". Em vez de julgar o presente da altura olímpica de alguma verdade absoluta, instala-se *dentro* do presente para decifrar as fraturas em que a lógica social dominante pressiona seus próprios limites estruturais e, assim, potencialmente, pode ultrapassar a si mesma. Há um claro paralelo entre tal crítica imanente e o que hoje é conhecido como desconstrução, que, similarmente, busca ocupar um sistema a partir de dentro para expor os pontos de impasse ou indeterminação em que as convenções vigentes começam a desemaranhar-se.

Habermas foi muitas vezes acusado de ser um racionalista e sem dúvida há certa justiça no ataque. Em que extensão é realmente possível, por exemplo, desemaranhar a "força do melhor argumento" dos dispositivos retóricos pelos quais é comunicado, das condições subjetivas em jogo, do jogo de poder e desejo que moldam tais elocuções a partir de dentro? Mas, se um racionalista é alguém que opõe alguma verdade sublimemente desinteressada a meros interesses setoriais, então Habermas certamente não é dessa companhia. Pelo contrário, verdade e conhecimento são para ele "interessados" até às raízes. Precisamos de tipos de conhecimento instrumental porque precisamos controlar nosso ambiente no interesse da sobrevivência. Similarmente, precisamos do tipo de conhecimento moral ou político atingível na comunicação prática porque, sem ele, não poderia haver nenhuma vida social coletiva. "Acredito que posso demonstrar", observa Habermas, "que uma espécie que depende para sua sobrevivência das estruturas da comunicação linguística e de ação cooperativa, propositiva-racional deve *necessariamente* valer-se da razão."[8] O raciocínio, em resumo, é do nosso interesse, fundamentado no tipo de espécie biológica que somos. Do contrário, por que nos incomodaríamos em descobrir o que quer que fosse? Tais interesses "específicos da espécie" movem-se, naturalmente, em um nível altamente abstrato e não nos dirão muita coisa sobre se devemos votar ou não nos conservadores para manter baixas as taxas de juros. Mas, assim como na racionalidade comunicativa, podem, mesmo assim, servir como uma norma política: interesses ideológicos que danificam as estruturas da comunicação prática podem ser julgados inimigos de nossos interesses como um todo. Como diz Thomas McCarthy, temos um interesse prático em "assegurar e expandir possibilidades de compreensão mútua e autocompreensão na condução

---

[8] Citado em Peter Dews (org.), *Habermas: Autonomy and Solidarity* (Londres, Verso, 1986), p. 51.

148 Ideologia: uma introdução

da vida"[9], de modo que um tipo de política é derivável da espécie de animais que somos. Os interesses são *constitutivos* de nosso conhecimento, não apenas (como acreditava o Iluminismo) obstáculos em seu caminho. Mas isso não é negar que existem tipos de interesse que ameaçam nossas exigências fundamentais como espécie e são estes que Habermas denomina "ideológicos".

O oposto da ideologia para Habermas não é exatamente a verdade ou o conhecimento, mas aquela forma particular de racionalidade "interessada" que chamamos *crítica emancipatória*. É de nosso interesse nos livrarmos de restrições desnecessárias ao nosso diálogo comum pois, a menos que o façamos, os tipos de verdade que precisamos estabelecer estarão além de nosso alcance. Uma crítica emancipatória é uma crítica que traz essas restrições institucionais a nossa consciência, e isso só pode ser alcançado pela prática da autorreflexão coletiva. Há certas formas de conhecimento de que precisamos a todo custo para sermos livres, e uma crítica emancipatória como o marxismo ou o freudismo é simplesmente qualquer forma de conhecimento que possa fazê-lo. Nesse tipo de discurso, o "fato" (cognição) e o "valor" (ou interesse) não são realmente separáveis: o paciente da psicanálise, por exemplo, tem interesse em embarcar em um processo de autorreflexão porque, sem esse estilo de cognição, permanecerá aprisionado na neurose ou na psicose. De modo análogo, um grupo ou classe oprimida, como vimos no pensamento de Lukács, tem interesse em compreender sua situação social já que, sem esse autoconhecimento, permanecerá vítima dela.

Essa analogia pode ser seguida um pouco mais. As instituições sociais dominantes são para Habermas, de certo modo, afins dos padrões neuróticos de comportamento, já que enrijecem a vida humana em um conjunto compulsivo de normas e, assim, bloqueiam o caminho da autorreflexão crítica. Em ambos os casos tornamo-nos dependentes de poderes hipostasiados, sujeitos a restrições que, na verdade, são culturais, mas que nos influenciam com toda a inexorabilidade das forças naturais. Os instintos de satisfação que tais instituições frustram são impelidos subterraneamente, no fenômeno que Freud denomina "recalcamento", ou sublimados como visões de mundo metafísicas, sistemas de valores ideais de um tipo ou outro, que ajudam a consolar e a compensar os indivíduos pelas restrições da vida real que devem suportar. Esses sistemas de valores servem assim para legitimar a ordem social, canalizando a dissidência potencial em formas ilusórias, e isso, num resumo extremo, é a teoria freudiana de ideologia. Habermas, como o próprio Freud, esforça-se para enfatizar que essas visões de mundo idealizadas não são *apenas* ilusões: por mais distorcidamente que seja, emprestam voz a desejos humanos genuínos e, assim, escondem um âmago utópico. O que agora só podemos sonhar sempre pode ser realizado em algum futuro

---

[9] Thomas McCarthy, *The Critical Theory of Jürgen Habermas*, cit., p. 56.

emancipado, à medida que o desenvolvimento tecnológico libere os indivíduos da compulsão do trabalho.

Habermas considera a psicanálise um discurso que busca emancipar-nos da comunicação sistematicamente distorcida e que, portanto, partilha terreno comum com a crítica da ideologia. O comportamento patológico, no qual nossas palavras desmentem nossas ações, é, assim, mais ou menos equivalente às "contradições performativas" da ideologia. Assim como o neurótico pode negar veementemente um desejo que, não obstante, manifesta-se de forma simbólica no corpo, uma classe dominante pode proclamar sua crença na liberdade apesar de obstruí-la na prática. Interpretar esses discursos deformados significa não apenas traduzi-los em outros termos mas reconstruir suas condições de possibilidade e explicar o que Habermas denomina "as condições genéticas do não significado"[10]. Não é suficiente, em outras palavras, reordenar um texto distorcido: em vez disso, precisamos explicar as causas da própria distorção. Como Habermas, com desusado vigor, formula o argumento: "As mutilações [do texto] têm sentido como tais"[11]. Não é apenas uma questão de decifrar uma linguagem acidentalmente afligida por equívocos, ambiguidades e não significados; é antes uma questão de explicar as forças em funcionamento, das quais essas obscuridades textuais são um efeito necessário. "As rupturas no texto", escreve Habermas, "são lugares onde prevaleceu forçosamente uma interpretação que é alheia ao ego, embora produzida pelo eu ... O resultado é que o ego necessariamente engana a si mesmo a respeito de sua identidade na estrutura simbólica que produz conscientemente"[12].

Analisar uma forma de comunicação sistematicamente distorcida, seja sonho ou ideologia, é, assim, revelar como suas lacunas, repetições, elisões e equívocos são significantes. Como formula Marx em *Teorias da mais-valia*: "As contradições de Adam Smith são significativas porque contêm problemas que, é verdade, ele não resolve mas que revela ao contradizer-se"[13]. Se podemos desnudar as condições sociais que "forçam" um discurso particular em certas ilusões e disfarces, podemos igualmente examinar os desejos reprimidos que introduzem distorções no comportamento de um paciente neurótico ou no texto de um sonho. A psicanálise e a "crítica da ideologia", em outras palavras, concentram-se nos pontos em que ocorre a intersecção de *significado* e *força*. Na vida social, a mera atenção ao significado, como na hermenêutica, deixará de revelar os interesses de poder

---

[10] Ibidem, p. 201.
[11] Jürgen Habermas, *Knowledge and Human Interests* (Cambridge, Polity, 1987), p. 217. O relato de Habermas sobre Freud foi, a meu ver, com justiça, criticado como excessivamente racionalista.
[12] Ibidem, p. 227.
[13] Karl Marx, *Theories of Surplues Value* (Moscou, Progress, s.d.), v. 1, p. 147 [ed. bras.: *Teorias da mais-valia*, Rio de Janeiro, Bertrand Brasil, s.d.].

150 Ideologia: uma introdução

ocultos pelos quais esses significados são moldados internamente. Na vida física, uma mera concentração no que Freud chama o "conteúdo manifesto" do sonho nos cegará para o "trabalho de sonho", em que as forças do inconsciente operam mais sub-repticiamente. Tanto o sonho como a ideologia, nesse sentido, são textos "dobrados", conjunturas de signos e poder, de modo que aceitar uma ideologia pelo seu valor manifesto seria como deixar-se enganar pelo que Freud denomina "revisão secundária", a versão mais ou menos coerente do texto do sonho que o sonhador revela ao acordar. Em ambos os casos, *o que* é produzido deve ser compreendido em termos das suas condições de produção, e nessa medida, o próprio argumento de Freud tem muito em comum com *A ideologia alemã*. Se os sonhos ocultam motivações inconscientes em roupagem simbólica, assim fazem também os textos ideológicos.

Isso sugere mais uma analogia entre a psicanálise e o estudo da ideologia que o próprio Habermas não explora adequadamente. Freud descreve o sintoma neurótico como uma "formação de compromisso", já que em sua estrutura convivem tensamente duas forças antagônicas. Por um lado, existe o desejo inconsciente que busca expressão, por outro, há o poder censor do ego, que luta para empurrar esse desejo de volta ao inconsciente. O sintoma neurótico, como o texto do sonho, portanto, revela e oculta simultaneamente. Mas, podemos afirmar, o mesmo fazem as ideologias, que não podem ser reduzidas a meros "disfarces". A ideologia de classe média de liberdade e autonomia individual não é uma mera ficção: pelo contrário, significou em seu tempo uma vitória política real sobre um feudalismo brutalmente repressivo. Ao mesmo tempo, porém, serve para mascarar a opressividade genuína da sociedade burguesa. A "verdade" de tal ideologia, como no sintoma neurótico, não se encontra nem na revelação nem no ocultamento apenas, mas na unidade contraditória que compõem. Não é simplesmente uma questão de retirar algum disfarce exterior para expor a verdade, não mais do que a autoilusão de um indivíduo é apenas um "disfarce" que ele assume. Antes, é o fato de que o que é revelado ocorre em termos do que é ocultado e vice-versa.

Os marxistas muitas vezes falam de "contradições ideológicas", assim como de "contradições na realidade" (embora esta segunda maneira de falar faça muito sentido, é um pomo de discórdia entre eles). Pode-se então pensar que as contradições ideológicas de certo modo "refletem" ou "correspondem a" contradições na própria sociedade. Mas a situação é, na verdade, mais complexa do que isso sugere. Suponhamos que exista uma contradição "real" na sociedade capitalista entre a liberdade burguesa e seus efeitos opressivos. Também se pode dizer que o discurso ideológico da liberdade burguesa é contraditório, mas isso não exatamente porque reproduz as contradições "reais" em questão. Em vez disso, a ideologia tenderá a representar o que é positivo em tal liberdade, mascarando, reprimindo ou deslocando seus corolários odiosos, e esse trabalho de mascarar ou reprimir, como no sintoma neurótico, provavelmente afetará, a partir de dentro, o que é genuinamente articulado. Pode-se afirmar, então, que a natureza ambígua, autocontraditória da ideologia origina-se justamente do fato de ela *não* reproduzir com autenticidade a contradição real; na verdade, se realmente o fizesse, poderíamos até mesmo hesitar em chamar "ideológico" esse discurso.

Há um paralelo final entre a ideologia e o distúrbio psíquico que podemos examinar por um instante. Um padrão neurótico de comportamento, na visão de Freud, não é simplesmente *expressivo* de algum problema subjacente, mas, na verdade, uma maneira de lidar com ele. É assim que Freud pode falar da neurose como o tremular confuso de uma solução para seja o que for que estiver errado. O comportamento neurótico é uma *estratégia* para manejar, abranger e "resolver" conflitos genuínos, mesmo que os resolva de maneira imaginária. O comportamento não é apenas um reflexo passivo desse conflito, mas uma forma ativa, ainda que confusa, de combatê-lo. O mesmo pode ser dito das ideologias, que não são meros subprodutos inertes das contradições sociais, mas estratégias engenhosas para contê-las, administrá-las e resolvê-las imaginariamente. Étienne Balibar e Pierre Macherey argumentam que as obras de literatura não "tomam" simplesmente as contradições ideológicas em bruto e emprestam-lhes alguma resolução simbólica factícia. Se tais resoluções são possíveis é porque as contradições em questão já foram sub-repticiamente processadas e transformadas, de modo a aparecerem na obra literária *na forma* de sua dissolução potencial[14]. O argumento pode ser aplicado ao discurso ideológico como tal, que *trabalha* sobre os conflitos que procura vencer, "suavizando-os", mascarando-os e deslocando-os como o trabalho de sonho modifica e transmuta "conteúdos latentes" do próprio sonho. Pode-se, portanto, atribuir à linguagem da ideologia algo dos recursos empregados pelo inconsciente em seus respectivos trabalhos sobre suas "matérias-primas": condensação, deslocamento, elisão, transferência de afeição, considerações de representabilidade simbólica etc. E o objetivo desse trabalho, em ambos os casos, é remodelar um problema na forma de sua solução potencial.

Qualquer paralelo entre a psicanálise e a crítica da ideologia deve ser necessariamente imperfeito. Em primeiro lugar, o próprio Habermas tende, de modo racionalista, a menosprezar a dimensão em que a cura psicanalítica ocorre menos por meio da autorreflexão que pelo drama da transferência entre paciente e analista. E não é fácil pensar em uma analogia política precisa para isso. Em segundo lugar, como assinalou Russel Keat, a emancipação trazida pela psicanálise é uma questão de relembrar ou "abrir caminho" por entre materiais reprimidos, ao passo que a ideologia não é tanto uma questão do que *esquecemos* mas do que,

---

[14] Ver Étienne Balibar e Pierre Macherey, "On Literature as an Ideological Form" em Robert M. Young (org.), *Untying the Text* (Londres, Routledge & Kegan Paul, 1981).

152 Ideologia: uma introdução

para começar, nunca conhecemos[15]. Podemos notar, finalmente, que na visão de Habermas o discurso dos neuróticos é uma espécie de idioma simbólico privatizado que se desprendeu da comunicação pública, ao passo que a "patologia" da linguagem ideológica pertence inteiramente ao domínio público. A ideologia, como Freud poderia ter dito, é uma espécie de psicopatologia da vida cotidiana – um sistema de distorção tão generalizado que se neutraliza inteiramente e apresenta toda a aparência de normalidade.

Ao contrário de Lukács, Theodor Adorno tem pouco tempo para a noção de consciência reificada, a qual, ele suspeita, é residualmente idealista. A ideologia, para ele, assim como para o Marx tardio, não é, em primeiro lugar, uma questão de consciência, mas das estruturas materiais da troca de mercadorias. Habermas também considera uma ênfase primária na consciência como pertencente a uma "filosofia do sujeito" ultrapassada e volta-se, em vez disso, para o que vê como o campo mais fecundo do discurso social.

O filósofo marxista francês Louis Althusser é igualmente arredio à doutrina da reificação, embora por razões consideravelmente diferentes das de Adorno[16]. Aos olhos de Althusser, a reificação, como sua companheira, a alienação, pressupõe alguma "essência humana", que então sofre a alienação, e como Althusser é um marxista rigorosamente "anti-humanista", renunciando a toda ideia de uma "humanidade essencial", não pode fundar sua teoria da ideologia sobre tais conceitos "ideológicos". Tampouco, porém, pode baseá-la na noção alternativa de uma "visão de mundo", pois, se Althusser é anti-humanista, é igualmente anti-historicista, cético quanto a toda concepção de um "sujeito de classe" e firme em sua crença de que a ciência do materialismo histórico é inteiramente independente da consciência de classe. O que faz, então, é derivar uma teoria da ideologia, de impressionante poder e originalidade, a partir de uma combinação da psicanálise lacaniana e das características menos obviamente historicistas da obra de Gramsci, e é essa teoria que pode ser encontrada em seu célebre ensaio "Ideologia e aparelhos ideológicos de Estado", assim como em fragmentos dispersos de seu volume *Pour Marx*[17].

Althusser sustenta que todo pensamento é conduzido nos termos de uma "problemática" inconsciente, que o sustenta silenciosamente. Uma problemática, algo

---

[15] Russel Keat, *The Politics of Social Theory* (Oxford, Blackwell, 1981), p. 178.

[16] Para excelentes comentários sobre o pensamento de Althusser, ver Alex Callinicos, *Althusser's Marxism* (Londres, Pluto, 1976); Ted Benton, *The Rise and Fall of Structural Marxism* (Londres, Macmillan, 1984); e Gregory Elliott, *Althusser: The Detour of Theory* (Londres, Verso, 1987).

[17] O ensaio "Ideology and Ideological State Apparatuses" pode ser encontrado em Louis Althusser, *Lenin and Philosophy* (Londres, New Left Books, 1971).

como a *episteme* de Michel Foucault, é uma organização particular de categorias que, em qualquer momento histórico dado, constitui os limites do que podemos exprimir e conceber. Uma problemática não é em si "ideológica": inclui, por exemplo, os discursos da verdadeira ciência, que, para Althusser, está livre de toda mácula ideológica. Mas podemos falar da problemática *de* uma ideologia específica ou conjunto de ideologias, e fazê-lo é referir-se a uma estrutura subjacente de categorias organizadas de modo a excluir a possibilidade de certas concepções. Uma problemática ideológica gira em torno de certos silêncios e elisões eloquentes e é construída de tal modo que as questões possíveis dentro dela já pressupõem certos tipos de resposta. Sua estrutura fundamental, assim, é fechada, circular e autoconfirmadora: onde quer que se ande dentro dela, acaba-se sempre voltando ao que é seguramente conhecido, do qual o desconhecido é meramente uma extensão ou repetição. As ideologias nunca podem ser agarradas de surpresa, já que, como um conselho que conduz uma testemunha a um tribunal, indicam o que vale como resposta aceitável na própria forma de suas questões. Uma problemática científica, por contraste, é caracterizada por seu caráter aberto: pode ser "revolucionada" à medida que novos temas científicos surgem e um novo horizonte de questões se abre. A ciência é um empreendimento autenticamente exploratório, ao passo que as ideologias dão a aparência de avançar enquanto marcham teimosamente sem sair do lugar.

Em uma manobra controvertida no marxismo ocidental[18], Althusser insiste em uma distinção rigorosa entre "ciência" (significando, entre outras coisas, a teoria marxista) e "ideologia". Aquela não deve ser apenas compreendida à moda historicista como a "expressão" desta; pelo contrário, a ciência ou teoria é um tipo específico de trabalho, com seus próprios protocolos e procedimentos, distinta da ideologia pelo que Althusser chama uma "ruptura epistemológica". Ao passo que o marxismo historicista sustenta que a teoria é validada ou invalidada pela prática histórica, Althusser sustenta que as teorias sociais, como a matemática, são verificadas por métodos puramente internos. As proposições teóricas são verdadeiras ou falsas a despeito de quem as sustenta para quais razões históricas e a despeito das condições históricas que lhes dão origem.

Tal oposição absoluta entre ciência e ideologia encontra poucos defensores hoje e está claramente aberta a um leque de críticas válidas. Dividir o mundo ao meio entre ciência e ideologia é esvaziar toda a área que chamamos consciência "prática" – enunciados como "está chovendo" ou "quer uma carona?", que não são científicos nem (em nenhum sentido especificamente útil do termo) ideológicos.

---

[18] Para um comentário fulgurante sobre o marxismo ocidental, ver Perry Anderson, *Considerations on Western Marxism* (Londres, NLB, 1976) [ed. bras.: *Considerações sobre o marxismo ocidental/ Nas trilhas do materialismo histórico*, São Paulo, Boitempo, no prelo].

154 Ideologia: uma introdução

Em um retorno ao racionalismo iluminista, Althusser, na verdade, iguala a oposição entre ciência e ideologia à de verdade e erro – embora em seus *Essays in Self-Criticism* ele reconheça a natureza "teoricista" de sua manobra[19]. Há várias razões por que essa homologia não funciona. Primeiro, a ideologia, como vimos, não é apenas errônea, e, como Barry Barnes assinala, os interesses ideológicos de um tipo dúbio podem eles mesmos promover o avanço do conhecimento científico. (Barnes cita o caso da escola de estatística de Karl Pearson, que envolvia alguma teoria eugênica meio sinistra, mas conduziu a um trabalho científico de valor)[20]. Em segundo lugar, a própria ciência é um processo incessante de ensaio e erro. Nem toda a ideologia é erro, e nem todo erro é ideológico. Uma ciência pode servir a funções ideológicas, como Marx achava que faziam as obras dos primeiros economistas políticos, e como Lênin achava que a ciência marxista era a ideologia do proletariado revolucionário. Marx certamente julgava científico o trabalho dos economistas políticos burgueses, capaz de penetrar, até certo ponto, as aparências da sociedade capitalista, mas também achava que era inibido em pontos cruciais por interesses ideológicos e, portanto, era científico e ideológico ao mesmo tempo. A ciência, com certeza, não é *redutível* à ideologia: é difícil ver a pesquisa sobre o pâncreas como nada mais que uma expressão de interesses burgueses ou a topologia algébrica como auxiliar na legitimação do estado capitalista. Mas, apesar de tudo isso, está profundamente marcada pela ideologia e inserida na ideologia – no sentido mais neutro do termo, como toda uma maneira socialmente determinada de ver ou, às vezes, no sentido mais pejorativo de mistificação. Na moderna sociedade capitalista, o que é ideológico na ciência não é apenas esta ou aquela hipótese particular, mas todo o fenômeno social da própria ciência. A ciência como tal – o triunfo de maneiras tecnológicas, instrumentais de ver o mundo – atua como uma parte importante da legitimação ideológica da burguesia, que é capaz de traduzir questões morais e políticas em questões técnicas solucionáveis pelos cálculos de especialistas. Não é preciso negar o conteúdo cognitivo genuíno de boa parte do discurso científico para afirmar que a ciência é um potente mito moderno. Assim, Althusser está errado ao ver toda a ideologia, como ocasionalmente a vê, como um corpo "pré-científico" de preconceitos e superstições, com o qual a ciência efetua uma ruptura sobrenaturalmente completa.

É importante, mesmo assim, combater certas caricaturas comuns desse argumento. Em seu ensaio central sobre a ideologia, Althusser não está argumentando que a ideologia é, de algum modo, inferior ao conhecimento teórico; não é uma espécie menor, mais confusa de conhecimento, mas, estritamente falando, não

---

[19] Ver Louis Althusser, *Essays in Self-Criticism* (Londres, NLB, 1976), p. 119.
[20] Ver Barry Barnes, *Knowledge and the Growth of Interests* (Londres, Routledge & Kegan Paul, 1977), p. 41.

é nenhuma espécie de conhecimento. A ideologia, como vimos no capítulo 1, denota para Althusser mais o domínio das "relações vividas" que a cognição teórica, e sugerir que tais relações vividas são inferiores ao conhecimento científico não faz mais sentido que afirmar que sentir o sangue ferver é, de algum modo, inferior a medir a pressão sanguínea de alguém. A ideologia não é uma questão de verdade ou falsidade, não mais do que sorrir ou assobiar o são. A ciência e a ideologia são simplesmente registros diferentes do ser, radicalmente incomensuráveis um ao outro. Não há nenhuma sugestão *nessa* formulação de que a ideologia seja um fenômeno negativo, não mais do que a própria "experiência". Escrever um tratado marxista sobre a política do Oriente Médio seria para Althusser um projeto científico, mas não necessariamente mais importante que o ato ideológico de gritar "abaixo os imperialistas!" e, em algumas circunstâncias, poderia ser bem menos.

A distinção althusseriana entre ciência e ideologia é uma distinção epistemológica, não sociológica. Althusser não está afirmando que uma elite enclausurada de intelectuais tem o monopólio da verdade absoluta, enquanto as massas se debatem em um lamaçal ideológico. Pelo contrário, um intelectual de classe média pode muito bem viver mais ou menos inteiramente dentro da esfera da ideologia, enquanto um operário com consciência de classe pode ser um excelente teórico. Atravessamos o tempo todo a fronteira entre teoria e ideologia: uma mulher pode gritar palavras de ordem feministas em uma passeata pela manhã (para Althusser, uma prática ideológica) e escrever um ensaio sobre a natureza do patriarcado à tarde (uma atividade teórica). Tampouco é teoricista a posição de Althusser, sustentando que a teoria existe por direito próprio. Para ele, como para qualquer marxista, a teoria existe primariamente pela prática política; apenas, a seu ver, sua verdade ou falsidade não é *determinada* por essa prática, e esta, como forma de trabalho com suas próprias condições materiais de existência, deve ser vista como distinta dela.

Além disso, se os métodos da investigação teórica são peculiares a ela, seus materiais não o são. A teoria trabalha, entre outras coisas, sobre a ideologia, e, no caso do materialismo histórico, isso significa a experiência política efetiva da classe operária, com a qual – tanto para Althusser, como para Lênin – o teórico deve aprender incessantemente. Finalmente, embora a teoria seja a garantia de sua própria verdade, não é um tipo de dogmatismo metafísico. O que distingue uma proposição científica de uma ideológica é que a primeira sempre pode estar *errada*. Uma hipótese científica é uma hipótese que, em princípio, sempre pode ser considerada falsa, ao passo que é difícil perceber como é possível considerar falsa uma exclamação como "recuperem a noite!" ou "viva a pátria!"

Althusser, então, não é exatamente o austero sumo sacerdote do terrorismo teórico caricaturado por um enfurecido E. P. Thompson em *The Poverty of*

156 Ideologia: uma introdução

Theory[21]. Em seu trabalho posterior, Althusser modifica o absolutismo da antítese ciência/ideologia, argumentando que o próprio Marx foi capaz de dar início a seus trabalhos científicos apenas depois de assumir uma "posição proletária" na política[22]. Mas, com isso, ele não renuncia ao preconceito cientificista de que, estritamente falando, apenas o discurso científico conta como conhecimento real, e não abandona sua afirmação de que o próprio conhecimento não é histórico, em nenhum sentido. Althusser recusa-se a reconhecer que as próprias categorias com as quais pensamos são produtos históricos. Uma coisa é rejeitar a alegação historicista de que a teoria é simplesmente uma "expressão" de condições históricas – uma alegação que tende a suprimir a especificidade dos procedimentos teóricos. Outra coisa é sustentar que a teoria é inteiramente independente da história ou afirmar que é inteiramente autovalidadora. O pensamento mágico e a teologia escolástica são ambos corpos de doutrina rigorosos, internamente coerentes, mas Althusser, presumivelmente, não desejaria colocá-los no mesmo nível do materialismo histórico.

Há uma diferença entre sustentar que as circunstâncias históricas condicionam totalmente nosso conhecimento e acreditar que a validade que nossa verdade reivindica é simplesmente *redutível* a nossos interesses históricos. O segundo caso, como veremos no próximo capítulo, é realmente o de Friedrich Nietzsche, e, embora a alegação de Althusser sobre o conhecimento e a história esteja tão longe da de Nietzsche quanto se possa imaginar, há um sentido irônico em que suas principais teses sobre a ideologia devem algo a sua influência. Para Nietzsche, toda ação humana é um tipo de ficção: presume algum agente humano coerente, autônomo (o que Nietzsche considera uma ilusão), sugere que as crenças e suposições pelas quais agimos estão solidamente fundamentadas (o que, para Nietzsche, não é o caso), e supõe que os efeitos de nossas ações possam ser calculados racionalmente (aos olhos de Nietzsche, outra triste ilusão). A ação para Nietzsche é uma simplificação excessiva, enorme, embora necessária, da inescrutável complexidade do mundo, que, portanto, não pode coexistir com a reflexão. Agir significa reprimir ou suspender a reflexão, sofrer certa amnésia ou esquecimento autoinduzido. As "verdadeiras" condições de nossa existência, então, devem estar necessariamente ausentes da consciência no momento da ação. Essa ausência, por assim dizer, é antes estrutural e determinada que uma mera questão de omissão – mais ou menos como, para Freud, o conceito de inconsciente significa que as forças que determinam nosso ser não podem, por definição, figurar em nossa consciência. Tornamo-nos agentes conscientes apenas em virtude de certa ausência, repressão

---

[21] Ver Edward Thompson, "The Poverty of Theory: Or an Orrery of Errors", em *The Poverty of Theory* (Londres, Monthly Review, 1978).

[22] Louis Althusser, *Essays in Self-Criticism*, cit., p. 121.

ou omissão, que nenhuma quantidade de autorreflexão crítica pode sanar. O paradoxo do animal humano é que ele passa a existir como sujeito apenas com base na repressão esmagadora das forças que o produziram.

A antítese althusseriana de teoria e ideologia procede, *grosso modo*, segundo estas linhas. Pode-se arriscar, em uma formulação preliminar, toscamente aproximada, que a teoria e a prática estão em conflito para Nietzsche porque ele alimenta uma suspeita irracionalista quanto à primeira, e que são eternamente discrepantes para Althusser porque ele nutre um preconceito racionalista contra a segunda. Para Althusser, toda ação, inclusive a insurreição socialista, é levada a cabo na esfera da ideologia; como veremos em breve, é apenas a ideologia que empresta ao sujeito humano a coerência ilusória, provisória, suficiente para que se torne um agente social prático. Do ponto de vista sombrio da teoria, o sujeito não tem absolutamente nenhuma autonomia ou consistência: é meramente o produto "excessivamente determinado" desta ou daquela estrutura social. Mas, como se essa verdade fosse conservada na mente de modo estável não sentiríamos vontade de sair da cama, ela deve desaparecer de nossa consciência "prática". Eé nesse sentido que o sujeito, para Althusser e para Freud, é o produto de uma estrutura que deve necessariamente ser reprimida no próprio momento da "subjetivação".

Pode-se apreciar, então, por que, para Althusser, teoria e prática devem sempre estar em conflito, de uma maneira escandalosa para o marxismo clássico, que insiste na relação dialética entre as duas. Mas é mais difícil perceber exatamente o que essa discrepância *significa*. Afirmar que não se pode agir e teorizar simultaneamente pode ser como dizer que você não pode tocar a *Sonata ao luar* e analisar sua estrutura musical ao mesmo tempo, ou que você não pode estar consciente das regras gramaticais que governam seu discurso no calor da elocução. Mas isso não é mais significativo do que dizer que é impossível comer banana e tocar gaita de fole simultaneamente; não tem absolutamente nenhuma *importância* filosófica. Com certeza é muito diferente de sustentar, à Nietzsche, que toda ação implica uma ignorância necessária de suas próprias condições capacitadoras. O problema com *essa* alegação, pelo menos para um marxista, é que ela parece excluir a possibilidade da prática teoricamente informada, que, para Althusser, como leninista ortodoxo, seria muito difícil abandonar. Afirmar que sua prática é teoricamente informada não é, está claro, o mesmo que imaginar que você pode dedicar-se a uma intensa atividade teórica no exato momento em que está fechando os portões da fábrica para impedir a polícia de entrar. O que deve acontecer, então, é que uma compreensão teórica realmente se concretiza na prática, mas apenas, por assim dizer, por meio da retransmissão da ideologia – das "ficções vividas" dos atores envolvidos. E essa será uma forma de compreensão radicalmente diferente da do teórico em seu estudo, já que envolve, como para Althusser, um elemento inescapável de reconhecimento errôneo.

158   Ideologia: uma introdução

O que é reconhecido erroneamente na ideologia não é primariamente o mundo, já que a ideologia para Althusser não é absolutamente uma questão de deixar de conhecer a realidade. A interpretação errônea em questão é essencialmente um *auto*rreconhecimento errôneo, que, na verdade, é um efeito da dimensão "imaginária" da existência humana. "Imaginário", neste caso, não significa "irreal", mas "próprio de uma imagem": a alusão é ao ensaio de Jacques Lacan "O estádio do espelho como formativo da função do eu", no qual ele argumenta que o bebê, confrontado com sua própria imagem em um espelho, tem um instante de reconhecimento errôneo e jubiloso de seu próprio estado efetivo, fisicamente descoordenado, imaginando seu corpo como mais unificado do que realmente é[23]. Nessa condição imaginária, não se estabeleceu ainda nenhuma distinção real entre sujeito e objeto; o bebê identifica sua própria imagem, sentindo-se simultaneamente dentro e diante do espelho, de modo que sujeito e objeto fluem incessantemente para dentro e para fora um do outro em um circuito fechado. Na esfera ideológica, similarmente, o sujeito humano transcende seu verdadeiro estado de difusão ou descentramento e encontra uma imagem de si mesmo, consoladoramente coerente, refletida no "espelho" de um discurso ideológico dominante. Armado com tal eu imaginário, que, para Lacan, envolve uma alienação do sujeito, ele é então capaz de atuar de maneiras socialmente adequadas.

A ideologia, portanto, pode ser resumida como "uma representação das relações imaginárias dos indivíduos com suas condições reais de existência". Na ideologia, escreve Althusser, "os homens realmente expressam, não a relação entre eles e suas condições de existência, mas *a maneira* como vivem a relação entre eles e suas condições de existência: isso pressupõe uma relação real e uma relação *imaginária, vivida*... Na ideologia, a relação real é inevitavelmente investida na relação imaginária"[24]. A ideologia existe apenas no sujeito humano e por meio dele, e dizer que o sujeito habita o imaginário é afirmar que refere compulsivamente o mundo a si mesmo. A ideologia é centrada no sujeito ou "antropomórfica": ela nos faz ver o mundo como, de certa forma, naturalmente orientado para nós mesmos, espontaneamente "dado" ao sujeito, e o sujeito, inversamente, sente-se uma parte natural da realidade, reclamada e exigida por ela. Por meio da ideologia, observa Althusser, a sociedade nos "interpela" ou "saúda", parece nos destacar como unicamente valorosos e se dirige a nós pelo nome. Promove a ilusão de que não poderia sobreviver sem nós, como podemos imaginar o bebê crendo que, se

---

[23]   O ensaio de Lacan pode ser encontrado em seus *Écrits* (Londres, Tavistock, 1977). [ed. bras.: *Escritos*, São Paulo, Perspectiva, 1978]. Ver também Frederic Jameson, "Imaginary and Symbolic in Lacan", *Yale French Studies*, n. 55/56, 1977.

[24]   Louis Althusser, *For Marx* (Londres, Allen Lane, 1969), p. 233-4 [ed. bras.: *A favor de Marx*, Rio de Janeiro, Zahar, 1979].

ele desaparecesse, o mundo também desapareceria. Ao nos "identificar" assim, acenando para nós pessoalmente do meio da multidão de indivíduos e benignamente voltando sua face para nós, a ideologia nos dá existência como sujeitos individuais.

Tudo isso, do ponto de vista da ciência marxista, é, na verdade, uma ilusão, já que a triste verdade da questão é que a sociedade absolutamente não precisa de mim. Pode precisar de *alguém* para cumprir meu papel no processo de produção, mas não há razão para que essa pessoa particular seja eu. A teoria tem consciência do segredo de que a sociedade não tem nenhum "centro", não sendo mais que uma montagem de "estruturas" e "regiões", e tem consciência igualmente de que o sujeito humano é descentrado da mesma maneira, o mero "portador" dessas várias estruturas. Mas, para que a vida social propositada funcione, essas verdades desagradáveis devem ser mascaradas no registro do imaginário. Portanto, o imaginário, em certo sentido, é claramente falso: esconde de nossos olhos o modo como sujeitos e sociedades efetivamente funcionam. Mas não é falso no sentido de ser mero engodo arbitrário, já que é uma dimensão inteiramente indispensável da existência social, tão essencial quanto a política ou a economia. E também não é falso na medida em que são investidas nele as maneiras *reais* como vivemos as relações com nossas condições sociais.

Há vários problemas lógicos ligados a essa teoria. Para começar, como o ser humano individual reconhece e reage à "interpelação" que o torna um sujeito se já não for um sujeito? A reação, o reconhecimento, a compreensão não são faculdades subjetivas, de modo que alguém já teria de ser um sujeito para tornar-se um? Nessa medida, absurdamente, o sujeito teria de preceder sua própria existência. Cônscio desse enigma, Althusser argumenta que somos, na verdade, sujeitos "sempre-já", mesmo no útero: nossa vinda, por assim dizer, sempre esteve preparada. Mas se isso é verdade, então é difícil saber o que fazer de sua insistência no "momento" da interpelação, a menos que isso seja uma simples ficção conveniente. E parece estranho sugerir que somos sujeitos "centrados" mesmo quando embriões. Além disso, a teoria atira-se de cabeça em todos os dilemas de qualquer noção de identidade baseada na autorreflexão. Como pode o sujeito reconhecer sua imagem no espelho como ele mesmo se, de certo modo, já não se reconhece? Não há nada óbvio ou natural em alguém olhar para um espelho e concluir que a imagem vista é a sua. Não parece existir aqui uma necessidade de um terceiro sujeito, superior, que compararia o sujeito real com seu reflexo e estabeleceria que um é verdadeiramente idêntico ao outro? E como esse sujeito superior veio a identificar a si mesmo?

A teoria da ideologia de Althusser envolve pelo menos duas leituras equivocadas cruciais dos escritos psicanalíticos de Jacques Lacan – o que não é de surpreender, dado o obscurantismo sibilino deste. Para começar, o sujeito imaginário de Althusser realmente corresponde ao *ego* lacaniano, que, para a teoria psicanalítica,

160 Ideologia: uma introdução

é meramente a ponta do *iceberg* do eu. Para Lacan, é o ego que é constituído no imaginário como entidade unificada; o sujeito "como um todo" é o efeito partido, carente, desejoso do inconsciente, que, para Lacan, pertence à ordem "simbólica", assim como à imaginária. O desfecho dessa leitura equivocada, então, é tornar o sujeito de Althusser muito mais estável que o de Lacan, já que o ego todo composto coloca-se aqui diante do amarrotado inconsciente. Para Lacan, a dimensão imaginária de nosso ser é perfurada e atravessada pelo desejo insaciável, o que sugere um sujeito um tanto mais volátil e turbulento que as entidades serenamente centradas de Althusser. As implicações políticas dessa leitura errônea são claras: expulsar o desejo do sujeito é emudecer seu clamor potencialmente rebelde, ignorando as maneiras pelas quais pode conquistar seu lugar reservado na ordem social apenas ambígua e precariamente. Althusser, na verdade, produziu uma ideologia do ego em vez de uma ideologia do sujeito humano, e é endêmico certo pessimismo político nessa representação errônea. Correspondendo a essa percepção equivocada do sujeito "pequeno" ou individual está uma interpretação tendenciosa do Sujeito "grande", os significantes ideológicos com que o indivíduo se identifica. Na leitura de Althusser, esse sujeito parece mais ou menos equivalente ao superego freudiano, o poder censor que nos mantém obedientemente em nosso lugar; na obra de Lacan, porém, esse papel é desempenhado pelo "Outro", que significa algo como todo o campo da linguagem e do inconsciente. Já que esse, na visão de Lacan, é um terreno notoriamente elusivo e traiçoeiro, no qual nada permanece exatamente em seu lugar, as relações entre ele e o sujeito individual são muito mais férteis e delicadas do que parece sugerir o modelo de Althusser[25]. Mais uma vez, as implicações políticas dessa má compreensão são pessimistas: se o poder que nos sujeita é singular e autoritário, mais como o superego freudiano do que como o oscilante, autodividido Outro de Lacan, as chances de oposição a ele parecem realmente remotas.

Se o sujeito de Althusser fosse tão dividido, desejoso e instável como o de Lacan, então o processo de interpelação poderia afigurar-se como um caso mais fortuito e contraditório do que é na verdade. "A experiência demonstra", escreve Althusser com solene banalidade, "que a telecomunicação prática de interpelações é tal que praticamente não erram de homem: chamado verbal ou assobio, o interpelado sempre reconhece que é realmente ele quem está sendo interpelado"[26]. O fato de que os amigos de Louis Althusser nunca se equivocaram quanto a esse ruidoso e alegre cumprimento na rua é apresentado como indício irrefutável de que o negócio da interpelação ideológica é invariavelmente um sucesso. Mas é mesmo? E se respondermos: "Desculpe, mas você me confundiu com outra pessoa"? Que

---

[25] Ver Collin MacCabe, "On Discourse", *Economy and Society*, v. 8, n. 3, ago. 1979.
[26] Louis Althusser, *Lenin and Philosophy*, cit., p. 174.

temos de ser interpelados como *algum* tipo de sujeito é evidente: a alternativa, para Lacan, será sair inteiramente da ordem simbólica e cair na psicose. Mas não há razão para que devamos aceitar sempre a identificação de nós pela sociedade como esse tipo *particular* de sujeito. Althusser simplesmente funde a necessidade de alguma identificação "geral" e a nossa submissão a papéis sociais específicos. Existem, afinal, muitas maneiras diferentes de sermos "interpelados", e algumas exclamações alegres, gritos e assobios podem nos parecer mais atraentes que outros. Alguém pode ser mãe, metodista, operária e sindicalista o tempo todo e ao mesmo tempo, e não há razão para supor que essas várias formas de inserção na ideologia serão mutuamente harmônicas. O modelo de Althusser é muito monista, ignora as maneiras discrepantes e contraditórias como os sujeitos podem ser ideologicamente abordados – parcialmente, inteiramente ou de maneira nenhuma – por discursos que não formam eles mesmos nenhuma unidade coesiva evidente.

Como argumentou Peter Dews, a exclamação com que o Sujeito nos interpela sempre deve ser *interpretada*, e não há garantia de que o faremos da forma "adequada"[27]. Como posso ter certeza do que está sendo exigido de mim, de que *eu* estou sendo chamado, de que o Sujeito identificou-me corretamente? E como, para Lacan, nunca posso estar inteiramente presente como um "sujeito total" em nenhuma de minhas reações, como pode meu assentimento à interpelação ser tido como "autêntico"? Além disso, se a resposta do Outro a mim está ligada a minha resposta a ele, como argumentaria Lacan, então a situação torna-se ainda mais precária. Ao buscar o reconhecimento do Outro, sou conduzido por esse mesmo desejo a reconhecê-lo erroneamente, compreendendo-o no modo imaginário; assim, o fato de que há desejo em funcionamento aqui – um fato que Althusser negligencia – significa que nunca posso compreender inteiramente o Sujeito e seu chamado como realmente são, assim como ele nunca pode realmente saber se reagi "verdadeiramente" a sua invocação. Na obra do próprio Lacan, o Outro significa apenas essa natureza finalmente inescrutável de todos os sujeitos individuais. Nenhum outro *particular* pode fornecer-me a confirmação de identidade que estou procurando, já que meu desejo por tal confirmação sempre irá "além" dessa figura, e escrever o outro como Outro é a maneira de Lacan sinalizar essa verdade.

O caráter politicamente sombrio da teoria de Althusser é evidente em sua própria concepção de como o sujeito emerge no ser. A palavra "sujeito" significa literalmente "o que se encontra embaixo", no sentido de um fundamento último, e, ao longo de toda a história da filosofia, existiram inúmeros candidatos a essa função. É apenas no período moderno que o sujeito individual se torna, nesse sentido, fundador. Mas é possível, com um jogo de palavras, fazer "o que se encontra embaixo" significar "o que é mantido embaixo", e parte da teoria althusseriana da

---

[27]   Peter Dews, *Logics of Disintegration* (Londres, Verso, 1987), p. 78-9.

162 Ideologia: uma introdução

ideologia gira em torno desse conveniente escorregão verbal. Ser "sujeitificado" é ser "sujeitado": tornamo-nos sujeitos humanos "livres", "autônomos", justamente submetendo-nos obedientemente ao Sujeito, ou Lei. Assim que "internalizamos" essa Lei, que a tornamos inteiramente nossa, começamos a agir espontânea e inquestionavelmente. Vamos para o trabalho, comenta Althusser, "por nossa conta", sem necessidade de supervisão coercitiva constante, e é essa lamentável condição que reconhecemos erroneamente como liberdade. Nas palavras do filósofo que se encontra por trás de toda a obra de Althusser – Baruch Espinosa –, homens e mulheres "lutam por sua escravidão como se estivessem lutando por sua liberdade" (Prefácio ao *Tractatus Theologico-Politicus*). O modelo por trás desse argumento é a sujeição do ego freudiano ao superego, fonte de toda a consciência e autoridade. A liberdade e a autonomia, então, parecem ser meras ilusões: significam simplesmente que a Lei está tão profundamente inscrita em nós, tão intimamente de acordo com nosso desejo, que a consideramos erradamente como nossa própria livre iniciativa. Mas esse é apenas um lado da narrativa freudiana. Para Freud, como veremos depois, o ego se rebelará contra seu senhor autoritário se suas exigências tornarem-se insuportáveis; e o equivalente político desse momento seria a insurreição ou a revolução. A liberdade, em resumo, pode transgredir a própria Lei da qual é efeito, mas Althusser sustenta um silêncio sintomático a respeito desse corolário mais esperançoso de seu argumento. Para ele, assim como, ainda mais evidentemente, para Michel Foucault, a própria subjetividade parece ser apenas uma forma de autoencarceramento, e a questão quanto à origem da resistência política deve, assim, permanecer obscura. É esse estoicismo diante de um poder que tudo permeia ou do inescapável encerramento metafísico que fluirá para a corrente do pós-estruturalismo.

Existe, então, uma nota inegavelmente pessimista em toda a concepção althusseriana de ideologia, um pessimismo que Perry Anderson identificou como uma característica permanente do marximo ocidental como tal[28]. É como se a sujeição à ideologia, que nos torna sujeitos individuais, fosse assegurada antes mesmo de ocorrer. Ela funciona, assim diz Althusser, "na vasta maioria dos casos, com a exceção dos 'maus sujeitos', que, de vez em quando, provocam a intervenção de um dos destacamentos dos aparelhos (repressivos) do Estado"[29]. Um ano antes de Althusser publicar essas palavras, esses "maus sujeitos" um mero aparte neste texto – estiveram perto de derrubar o Estado francês, no turbilhão político de 1968. Ao longo de todo o seu ensaio sobre "A ideologia e os aparelhos ideológicos

---

[28]   Ver Perry Anderson, *Considerations on Western Marxism*, cit., cap. 4.
[29]   Louis Althusser, *Lenin and Philosophy*, cit., p. 181.

de Estado" há uma tensão notável entre duas versões inteiramente diferentes do tópico[30]. Por outro lado, ele reconhece de vez em quando que qualquer investigação sobre a ideologia deve começar a partir das realidades da luta de classes. O que ele chama os aparelhos ideológicos de Estado – escola, família, Igreja, veículos de comunicação e todo o resto – são locais de tais conflitos, teatros de confrontação entre as classes sociais. Tendo sublinhado esse ponto, porém, o ensaio parece esquecer-se dele, desviando-se para o que é realmente uma descrição funcionalista da ideologia como o que ajuda a "cimentar" a formação social e adapta os indivíduos às suas exigências. Essa alegação deve algo a Gramsci, mas está também a apenas um passo das doutrinas corriqueiras da sociologia burguesa. Depois de passar por cima da natureza inerentemente conflitiva da ideologia por cerca de trinta páginas, o ensaio abruptamente reposiciona sua perspectiva em um pós-escrito de última hora. Existe, em outras palavras, um hiato entre o que Althusser afirma a respeito da natureza *política* dos aparelhos ideológicos – que são campos da luta de classes – e uma noção "sociológica" de ideologia que é muito mais neutra politicamente.

Um enfoque funcionalista das instituições sociais reduz sua complexidade material à condição de meros sustentáculos de outras instituições, colocando sua significação fora de si mesmas, e tal visão é muito evidente na argumentação de Althusser. Pois é difícil perceber que as escolas, igrejas, famílias e veículos de comunicação são *meramente* estruturas ideológicas, sem nenhum outro propósito que apoiar o poder dominante. As escolas podem ensinar a responsabilidade cívica e a saudação à bandeira, mas também ensinar as crianças a ler e escrever e, às vezes, a amarrar os sapatos, o que, presumivelmente, também seria necessário em uma ordem socialista. Seria uma agradável surpresa para Sua Santidade, o Papa, saber que a Igreja na América Latina nada mais é que um sustentáculo do poder imperial. A televisão dissemina valores burgueses, mas também nos diz como fazer *curry* ou se pode chover amanhã e, ocasionalmente, transmite programas muito embaraçosos para o governo. A família é uma arena de opressão, e não menos para mulheres e crianças, mas ocasionalmente oferece tipos de valor e relacionamento que estão em conflito com o mundo brutalmente indiferente do capitalismo monopolista. Todas essas instituições, em resumo, são internamente contraditórias, servindo a diferentes fins sociais, e embora Althusser lembre-se disso às vezes, reprime-o com a mesma rapidez. Nem todos os aspectos de tais aparelhos são ideológicos o tempo todo: é enganador pensar na "superestrutura" ideológica como um domínio fixo de instituições que operam de maneira invariável[31].

---

[30] Uma discrepância notada por Jacques Rancière em seu "On the Theory of Ideology – Althusser's Politics", em R. Edgley e P. Osborne (org.), *Radical Philosophy Reader* (Londres, Verso, 1985).

[31] Ver, de minha autoria, "Base and Superstructure in Raymond Williams", em Terry Eagleton (org.), *Raymond Williams: Critical Perspectives* (Cambridge, Polity, 1989).

164 Ideologia: uma introdução

Na visão de Althusser, essas instituições são funcionais *para* a "base" econô-mica da sociedade. Seu papel principal é equipar os sujeitos com as formas de consciência necessárias para que assumam seus "postos" ou funções na produção material. Mas esse é certamente um modelo de ideologia muito economístico e "tecnicista", como Althusser, em seu pós-escrito, claramente percebeu. Ele não deixa nenhum espaço para ideologias que não sejam de classe, como o racismo e o sexismo, e mesmo em termos de classe é drasticamente redutor. As ideologias políticas, religiosas e outras de uma sociedade não se esgotam em suas funções na vida econômica. A teoria althusseriana de ideologia parece pular do econô-mico para o psicológico com um mínimo de mediação. Também sofre de certo viés "estruturalista": é como se a divisão social do trabalho fosse uma estrutura de lugares aos quais fossem automaticamente atribuídas formas particulares de consciência, de modo que ocupar um local fosse assumir espontaneamente o tipo de subjetividade adequada a ele. Que isso achata a real complexidade da consci-ência de classe, além de ignorar seu entrelaçamento com ideologias não de classe, certamente está claro. E, como se não bastasse tudo isso, Althusser foi até mesmo acusado, ironicamente, de cometer o erro humanista de igualar todos os sujeitos a sujeitos humanos pois, juridicamente falando, companhias e autoridades locais também podem ser sujeitos.

Sejam quais forem suas falhas e limites, a explicação de ideologia de Althusser representa um dos mais importantes avanços desse campo no pensamento mar-xista moderno. A ideologia agora não é apenas uma distorção ou reflexo falso, uma tela que se coloca entre nós e a realidade ou um efeito automático da produção de mercadorias. É um veículo indispensável à produção de sujeitos humanos. Entre os vários modos de produção de qualquer sociedade existe um cuja tarefa é a pro-dução das próprias formas de subjetividade, e isto é tão material e historicamente variável quanto a produção de barras de chocolate ou automóveis. A ideologia não é primariamente uma questão de "ideias": é uma estrutura que se impõe a nós sem necessariamente ter de passar pela consciência. Vista psicologicamente, é menos um sistema de doutrinas articuladas que um conjunto de imagens, símbolos e, ocasionalmente, conceitos que "vivem" em um plano inconsciente. Vista socio-logicamente, consiste em um leque de práticas materiais ou rituais (votar, saudar, ajoelhar-se etc.) que sempre estão inseridas em instituições materiais. Althusser herda de Gramsci essa noção da ideologia mais como conduta habitual do que como pensamento consciente, mas leva a alegação a um extremo quase beha-viorista ao afirmar que as ideias do sujeito "*são* suas ações materiais inseridas em práticas materiais governadas por rituais materiais que são eles mesmos definidos pelo aparelho ideológico material"[32]. Não se elimina a consciência simplesmente

---

[32] Louis Althusser, *Lenin and Philosophy*, cit., p. 169 (itálico meu).

pela repetição hipnótica da palavra "material". Na verdade, na esteira da obra de Althusser, esse termo rapidamente decaiu a mero gesto com um significado grosseiramente inflado. Se *tudo* é "material", mesmo a despeito de si, então a palavra perde toda a força discriminatória. A insistência de Althusser na materialidade da ideologia – o fato de que é sempre uma questão de práticas e instituições concretas – é uma valiosa correção da largamente inefável "consciência de classe" de György Lukács, mas também resulta de uma hostilidade estruturalista à consciência como tal. Esquece que a ideologia é uma questão de significado e que o significado não é material no sentido em que sangrar ou gritar o são. É verdade que a ideologia é menos uma questão de ideias que de sentimentos, imagens, reações impulsivas, mas as ideias muitas vezes figuram nela de modo importante, como é evidente nas "ideologias teóricas" de Aquino e Adam Smith.

Se o termo "material" é indevidamente inflado nas mãos de Althusser, o mesmo acontece com o próprio conceito de ideologia. Ele se torna, na verdade, idêntico à experiência vivida, mas é com certeza duvidoso se toda a experiência vivida pode ser proveitosamente descrita como ideológica. Ampliado dessa maneira, o conceito ameaça perder toda referência política precisa. Se amar a Deus é ideológico, então, presumivelmente, gostar de gorgonzola também o é. Uma das afirmações mais controvertidas de Althusser – que a ideologia é "eterna" e existirá mesmo na sociedade comunista – decorre logicamente desse sentido expandido da palavra. Pois, como existirão sujeitos humanos e experiência vivida, no comunismo também deverá existir ideologia. A ideologia, Althusser declara, não tem história – uma formulação adaptada de *A ideologia alemã*, mas atrelada a fins inteiramente diversos. Embora seu conteúdo seja, naturalmente, variável, seus mecanismos estruturais permanecem constantes. Nesse sentido, é análoga ao inconsciente freudiano: todo mundo sonha diferente, mas as operações do "trabalho de sonho" permanecem constantes de um lugar ou tempo para outro. É difícil perceber como poderíamos determinar que a ideologia é imutável em seus dispositivos básicos, mas um indício revelador contra essa afirmação é o fato de Althusser oferecer uma teoria *geral* da ideologia que, pode-se argumentar, é específica da época burguesa. A ideia de que nossa liberdade e autonomia encontram-se submissas à Lei tem suas origens na Europa iluminista. Em que sentido um escravo ateniense considerava-se livre, autônomo e unicamente individualizado é uma questão que Althusser deixa por responder. Se os sujeitos ideológicos funcionam "por si mesmos", então alguns parecem fazê-lo mais do que outros.

Assim, como os pobres, a ideologia está sempre conosco; na verdade, o escândalo das teses de Althusser a favor do marxismo ortodoxo é que ele efetivamente sobreviverá a elas. A ideologia é uma estrutura essencial à vida de todas as sociedades históricas, que a "secretam" organicamente; e as sociedades pré-revolucionárias não seriam diferentes nesse aspecto. Mas o pensamento de Althusser, para

166 Ideologia: uma introdução

começar, desliza por três visões inteiramente diferentes quanto aos motivos para o funcionamento da ideologia. O primeiro deles, como vimos, é essencialmente político: a ideologia existe para manter homens e mulheres nos lugares a eles designados na sociedade de classes. Portanto, a ideologia, *nesse* sentido, não perduraria quando as classes fossem abolidas; mas a ideologia em seu significado mais funcionalista ou sociológico claramente sim. Em uma ordem social sem classes, a ideologia levaria a cabo sua tarefa de adaptar homens e mulheres às exigências da vida social: ela é "indispensável, em qualquer sociedade, para que os homens sejam formados, transformados e equipados para reagir às exigências de suas condições de existência"[33]. Tal caso, como vimos, decorre logicamente desse sentido, de certa forma, dubiamente ampliado do termo; mas há também outro motivo para que a ideologia persista na sociedade pós-classes que não está inteiramente em concordância com isso. A ideologia será necessária em tal futuro, como é necessária agora, por causa da inevitável complexidade e opacidade dos processos sociais. A esperança de que no comunismo tais processos pudessem tornar-se transparentes à consciência humana é denunciada por Althusser como um erro humanista. As operações da ordem social como um todo podem ser conhecidas apenas na teoria; no que diz respeito à vida prática dos indivíduos, a ideologia é necessária para prové-los de uma espécie de "mapa" imaginário da totalidade social, de modo que possam encontrar seu caminho nela. Esses indivíduos, é claro, também podem ter acesso a um conhecimento científico da formação social, mas não podem exercitar esse conhecimento no calor e poeira da vida cotidiana.

Essa alegação, podemos notar, introduz um elemento ainda não examinado no debate sobre a ideologia. A ideologia, assim diz o argumento, origina-se de uma situação em que a vida social tornou-se complexa demais para ser compreendida como um todo pela consciência cotidiana. Assim, existe a necessidade de um modelo imaginário desta, o qual terá algo da relação excessivamente simplificadora com a realidade social que um mapa tem com o terreno real. Trata-se de uma alegação que remonta pelo menos a Hegel, para quem a Grécia antiga era uma sociedade imediatamente transparente como um todo para todos os seus membros. No período moderno, porém, a divisão de trabalho, a fragmentação da vida social e a proliferação de discursos especializados expulsaram-nos desse alegre jardim, de modo que as ligações ocultas da sociedade podem ser conhecidas apenas pela razão dialética do filósofo. A sociedade, na terminologia do século XVIII, tornou-se "sublime": é um objeto que não pode ser *representado*. Para que o povo como um todo encontre seu caminho dentro dela é essencial construir um mito que traduzirá o conhecimento teórico em termos mais pitorescos, imediatos. "Devemos ter uma nova mitologia", escreve Hegel,

---

[33] Louis Althusser, *For Marx*, cit., p. 235.

mas essa mitologia deve estar a serviço das Ideias; deve ser uma mitologia da *Razão*. Até expressarmos as Ideias esteticamente, isto é, mitologicamente, elas não têm nenhum interesse para o *povo*, e, inversamente, até a mitologia ser racional, o filósofo deve envergonhar-se dela. Assim, no final, esclarecidos e não esclarecidos devem dar-se as mãos: a mitologia deve tornar-se filosófica para tornar o povo racional, e a filosofia deve tornar-se mitológica para tornar os filósofos sensíveis.[34]

Uma visão de ideologia de certo modo análoga pode ser encontrada na obra do antropólogo Clifford Geertz. Em seu ensaio "A ideologia como sistema cultural", Geertz argumenta que as ideologias surgem apenas quando os fundamentos lógicos para um modo de vida desabaram, talvez sob a pressão do deslocamento político. Agora incapaz de recorrer a um sentimento espontâneo da realidade social, os indivíduos nessas novas condições precisam de um "mapa simbólico" ou conjunto de "imagens persuasivas" para ajudá-los a traçar seu caminho na sociedade e orientá-los para a ação com propósito. A ideologia surge, em outras palavras, quando a política torna-se autônoma ante as sanções míticas, religiosas ou metafísicas e deve ser cartografada de maneiras mais explícitas, sistemáticas[35].

O mito de Hegel, então, é a ideologia de Althusser, pelo menos em uma de suas versões. A ideologia adapta os indivíduos a suas funções sociais provendo-as de um modelo imaginário do todo, adequadamente esquematizado e ficcionalizado para seus propósitos. Como esse modelo é antes simbólico e afetivo que austeramente cognitivo, ele pode fornecer motivações para a ação que uma mera compreensão teórica não poderia. Os homens e mulheres comunistas do futuro precisarão de tal ficção capacitadora exatamente como os outros, mas, enquanto isso, na sociedade de classes, ela serve à função adicional de ajudar a frustrar o discernimento do sistema social, reconciliando assim os indivíduos com suas posições nele. A função de "mapa imaginário" da ideologia, em outras palavras, cumpre um papel político e um papel sociológico no presente; uma vez que a exploração tenha sido derrotada, a ideologia continuará a viver em sua função puramente "sociológica", e a mistificação cederá lugar ao *mítico*. A ideologia, em certo sentido, ainda será falsa, mas sua falsidade não estará mais a serviço de interesses dominantes.

Sugeri que a ideologia não é um termo pejorativo para Althusser, mas essa afirmação agora exige certa qualificação. Seria mais exato dizer que seus textos são simplesmente incoerentes nesse aspecto. Há ocasiões em sua obra em que

---

[34] Citado por Jonathan Rée, *Philosophical Tales* (Londres, 1985), p. 59.

[35] Clifford Geertz, "Ideology as a Cultural System", em *The Interpretation of Cultures* (Nova York, Basic Books, 1978) [ed. bras.: *A interpretação das culturas*, Rio de Janeiro, Zahar, 1978]. Stuart Hall também adota esta versão de ideologia em seu "The Problem of Ideology" em Betty Matthews (org.), *Marx: A Hundred Years On* (Londres, Lawrence & Wishart, 1983).

168 Ideologia: uma introdução

fala explicitamente da ideologia como falsa e ilusória, *pace* os comentaristas que consideram que ele tenha rompido inteiramente com tais noções epistemológicas[36]. Os mapeamentos imaginários das ficções ideológicas são falsos do ponto de vista do conhecimento teórico, no sentido de que realmente compreendem a sociedade de maneira errada. Portanto, nesse caso, não se trata simplesmente de uma questão de *auto*conhecimento errôneo, como vimos no caso do sujeito imaginário. Por outro lado, essa falsidade é absolutamente indispensável e desempenha uma função social vital. Assim, embora a ideologia seja falsa, ela não o é *pejorativamente*. Só precisamos protestar quando tal falsidade está atrelada ao propósito de reproduzir relações sociais exploradoras. Não há necessidade da implicação de que, na sociedade pós-revolucionária, os homens e mulheres comuns não estarão equipados com uma compreensão teórica da totalidade social; mas essa compreensão não pode ser "vivida"; portanto, também nesse caso, a ideologia é essencial. Em outros momentos, porém, Althusser escreve como se termos como "verdadeiro" e "falso" fossem inteiramente inaplicáveis à ideologia, já que ela não é sequer um tipo de conhecimento. A ideologia implica sujeitos, mas, para Althusser, o conhecimento é um processo "sem sujeitos", de modo que a ideologia, por definição, deve ser não cognitiva. É mais uma questão de experiência que de discernimento, e, aos olhos de Althusser, seria um erro empirista crer que a experiência poderia dar origem ao conhecimento. A ideologia é uma visão da realidade centrada no sujeito e, no que diz respeito à teoria, toda a perspectiva da subjetividade, inevitavelmente, compreende as coisas de maneira errada, enxergando o que, na verdade, é um mundo sem centro segundo um ponto de vista ilusoriamente "centrado". Mas, embora a ideologia, portanto, seja falsa quando enxergada do ponto de vista externo à teoria, ela não é falsa "em si" – pois essa inclinação subjetiva no mundo é uma questão antes de relações vividas que de proposições controvertíveis.

Outra maneira de formular o argumento é dizer que Althusser oscila entre uma visão *racionalista* e uma visão *positivista* da ideologia. Para a mente racionalista, ideologia significa erro, em oposição à verdade da ciência ou razão; para a positivista, apenas certas espécies de enunciados (científicos, empíricos) são verificáveis e outros – prescrições morais, por exemplo – nem ao menos são candidatos ao julgamento de verdade/falsidade. A ideologia às vezes é vista como errada e às vezes nem ao menos proposicional o suficiente para estar errada. Quando Althusser relega a ideologia ao falso "outro" do verdadeiro conhecimento, fala como um racionalista; quando rejeita a ideia de que, digamos, as elocuções morais sejam em algum sentido cognitivas, escreve como um positivista. Uma tensão de

---

[36] Ver o ensaio não publicado de Althusser de 1969, "Théorie, Pratique Théorique et Formation Théorique, Idéologie et Lutte Idéologique", citado por Gregory Elliot, *Althusser*, cit., p. 172-4.

certo modo similar pode ser observada na obra de Émile Durkheim, para o qual, em *As regras do método sociológico*, a ideologia é simplesmente uma obstrução irracional ao conhecimento científico, mas que, em *As formas elementares da vida religiosa*, vê a religião como um conjunto essencial de representações coletivas da solidariedade social.

A ideologia para Althusser é uma de três "regiões" ou "instâncias" – as outras duas são a econômica e a política – que juntas constituem uma formação social. Cada uma dessas regiões é relativamente autônoma em relação às outras, e, no caso da ideologia, isso permite a Althusser navegar entre um economismo da ideologia, que a reduziria a um reflexo da produção material, e um idealismo da ideologia, que a consideraria como inteiramente desvinculada da vida social.

Essa insistência em uma descrição não redutora da ideologia é característica do marxismo ocidental como um todo, na sua reação incisiva ao economismo de seus precursores do século XIX, mas também é uma posição imposta à teoria marxista pela história política do século XX. Pois é impossível compreender um fenômeno como o fascismo sem observar a prioridade extraordinariamente elevada que atribui às questões ideológicas – uma prioridade que às vezes pode estar em desacordo com as exigências políticas e econômicas do sistema fascista. No auge do esforço de guerra nazista, as mulheres eram proibidas de trabalhar nas fábricas com base em fundamentos ideológicos, e a chamada "solução final" eliminou muitos indivíduos cujas habilidades poderiam ter sido úteis aos nazistas, além de imobilizar força de trabalho e recursos que poderiam ser utilizados em outra parte. Mais tarde, uma prioridade similarmente alta é atribuída à ideologia por um movimento político inteiramente diferente: o feminismo. Parece não haver nenhuma maneira de deduzir a opressão das mulheres meramente dos imperativos da produção material, por mais indubitavelmente entrelaçada que esteja com tais questões. Ao longo de toda a década de 1970, então, a atração do althusserianismo teve muito a ver com o espaço que parecia se abrir aos movimentos políticos emergentes de natureza não classista. Veremos mais tarde que esse valioso afastamento de um marxismo redutor às vezes terminou em uma completa rejeição da classe social.

Em seu *Political Power and Social Classes*, o teórico althusseriano Nicos Poulantzas transporta a distinção de Althusser entre "regiões" sociais para o campo da própria ideologia. A ideologia pode ser dividida em várias "instâncias" – moral, política, jurídica, religiosa, estética, econômica etc. –, e em qualquer formação ideológica dada uma dessas instâncias será tipicamente dominante, assegurando, assim, a unidade dessa formação. No feudalismo, por exemplo, é a ideologia religiosa que predomina, ao passo que no capitalismo a instância jurídico-política

170 Ideologia: uma introdução

ocupa o primeiro plano. Que "nível" de ideologia é dominante será determinado primariamente por aquele que mascarar com mais eficácia as realidades da exploração econômica.

Uma característica distintiva da ideologia burguesa, argumenta Poulantzas, é a ausência em seu discurso de qualquer traço da dominação de classes. A ideologia feudal, por contraste, é muito mais explícita quanto a tais relações de classe, mas as justifica como natural ou religiosamente fundamentadas. A ideologia burguesa, em outras palavras, é a forma de discurso dominador que se apresentaria como inteiramente inocente do poder – assim como o Estado burguês tende a oferecer-se como se representasse os interesses gerais da sociedade como um todo, mais do que como um aparelho opressor. Na ideologia burguesa, sustenta Poulantzas, essa dissimulação do poder assume uma forma específica: o ocultamento dos interesses políticos por trás da máscara da *ciência*. Os pensadores do fim das ideologias que aplaudiram a suposta transição de uma racionalidade "metafísica" para uma "tecnológica" estão, portanto, simplesmente endossando o que era endêmico na ideologia burguesa. Tais ideologias, assim diz Poulantzas, são notáveis por sua falta de apelo ao sagrado ou transcendental; em vez disso, pedem para ser aceitas como um corpo de técnicas científicas.

Entre os teóricos contemporâneos, essa visão da ideologia burguesa como um discurso radicalmente "pé no chão" ganhou campo considerável. Para Raymond Boudon, as ideologias são doutrinas baseadas em teorias científicas espúrias; são, resumindo, má ciência[37]. Dick Howard argumenta que a ideologia é uma questão da "lógica de valor imanente ao capitalismo": o capitalismo não exige nenhuma legitimação transcendental, mas, em certo sentido, é sua própria ideologia[38]. Alvin Gouldner define a ideologia como "a mobilização das massas de projetos públicos pela via da retórica e do discurso racional", e a vê lutando para fechar a lacuna entre os interesses privados e o bem público. "A ideologia", escreve Gouldner, "acarretou, assim, a emergência de um novo modo de discurso político, um discurso que buscasse a ação, mas que não a buscasse meramente invocando a autoridade ou a tradição, ou por meio apenas da retórica emotiva. Era um discurso previsto na ideia de fundamentar a ação política na teoria secular e racional"[39]. Assim, na visão de Gouldner a ideologia envolve uma ruptura com concepções religiosas ou mitológicas, e um argumento similar é proposto por Claude Lefort, para quem a ideologia renuncia a todo apelo a valores espirituais e busca ocultar as divisões sociais apenas em termos seculares[40]. Jürgen Habermas afirma que as

---

[37] Raymond Boudon, *The Analysis of Ideology* (Oxford, 1989), parte 1.
[38] Dick Howard, *The Politics of Critique* (Londres, 1989), p. 178.
[39] Alvin Gouldner, *The Dialectics of Ideology and Technology* (Londres, Macmillan, 1976), p. 30.
[40] Ver John B. Thompson, *Studies in the Theory of Ideology*, cit., p. 34.

De Adorno a Bourdieu   171

ideologias "substituem as legitimações de poder tradicionais aparecendo no manto da ciência moderna e derivando sua justificação da crítica da ideologia (no sentido de sistemas metafísicos)"[41]. Nessa medida, não pode haver nenhuma ideologia pré-burguesa: a ideologia como fenômeno nasce com a época burguesa, como parte orgânica de suas tendências secularizantes, racionalizantes.

Por mais sugestivo que possa ser esse argumento, ele certamente é muito unilateral. A ideologia dominante hoje na Grã-Bretanha, por exemplo, abrange elementos "racionais" e tradicionalistas: apelos à eficiência técnica por um lado, a adulação da monarquia por outro. A sociedade mais pragmática e tecnocrática do mundo – os Estados Unidos – é também uma das mais puramente "metafísicas" em seus valores ideológicos, invocando solenemente Deus, Liberdade e Nação. O homem de negócios justifica sua atividade no escritório por critérios "racionais" antes de retornar aos sagrados rituais do lar. Na verdade, quanto mais aridamente utilitária uma ideologia dominante é, mais se buscará refúgio na retórica compensadora de tipo "transcendental". Não é incomum que o bem-sucedido autor de ficção barata acredite nos mistérios insondáveis da criação artística. Ver a ideologia simplesmente como uma alternativa ao mito e à metafísica é perder de vista uma importante contradição das modernas sociedades capitalistas. Pois tais sociedades ainda sentem a necessidade de legitimar suas atividades no altar dos valores transcendentais, e não menos nos religiosos, ao mesmo tempo em que minam continuamente a credibilidade dessas doutrinas com suas práticas impiedosamente racionalizadoras. A "base" do capitalismo moderno, assim, está até certo ponto em conflito com sua "superestrutura". Uma ordem social para a qual a verdade significa cálculo pragmático continua a agarrar-se a verdades eternas; uma forma de vida que, ao dominar a Natureza, expulsa todo o mistério do mundo ainda invoca o sagrado.

É difícil saber o que a burguesia pode fazer a respeito dessa dissonância. Se renunciasse a todos os gestos metafísicos, extraindo legitimação de sua conduta social efetiva, correria o risco de desacreditar-se; mas, contanto que se agarre a significados transcendentais, a discrepância entre elas e sua prática cotidiana será dolorosamente evidente. O dilema geralmente é resolvido por uma espécie de pensamento duplo: quando escutamos falar de liberdade, justiça e o caráter sagrado do indivíduo, acreditamos e não acreditamos que tal conversa vá fazer alguma diferença no que realmente fazemos. Sustentamos fervorosamente que tais valores são preciosos; também acreditamos que, como o homem disse, quando a religião começa a interferir em nossa vida cotidiana é hora de renunciar a ela.

O pensamento de Althusser sobre ideologia é de uma escala razoavelmente grandiosa, girando em torno de conceitos "globais" como o Sujeito e os aparelhos

---

[41]   Jürgen Habermas, *Towards a Rational Society* (Boston, Beacon, 1970), p. 99.

172 Ideologia: uma introdução

ideológicos de Estado, ao passo que o sociólogo francês Pierre Bourdieu está mais preocupado em examinar os mecanismos pelos quais a ideologia toma conta da vida cotidiana. Para lidar com esse problema, Bourdieu desenvolve em seu *Outline of a Theory of Practice* (1977) o conceito de *habitus*, com o qual designa a inculcação nos homens e mulheres de um conjunto de disposições duráveis que geram práticas particulares. É porque os indivíduos na sociedade agem de acordo com tais sistemas internalizados – o que Bourdieu chama o "inconsciente cultural" – que podemos explicar como suas ações podem ser objetivamente regulamentadas e harmonizadas sem ser, em nenhum sentido, o resultado de obediência consciente a regras. Por meio dessas disposições estruturadas, as ações humanas podem receber unidade e coerência sem nenhuma referência a uma intenção consciente. Na própria "espontaneidade" de nosso comportamento habitual, então, reproduzimos certas normas e valores profundamente tácitos, e o *habitus*, assim, é o relé ou mecanismo de transmissão pelo qual as estruturas morais e sociais encarnam-se na atividade social diária. O *habitus*, como a própria linguagem humana, é um sistema aberto que capacita os indivíduos a lidar com situações imprevistas, sempre mutáveis; assim, é um "princípio gerador de estratégias" que permite antes uma inovação incessante que um projeto rígido.

O termo ideologia não é particularmente central na obra de Bourdieu, mas se o *habitus* é relevante para o conceito é porque tende a induzir nos agentes sociais aspirações e ações compatíveis com as exigências objetivas de suas circunstâncias sociais. Em sua forma mais forte, rejeita todos os outros modos de desejo e comportamento como simplesmente impensáveis. O *habitus*, assim, é "história transformada em natureza" e para Bourdieu é por meio dessa conjugação do subjetivo e do objetivo, do que nos sentimos espontaneamente dispostos a fazer e do que nossas condições sociais exigem de nós, que o poder se consolida. Uma ordem social procura naturalizar sua arbitrariedade por meio dessa dialética de aspirações subjetivas e estruturas objetivas, definindo cada uma em termos da outra, de modo que a condição "ideal" seria aquela em que a consciência dos agentes teria os mesmos limites que o sistema objetivo que lhe dá origem. O reconhecimento da legitimidade, afirma Bourdieu, "é o reconhecimento errôneo da arbitrariedade".

O que Bourdieu chama *doxa* pertence ao tipo de ordem social estável, tradicional, em que o poder é inteiramente naturalizado e inquestionável, de modo que nenhum arranjo social diferente do presente pode sequer ser imaginado. Nesse caso, por assim dizer, sujeito e objeto fundem-se até tornarem-se indistinguíveis. O que importa em tais sociedades é o que "não é preciso dizer", que é determinado pela tradição, e a tradição é sempre "silenciosa", a menos como tradição. Qualquer desafio a tal *doxa* é então *heterodoxia*, contra a qual a ordem deve afirmar suas pretensões em uma nova *ortodoxia*. Tal ortodoxia difere da *doxa* no sentido de que os guardiões da tradição, do que não é preciso dizer, são agora obrigados a falar em sua defesa e, assim, a apresentarem-se implicitamente como apenas mais uma posição entre outras.

A vida social contém muitos *habitus* diferentes, cada sistema adequado ao que Bourdieu denomina um "campo". Um campo, argumenta ele em *Questiones de Sociologie* (1980), é um sistema competitivo de relações sociais que funciona segundo sua lógica interna, composto de instituições ou indivíduos que competem pelo mesmo objetivo. O que geralmente está em jogo em tal campo é a conquista de domínio máximo dentro deles – um domínio que permite aos que o conquistam conferir ou retirar legitimidade dos outros participantes. Alcançar tal domínio envolve o acúmulo do máximo de "capital simbólico" adequado ao campo, e, para que tal poder se torne "legítimo", deve deixar de ser reconhecido pelo que é. Um poder endossado tacitamente, mais do que explicitamente, é um poder que conseguiu legitimar-se.

Qualquer campo social é necessariamente estruturado por um conjunto de regras não enunciadas para o que pode ser dito ou percebido validamente dentro dele, e essas regras, portanto, operam como um modo do que Bourdieu denomina "violência simbólica". Como a violência simbólica é legítima, geralmente não é reconhecida *como* violência. Trata-se, como observa Bourdieu em *Outline of a Theory of Practice*, "a forma suave, invisível de violência, que nunca é reconhecida como tal e que não é tanto sofrida, mas escolhida, a violência de crédito, confiança, obrigação, lealdade pessoal, hospitalidade, presentes, gratidão, piedade"[42]. No campo da educação, por exemplo, a violência simbólica opera não tanto porque o professor fala "ideologicamente" com seus alunos, mas porque o professor é percebido como tendo a posse de uma quantia de "capital cultural" que os estudantes precisam adquirir. O sistema educacional, portanto, contribui para reproduzir a ordem social dominante não tanto pelos pontos de vista que promove, mas por essa distribuição regulamentada do capital cultural. Como argumenta Bourdieu em *Distinction* (1979), uma forma similar de violência simbólica está em funcionamento em todo o campo da cultura, onde os que não têm o gosto "correto" são excluídos, relegados à vergonha e ao silêncio. A "violência simbólica", assim, é a maneira de Bourdieu repensar e elaborar o conceito gramsciano de hegemonia, e o conjunto de seu trabalho representa uma contribuição original para o que se poderia chamar as "microestruturas" da ideologia, complementando as noções mais gerais da tradição marxista com relatos empiricamente detalhados da ideologia como "vida cotidiana".

---

[42] Pierre Bourdieu, *Outline of a Theory of Practice* (Cambridge, Cambridge University Press, 1977), p. 192.

6

DE SCHOPENHAUER A SOREL

Para o Iluminismo, como vimos anteriormente, o inimigo da ideologia, paradoxalmente, era a ideologia. A ideologia no sentido de ciência das ideias combateria a ideologia no sentido de dogma, preconceito e tradicionalismo irracional. Por trás dessa crença encontrava-se uma confiança suprema na razão, típica da classe média nessa fase "progressista": a natureza, a sociedade e mesmo a mente humana eram agora matéria-prima em suas mãos, a ser analisada, dominada e reconstruída.

À medida que essa confiança gradualmente definha ao longo do século XIX, com a emergência de uma ordem capitalista industrial plenamente desenvolvida na qual parecia haver pouco de racional, uma nova corrente de pensamento ocupa o primeiro plano. Numa sociedade em que a "razão" tem mais a ver com o cálculo do próprio interesse do que com algum nobre sonho de emancipação, um ceticismo quanto a seus grandiosos poderes começa a ganhar força. A dura realidade dessa nova ordem social não parece razão, mas apetite e interesse; se a razão tem algum papel, trata-se de um papel puramente secundário, o de calcular como os apetites podem ser saciados com mais eficácia. A razão pode ajudar a promover nossos interesses, mas é impotente para julgá-los criticamente. Se pode servir de "ventríloquo" das paixões, ela mesma permanece inteiramente muda.

Tal ponto de vista já fora parte do equipamento da filosofia empírica inglesa, de Thomas Hobbes a David Hume. Para Hume, a razão só pode ser a escrava da paixão e, para essa corrente de pensamento em geral, a tarefa da razão é verificar a natureza das coisas tão exatamente quanto possível, para que possamos compreender melhor nossos apetites. Mas há uma tensão latente entre as duas partes

176 Ideologia: uma introdução

desse enunciado. Pois se o "homem" é essencialmente um animal interessado em si mesmo, esses interesses não tenderão a distorcer seu julgamento racional? Como ele pode ser simultaneamente um analista imparcial de seu julgamento racional e uma criatura partidária, que vê os objetos apenas em relação a suas necessidades e desejos? Para saber racionalmente qual é o caso, devo, por assim dizer, remover a mim e meus preconceitos da cena da investigação, comportar-me como se eu não estivesse presente; mas tal projeto claramente não pode decolar.

Na verdade, há uma distinção entre paixões e interesses, que foi examinada com proveito por Albert Hirschman[1]. Para o pensamento dos séculos XVII e XVIII, seguir o próprio interesse era, no todo, positivo, ao passo que seguir as próprias paixões não o era. "Interesse" sugeria um grau de cálculo racional, ao contrário de ser impelido pelo desejo cego; atuaria como um tipo de categoria intermediária entre as paixões, que geralmente são vis, e a razão, que geralmente é ineficaz. Na ideia de "interesse", assim argumenta Hirschman, as paixões são promovidas pela razão, enquanto a razão recebe força e direção da paixão. Uma vez que a paixão sórdida da ambição pode ser transmutada no interesse social de fazer dinheiro, pode ser repentinamente aclamada como um objetivo nobre. Sempre havia, é claro, o risco de que essa oposição pudesse ser desconstruída – de que "promover o próprio interesse" significasse apenas contrapor um conjunto de paixões a outro; mas "interesse" tinha o sentido de um amor por si mesmo *racional*, e era visto como convenientemente previsível, ao passo que o desejo não o era. "Assim como o mundo físico é regido pelas leis do movimento", proclamou Helvetius, "o universo moral é regido por leis do interesse"[2]; e veremos que a distância entre essa doutrina burguesa clássica e as suposições do pós-modernismo é de apenas um passo.

É de apenas um passo a distância entre sustentar que a razão é simplesmente um instrumento neutro das paixões e afirmar que é mero reflexo delas. E se a suposta antítese entre razão e interesse pudesse ser desconstruída e a razão ser compreendida simplesmente como uma modalidade do desejo? E se essa faculdade humana das mais elevadas, que tradicionalmente nos leva à órbita da divindade, fosse na verdade uma forma disfarçada de maldade, desejo, repulsa, agressividade? Se for assim, então a razão deixa de ser o oposto da ideologia e, além disso, nos dois sentidos da palavra: primeiro, porque não é mais que uma expressão de interesses; segundo, porque dissimula esses interesses por trás de uma máscara de imparcialidade.

---

[1] Albert O. Hirschman, *The Passions and the Interests* (Princeton, Nova Jersey, Princeton University Press, 1977) [ed. bras.: *As paixões e os interesses: argumentos políticos para o capitalismo antes de seu triunfo*, São Paulo, Paz e Terra, 1979].

[2] Ibidem, p. 43.

De Schopenhauer a Sorel   177

Uma consequência lógica dessa visão das coisas é que não podemos mais falar de falsa consciência. Pois agora toda consciência é inerentemente falsa; quem quer que diga "consciência" diz distorção, ilusão, alienação. Não que a nossa percepção do mundo seja às vezes nublada por preconceitos passageiros, falsos interesses sociais, restrições pragmáticas ou pelos efeitos mistificadores de uma estrutura social opaca. Ser consciente apenas já é ser enganado. A própria mente é cronicamente deformadora, olha para o mundo de esguelha, compreende-o da perspectiva falsificadora de algum desejo egoísta. A Queda é apenas uma queda na consciência, não entre as feras. A consciência é apenas um subproduto acidental do processo evolutivo e sua vinda nunca foi preparada. O animal humano está alienado do mundo apenas porque pode pensar, o que o coloca a uma distância incapacitadora de uma natureza irracional e abre um abismo intransponível entre sujeito e objeto. A realidade é inóspita à mente e, por fim, opaca a ela. Se já não podemos sequer falar de "ideologia", deve ser à maneira do *Novum Organum*, que afirma que alguns dos "ídolos" ou noções falsas que mistificam a humanidade têm suas raízes no fundo da própria mente.

Na transição de Hegel para Arthur Schopenhauer, podemos observar essa mudança dinâmica de perspectiva tendo lugar. A filosofia de Hegel representa uma última trincheira, um esforço de última hora para redimir o mundo pela Razão, contrapondo severamente sua face diante de todo mero intuicionismo; mas o que em Hegel é o princípio, Ideia ou Razão, ao exibir seu majestoso progresso ao longo da história, tornou-se em Schopenhauer a Vontade cega, voraz – a ânsia implacável que está no âmago de todos os fenômenos. O intelecto para Schopenhauer é apenas um servo bruto e vacilante dessa força implacável, falseado por ela, uma faculdade inerentemente deformadora que acredita pateticamente apresentar as coisas como realmente são. O que para Marx e Engels é uma condição social específica, na qual as ideias obscurecem a verdadeira natureza das coisas, é generalizada em Schopenhauer para a estrutura da mente como tal. E, de um ponto de vista marxista, nada poderia ser mais ideológico que essa visão de que todo pensamento é ideológico. É como se Schopenhauer em *O mundo como vontade e representação* (1819) fizesse exatamente o que descreve fazer o intelecto: oferece como verdade objetiva a respeito da realidade o que é a perspectiva partidária de uma sociedade cada vez mais governada pelo interesse e pelo apetite. A cobiça, a maldade e a agressividade do mercado burguês são agora simplesmente como a humanidade é, mistificada por uma Vontade metafísica.

Schopenhauer está na origem de uma longa tradição de pensamento irracionalista para a qual os conceitos são sempre ineficazes e aproximados, incapazes de capturar a qualidade inefável da experiência vivida. O intelecto esculpe a complexidade dessa experiência em pedaços arbitrários, congelando sua fluidez em categorias estáticas. Tais especulações são abundantes no romantismo, passam

178   Ideologia: uma introdução

para o pensamento "vitalista" de Henri Bergson e D. H. Lawrence e podem ser vislumbradas até mesmo na oposição pós-estruturalista entre "fechamento metafísico" e o impensável jogo da diferença. Assim, todo pensamento é uma forma de alienação, que afasta a realidade no próprio ato de tentar capturá-la. Os conceitos são apenas pálidos reflexos do real; mas ver os conceitos como "reflexos" é certamente muito estranho. Ter um conceito é simplesmente ser capaz de usar uma palavra de uma maneira particular; não é motivo de *desgosto* a palavra "café" não ter a textura granulada e o aroma rico da coisa real. Não há nesse caso um "vácuo inominável" entre a mente e o mundo. Ter um conceito é o mesmo que ter uma experiência tanto quanto dar um escândalo é o mesmo que dar uma festa. Apenas porque somos tentados a pensar nos conceitos à maneira empírica, como "imagens" ou "separatas" do mundo, é que começamos a nos inquietar com a eterna cisão entre os dois.

A Vontade para Schopenhauer é inteiramente fútil e sem propósito, mas protege-nos do conhecimento de sua absoluta falta de propósito, criando em nós uma ilusão conhecida como intelecto. O intelecto acredita obtusamente que a vida tem significado, o que é apenas um astucioso ardil da Vontade para perpetuar-se. É como se a Vontade sentisse pena de nossa fome pela significação e nos atirasse apenas o suficiente para nos virarmos. Como o capitalismo para Marx, ou como o inconsciente para Freud, a vontade schopenhaueriana inclui em si sua própria dissimulação, conhecida pela humanidade ingênua como razão. Tal razão é apenas uma racionalização superficial de nossos desejos, mas crê ser sublimemente desinteressada. Para Immanuel Kant, o mundo revelado a nós pela razão "pura" (ou teórica) é apenas uma montagem de processos causais mecanicistas, em oposição ao domínio da razão "prática", ou moralidade, onde nos conhecemos como agentes livres, com propósito. Mas é difícil para nós subsistir confortavelmente nessa dualidade; portanto, Kant recorre à experiência estética como maneira de superá-la. No ato do julgamento estético, um pedaço do mundo externo parece ter momentaneamente algum tipo de propósito, mitigando assim nossa ânsia de significado[3].

A antítese em Schopenhauer entre intelecto e vontade é uma versão da posterior e atormentada oposição entre teoria e ideologia. Se a teoria informa-nos que a realidade carece de toda significação imanente, então só podemos atuar com propósito suprimindo esse conhecimento sombrio, que é um significado de "ideologia". Assim, como vimos em Nietzsche e Althusser, toda ação é uma espécie de ficção. Se para Althusser não podemos agir e teorizar simultaneamente, para Schopenhauer temos um problema até para andar e conversar ao mesmo tempo. O significado depende de certo esquecimento de nossa verdadeira condição e

---

[3]   Para um comentário mais completo, ver , de minha autoria, *The Ideology of the Aesthetic*, cit., cap. 3.

tem suas raízes profundamente enterradas no não significado. Agir é perder a verdade justamente no momento de compreendê-la. Teoria e prática, intelecto e vontade nunca podem coincidir harmonicamente e Schopenhauer, portanto, deve presumivelmente ter a esperança de que ninguém que leia sua filosofia seja minimamente afetado por ela, já que isso seria exatamente o tipo de caso, de teoria transformando nossos interesses, que ele pretende negar.

Há outro paradoxo no escrito de Schopenhauer que vale a pena abordar por um momento. Esse escrito é produto do intelecto, ou da vontade, da "teoria" ou da "ideologia"? Se é produto da Vontade, é apenas mais uma expressão da eterna ausência de objetivo da Vontade, sem mais verdade ou significado que um ronco no estômago. Mas também não pode ser uma obra do intelecto pois o intelecto está desesperadamente alienado da verdadeira natureza das coisas. A questão, em outras palavras, é se a afirmação de que a razão é inerentemente falsificadora não é uma espécie de contradição performativa, negando a si mesma no próprio ato da asserção. E essa é uma das muitas questões tormentosas que Schopenhauer legará a seu mais celebrado sucessor, Friedrich Nietzsche.

A realidade das coisas para Nietzsche não é a Vontade, mas o poder; mas isso deixa a razão quase na mesma situação que em Schopenhauer. A razão para Nietzsche é apenas a maneira como talhamos o mundo para que nossos poderes floresçam melhor, é uma ferramenta ou serva desses poderes, uma espécie de função especializada de nossos impulsos biológicos. Como tal, pode submeter esses impulsos ao escrutínio crítico tanto quanto o intelecto schopenhaueriano pode medir a Vontade que o impele. A teoria não pode refletir criticamente sobre os interesses dos quais é a expressão. "Uma crítica da faculdade do conhecimento", proclama Nietzsche, "não tem sentido: como poderia uma ferramenta criticar a si mesma quando só pode usar a si mesma para a crítica?"[4] O fato de que a própria filosofia de Nietzsche parece fazer justamente isso é um dos muitos paradoxos que ele nos apresenta.

A mente, então, é apenas a edição e organização do mundo para certos fins pragmáticos, e suas ideias não têm mais validade objetiva que isso. Todo raciocínio é uma forma de falsa consciência e toda proposição que emitimos é, sem exceção, infiel. (Infiel a *quê* e em contraste com o quê são problemas lógicos espinhosos levantados pela obra de Nietzsche.) Nosso pensamento move-se dentro de uma estrutura, em boa parte inconsciente, de necessidades, interesses e desejos fundados no tipo de animais materiais que somos, e nossas pretensões de verdade são

---

4   Friedrich Nietzsche, *The Will to Power* (Nova York, Random House, 1968), p. 269. [ed. bras.: *Vontade de potência*, Rio de Janeiro, Globo, 1945].

180 Ideologia: uma introdução

inteiramente relativas a esse contexto. A totalidade de nosso pensamento, como argumentará mais tarde o filósofo Martin Heidegger, prossegue dentre alguma orientação prática, pré-reflexiva para com o mundo; chegamos à autoconsciência como seres já com preconceitos, compromissos, interesses. Na verdade, a palavra "interessado" significa literalmente "que existe no meio de", e ninguém pode existir em outro lugar. Para Nietzsche e Heidegger, assim como para Marx, somos seres práticos antes de ser animais teóricos, e, na visão de Nietzsche, a noção de desinteresse intelectual é apenas uma forma velada de interesse, uma expressão da rancorosa maldade dos que são muito covardes para viver perigosamente. Todo pensamento é "ideológico" até o âmago; a marca exterior de luta, violência, dominação, o choque de interesses rivais e a ciência e a filosofia não são mais que dispositivos engenhosos pelos quais o pensamento encobre suas origens detestáveis. Como Marx, Nietzsche pretende pôr abaixo a confiança crédula na sua autonomia, desmascarando escandalosamente o sangue e a labuta em que todas as noções nobres nascem, a sordidez e a inimizade na raiz de nossas concepções mais edificantes.

Se, porém, a razão é um tipo de ilusão, é uma ilusão necessária – pois sem suas reduções e simplificações enganosas nunca seríamos capazes de sobreviver. Não é verdade, na visão de Nietzsche, que há um caminhão correndo para cima de mim a sessenta milhas por hora. Em primeiro lugar, objetos distintos como caminhões são apenas ficções convenientes, subprodutos efêmeros da onipresente vontade de poder de que todas as substâncias aparentemente sólidas e distintas são secretamente compostas. Em segundo lugar, as palavras "eu" ou "me", "mim", são igualmente espúrias, moldando uma identidade enganosamente contínua a partir de um amontoado de poderes, apetites e ações descentradas. "Sessenta milhas por hora" é apenas uma maneira arbitrária de partir o espaço e o tempo em pedaços manejáveis, sem absolutamente nenhuma solidez ontológica. "Correndo para cima" é uma interpretação linguística, inteiramente relativa ao modo como o organismo humano e suas percepções evoluíram historicamente. Mesmo assim, Nietzsche não seria cruel ou arrogante a ponto de sugerir que eu não saltasse para fora do caminho. Já que é improvável que eu fique mais tempo aqui se ficar pensando nessas questões abstrusas enquanto o caminhão se aproxima, o enunciado é verdadeiro no sentido pragmático de servir a minha sobrevivência e bem-estar.

O conceito de ideologia, então, está em ação em todos os escritos de Nietzsche, mesmo que a palavra não esteja, e é operativo em dois sentidos diferentes. O primeiro é o que acabamos de ver – a visão de que as ideias são simplesmente racionalizações ilusórias de paixões e interesses. Existem analogias para isso, como notamos, na tradição marxista, pelo menos no que diz respeito a ideias *particulares*. Nietzsche universaliza no pensamento como tal o que para o marxismo é verdadeiro em formas específicas de consciência social. Mas o sentido alternativo

De Schopenhauer a Sorel 181

de ideologia em Nietzsche também encontra alguma sustentação na teoria marxista, e é o conceito de ideologia como "inefabilidade". A ideologia nesse sentido da filosofia de Nietzsche é o domínio estático, desistoricizado dos valores metafísicos ("alma", "verdade", "essência", "realidade" e todo o resto) que oferece um falso consolo para os que são muito abjetos e efeminados para abraçar a vontade de poder – para aceitar que a luta, a desunião, a contradição, a dominação e o fluxo incessante são tudo o que realmente existe. A ideologia nesse sentido é equivalente à metafísica – às verdades espuriamente eternas da ciência, religião e filosofia, refúgio dos "niilistas" que desprezam a alegria e o terror diante do infindável transformar-se. "O verdadeiro mundo [da metafísica]", comenta Nietzsche, usando a palavra "verdadeiro" com sarcasmo, "foi erguido sobre a contradição do mundo real"[5]; e seu pensamento aqui está notavelmente próximo de A ideologia alemã. Diante de tal inefabilidade anódina, Nietzsche fala em favor da "vida": "a vida em si é essencialmente apropriação, dano, sujeição do que é estranho e mais fraco, supressão, dureza, imposição de nossas próprias formas, incorporação e, pelo menos na sua forma mais suave, exploração"[6]. A "vida", em outras palavras, tem uma semelhança espantosa com o mercado capitalista, do qual a própria filosofia de Nietzsche, entre outras coisas, é uma racionalização.

A crença de que todo pensamento é ideológico, uma mera expressão racionalizadora de interesses e desejos, origina-se de uma ordem social em que o conflito entre interesses setoriais é preeminente. Assim, pode-se dizer, é uma ideologia toda própria. Se isso é suficientemente óbvio no caso de Thomas Hobbes, não é tanto na versão aparentemente "radical" desse caso promovida por boa parte da teoria pós-moderna, que tem uma grande dívida para com a obra de Nietzsche. O argumento, colocado de uma forma levemente paródica, é mais ou menos assim. Não existe verdade, tudo é uma questão de retórica e poder, todo ponto de vista é relativo, falar de "fatos" ou "objetividade" é meramente uma fachada para a promoção de interesses específicos. O argumento geralmente é acompanhado de uma vaga oposição ao modelo político presente, ligado a um intenso pessimismo quanto à esperança de uma alternativa. Em sua forma americana radical, é acompanhado ocasionalmente pela crença de que provavelmente qualquer coisa, inclusive a vida numa mina de sal siberiana, é preferível ao atual modo de vida americano. Os que o expõe tendem a se interessar por feminismo e "etnicidade", mas não por

---

[5]   Friedrich Nietzsche, *The Twilight of the Idols* (Londres, Allen & Unwin, 1927), p. 34. [ed. bras.: *O crepúsculo dos ídolos ou a filosofia a golpe de martelo*, São Paulo, Hemus, 1976].

[6]   Friedrich Nietzsche, *Beyond Good and Evil*, em Walter Kaufmann (org.), *Basic Writings of Nietzsche* (Nova York, Modern Library, 1968), p. 393.

182   Ideologia: uma introdução

socialismo, e a usar termos como "diferença", "pluralidade" e "marginalização", mas não "luta de classes" ou "exploração".

Que existe algo nessa posição é certamente claro. Já vimos muito do instável interesse próprio dos "desinteressados" para que nos impressionemos muito com ele, e geralmente estamos certos ao suspeitar que apelos para ver o objeto como ele realmente é podem ser decodificados como convites para vê-lo como nossos dominadores o veem. Uma das vitórias ideológicas da tradição liberal foi equacionar objetividade com desinteresse, forjando um poderoso vínculo interno entre os dois. Só podemos compreender direito o mundo se nos eximirmos de interesses e predileções particulares, vendo-o como se afigurar-se-ia se não estivéssemos presentes. Alguns dos que se mostraram adequadamente céticos quanto a essa fantasia atiraram o bebê da objetividade com a água do banho do desinteresse, mas isso é simplesmente porque foram credulamente convencidos de que o único significado viável de "objetividade" é o sustentado por esse legado arnoldiano. Não há motivo para conceder a essa tradição tal crédito implícito: o termo "objetividade" tem alguns significados perfeitamente viáveis, como logo descobriria qualquer um que tentasse renunciar a ela por seis meses. O autor de *The Drowned and the Saved*, memórias dos campos de concentração nazistas, escreve em seu prefácio que tentará discutir o tema com tanta objetividade quanto lhe for possível. O autor é Primo Levi, vítima supremamente não desinteressada de Auschwitz, e se Levi quer descobrir o que realmente aconteceu nos campos é porque quer impedir que aconteça outra vez. Sem necessidades e interesses de algum tipo, não podemos, para começar, ver nenhum motivo para conhecer alguma coisa. A sociedade capitalista é o campo de batalha de interesses em competição e muitas vezes oculta essa violência incessante sob o disfarce de ideias desinteressadas. Os pós-modernistas que percebem adequadamente essa ilusão muitas vezes acabam por contrapor a ela uma versão "radical" do próprio comportamento de mercado que ela oculta. Ao abraçar uma rica pluralidade de pontos de vista e linguagens antagônicas como um bem em si, eles voltam uma versão idealizada dessa realidade de mercado contra as certezas monistas que a mantêm, buscando assim minar uma parte da lógica capitalista com outra. Não é de admirar, então, que políticos "radicais" sejam um tanto forçados e sombrios ou, na pior das hipóteses (pensa-se em Jean Baudrillard e Jean-François Lyotard), inteiramente vazios.

A afirmação de que todo o nosso pensamento move-se dentro de uma moldura de certos interesses práticos, "primordiais", pré-reflexivos é certamente justa. Mas o conceito de ideologia tradicionalmente tem significado muito mais que isso. Não é sua intenção afirmar que as ideias são marcadas por interesses; chama a atenção para as maneiras como ideias *específicas* ajudam a legitimar formas injustas e desnecessárias de dominação política. Afirmações como "já são quase três horas" certamente estão impregnadas de interesses sociais, mas, se são "ideológicas" ou não, depende de seu funcionamento em estruturas de poder "particulares". A manobra pós-modernista de expandir o conceito de interesses para que abranja toda a vida social, embora válido o suficiente em si, serve para deslocar a atenção dessas lutas políticas concretas, demolindo-as em um cosmo neonietzschiano em que jogar um casaco é, secretamente, uma questão de conflito e dominação tanto quanto derrubar o Estado. Se *todo* pensamento é "interessado" até as raízes, então – pode-se argumentar – os tipos de luta política para os quais, por exemplo, socialistas e feministas tradicionalmente chamaram a atenção não têm nenhuma importância especial. Uma visão "escandalosa" de toda a sociedade como uma incansável vontade de poder, um torvelinho insolúvel de perspectivas hostis serve assim para consagrar o *status quo* político.

O que essa manobra envolve, na verdade, é a fusão de dois sentidos inteiramente diferentes de "interesse". Por um lado, há os tipos "profundos" de interesse que estruturam nossa própria forma de vida e fornecem a própria matriz de nosso conhecimento – o interesse que temos, por exemplo, em ver o tempo indo para a frente, não para trás ou para os lados, o que nem conseguimos imaginar. Por outro lado, há interesses como querer explodir uma pequena bomba nuclear na casa de férias de Fidel Castro, dos quais podemos nos imaginar livres. O efeito de colocar juntos esses dois tipos de interesse é "naturalizar" o segundo emprestando-lhe algo da condição inelutável do primeiro. É verdade que a mente não pode examinar criticamente uma espécie de interesse que é fundamentalmente constitutivo dela – seria realmente um caso de tentar nos erguer pelos cordões dos sapatos. Não é verdade, porém, que um interesse em explodir Fidel Castro para a eternidade não possa ser submetido à crítica racional; e o efeito da expansão pós-modernista de "interesse", como no trabalho de Michel Foucault, é elidir essa distinção crucial.

Uma instância primordial desse movimento pode ser encontrado na obra do neopragmatista americano Stanley Fish. Fish argumenta que o chamado conhecimento que temos reduz-se todo à crença, e que essas crenças, pelo menos enquanto as experimentamos, são inelutáveis, no sentido de que não posso escolher não crer no que creio, e que a teoria, longe de poder fazer alguma diferença para nossas crenças, é apenas um estilo retoricamente persuasivo de articulá-las[7]. Não é difícil reconhecer nesse argumento traços da relação schopenhaueriana entre intelecto e Vontade ou da prioridade nietzschiana do poder sobre a razão. Mas é curioso, primeiramente, afirmar que todo o conhecimento é questão de crença. Para o filósofo Ludwig Wittgenstein não faria nenhum sentido dizer que eu creio que tenho duas mãos, não mais do que faria sentido dizer que *duvido*. Nesse caso não há nenhum contexto, de modo geral pelo menos, em que as palavras "crença" ou "dúvida" possam ter força. Se, porém, acordo de uma operação em que havia o

---

[7] Stanley Fish, *Doing What Comes Naturally* (Oxford, Clarendon, 1989).

184 Ideologia: uma introdução

risco de ter uma de minhas mãos amputada, e o paciente na cama ao lado é rude
o suficiente para perguntar se ainda tenho duas mãos, posso dar uma espiada cau-
telosa sob as cobertas, naqueles dois objetos enfaixados e responder: "Creio que
sim". Nesse caso, *haveria* um contexto em que o termo "crença" teria força real;
mas é ocioso pensar que esse tipo de conhecimento envolva sequer pelo menos
um mínimo de "crença".

Ao colocar todas as nossas crenças no mesmo nível, como forças que nos detêm
inelutavelmente, Fish assume uma postura política reacionária. Pois o efeito dessa
trágica homogeneização de diferentes modos e graus de crença, como no caso
dos interesses, é naturalizar crenças como "Mulheres devem ser tratadas como
empregadas" ao nível de "crenças" como "Viena é a capital da Áustria". A atração
superficialmente "radical" do argumento é que o segundo tipo de proposição não
é uma verdade metafísica, mas meramente uma interpretação institucional; seu
corolário reacionário é que o primeiro tipo de crença é apresentado como tão
imune à reflexão racional quanto a afirmação sobre Viena.

Assim, Fish estabeleceu a situação para provar antecipadamente sua afirmação de
que a reflexão teórica não pode ter nenhum peso para as crenças que efetivamente
temos. Pois essa afirmação é distintamente implausível, envolvendo uma negação
insustentavelmente vigorosa das maneiras como o pensamento crítico muitas vezes
nos ajuda a modificar ou mesmo transformar nossos interesses e desejos. Posso vir
a perceber que meus presentes interesses são na verdade irracionais e servem para
obstruir os interesses mais válidos de outros; e se estou me sentindo adequadamente heroico posso alterá-los ou abandoná-los. Isso pode acontecer em particular
se minha atenção for atraída por certos aspectos genéticos ou funcionais de minhas
crenças – qual é sua origem e que efeitos sociais provoca – que antes eu ignorava. É
improvável, é claro, que isso ocorra se o modelo para a crença for algo como "a neve
é branca", e, assim, o argumento de Fish é despropositadamente autoconfirmador.

Talvez o problema seja o fato de que sujeitar crenças à crítica racional parece
exigir a ocupação de um ponto de observação "transcendental" para além delas.
Michel Foucault tinha pouco tempo para tais quimeras, mas isso não parece tê-lo
impedido de sustentar que aprisionar homossexuais não é a maneira mais esclarecida de relacionar-se com eles. O parecer de que a reflexão crítica implica colocar-se em algum espaço exterior metafísico, sublimemente absolvido de todos os
interesses próprios, é apenas um bicho-papão tedioso com o qual os que desejam,
por suas próprias razões ideológicas, negar a possibilidade de tal reflexão gos-
tam de atormentar os que não acreditam. E supor que sem tal visão divina nada
mais nos resta que uma série de perspectivas parciais, qualquer uma delas tão boa
quanto a outra, é simplesmente uma espécie de metafísica invertida. Os que imaginam que se a verdade não é absoluta então não existe verdade são simplesmente
transcendentalistas de armário, aprisionados ao próprio argumento que procuram

rejeitar. Como assinalou Richard Rorty, ninguém é relativista, no sentido de crer que qualquer visão de um tópico é tão boa quanto qualquer outra[8].

Certamente Fish não é um relativista nesse sentido, mas parece crer que examinar criticamente as próprias crenças envolve ir para o espaço exterior. Isso significaria que

> o indivíduo que foi constituído por forças históricas e culturais [teria de] não se deixar enganar por essas forças e, assim, afastar-se de suas convicções e crenças. Mas isso é a única coisa que uma consciência historicamente condicionada não pode fazer, conduzir um exame racional de suas próprias convicções ... só poderia fazê-lo se não fosse historicamente condicionada mas uma entidade acontextual ou não situada...[9]

Para Fish, como para o marxismo mais descaradamente vulgar, o eu é o produto inevitavelmente determinado da história, um mero fantoche de seus interesses sociais e, então, não existe diferença nenhuma entre tal determinismo inflexível, por um lado, e um transcendentalismo claramente vazio, por outro. Somos totalmente constrangidos pelos nossos contextos sociais ou totalmente não constrangidos. Num truque pós-moderno típico, *todas* as nossas crenças são apresentadas como tão fundamentalmente constitutivas do eu como a "crença" de que tenho duas mãos, de modo que a razão ser incapaz de contorná-las é uma decorrência tão lógica quanto o fato de o olho não poder ver a si mesmo vendo alguma coisa. Mas isso ocorre apenas porque a visão das coisas irremediavelmente monista de Fish expulsa toda a contradição do eu e do mundo, aterrorizada que está com o menor sinal de ambiguidade ou indeterminação. Presume-se que os contextos sejam unitários, de modo que, digamos, um produto da classe branca dominante da África do Sul deve inevitavelmente endossar a doutrina do *apartheid*. Mas o contexto social sul-africano, naturalmente, é complexo, ambíguo e autocontraditório, composto de preciosas tradições liberais e radicais, além de racistas, e um branco de classe alta nessas condições pode, portanto, descobrir que os valores racistas "naturalmente" criados nele estão em conflito com um posicionamento crítico em relação a eles. Confrontado com esse argumento, Fish dará um astuto passo atrás e assinalará que o indivíduo em questão é o produto determinado *dessa* situação conflitiva como um todo, incapaz de pensar-se fora dessa ambivalência política inexoravelmente constrangedora, mas isso não anulará a concessão fatal que fez a um argumento radical. Pois um radical não precisa absolutamente negar isso; ele ou ela quer apenas afirmar que podemos submeter interesses e crenças, nossos ou de outros, ao escrutínio crítico. Não há necessidade

---

[8] Richard Rorty, *Consequences of Pragmatism* (Minneapolis, University of Minnesota Press, 1982), p. 166.

[9] Stanley Fish, *Doing What Comes Naturally*, cit., p. 245.

186 Ideologia: uma introdução

nenhuma de sugerir que isso é feito fora da estrutura de qualquer crença que seja. Talvez a reflexão posterior leve o sul-africano a ser crítico quanto a sua própria ambivalência e, assim, vir a opor-se vigorosamente ao *apartheid*. O argumento de Fish fracassa porque faz concessões em excesso à esquerda política que pretende desacreditar. Contanto que sejamos capazes de derrubar o *apartheid*, não nos incomodamos terrivelmente com o fato de só podermos cumprir esse projeto do ponto de vista de um ou outro sistema; na verdade, nunca nos ocorreu negar isso. Fish quer sobrepujar a esquerda política para proteger o modo de vida americano, mas, em vez de enfrentar criticamente o argumento da esquerda, ele tenta, com um gesto insolente, eliminá-lo completamente negando que a crítica emancipatória possa ao menos ser cogitada. Mas isso apenas porque sub-repticiamente classificou todos os interesses e crenças no mesmo nível que os interesses e crenças que são tão inteiramente constitutivos do eu, tão fundamentalmente básicos para sua própria possibilidade histórica, que o argumento prova a si mesmo. É como se minha crença de que o chá indiano é mais agradável que o chinês – uma crença que sustento sem rigor, provisória e indiferentemente – fosse imbuída de toda a força imutável das categorias kantianas.

Ao contrário de Fish, o marxismo não sustenta que o eu seja um reflexo impotente de suas condições históricas. Pelo contrário, o que constitui um sujeito humano *como* sujeito é precisamente sua capacidade de transformar suas próprias determinantes sociais – fazer algo daquilo que o faz. Homens e mulheres, como observou Marx, fazem sua própria história com base em condições anteriores, e a ambas as partes do enunciado, constituinte e constituída, deve ser concedido igual peso. Um ser histórico é um ser incessantemente "à frente" de si, radicalmente "excessivo" e não idêntico ao eu, capaz, dentro de certos limites definidos, de colocar sua própria existência como problemática. E é exatamente nessa lacuna ou descompasso estrutural entre o efetivo e o possível que a crítica emancipatória pode firmar-se. Para Fish, porém, o radicalismo é uma empresa impossível pois minhas observações críticas sobre o sistema de poder corrente ou são inteligíveis para esse sistema, caso em que são simplesmente mais um movimento dentro dele e, portanto, absolutamente não radicais, ou não são, caso em que são apenas ruído irrelevante. Ironicamente, Fish é uma espécie de "ultraesquerdista", que acredita que todo "verdadeiro" radicalismo é algum anarquismo inimaginável, alguma lógica de um "universo alternativo", inteiramente em desacordo com o presente, e, portanto, sofre do que Lênin censura como doença infantil. Mas, é claro, é *definitivo* em qualquer radicalismo eficaz o fato de enfrentar os termos do sistema dado precisamente para subvertê-lo. Se não o fizesse, não se trataria de subversão. Ninguém pode realmente discordar de Stanley Fish – pois ele entende o que se diz, caso em que não se está discordando dele, ou não entende, caso em que suas visões pertencem a algum incomensurável problemático todo próprio dele. E tal incomensurabilidade elimina as possibilidades tanto da concordância como da discordância.

O que a posição de Fish tem de negar a todo custo, em outras palavras, é a noção de crítica imanente. Se considerasse por um momento o que Karl Marx fez aos economistas políticos burgueses, seu argumento ruiria imediatamente. Pois o marxismo não considera a racionalidade como um absoluto a-histórico nem como o mero reflexo de poderes e desejos correntes. Em vez disso, procura ocupar as categorias da sociedade burguesa a partir de dentro, para destacar os pontos de conflito interno, indeterminação e contradição, nos quais sua própria lógica pode ser levada a ultrapassar a si mesma. Foi justamente essa estratégia que Marx adotou com os economistas burgueses, com os quais certamente compartilhava uma lógica categórica; a menos que ele e Adam Smith estejam, em algum sentido, falando sobre o capitalismo, não há nenhum sentido em que o argumento de Marx constitua uma *crítica* ao argumento de Smith. Mas apenas um ultraesquerdismo retórico poderia então imaginar que Marx e Smith são a mesma coisa e que o primeiro não é "verdadeiramente" um radical. Se essa é a visão de Fish, certamente não era a visão dos economistas políticos burgueses nem é a visão da US Steel. O pensamento pós-moderno parece ter se deixado seduzir pela antítese estéril de que a "razão" deve estar inteiramente dentro de uma forma de vida, culpadamente cúmplice dela, ou então esgueirar-se em algum ilusório ponto arquimediano além dela. Mas isso é pressupor que essa forma de vida, de certo modo, não é inteiramente contraditória, compreendendo ao mesmo tempo crenças e interesses inerentemente "internos" a ela e outras formas de discurso e prática que contrariam sua lógica vigente. O tão exaltado "pluralismo" da teoria pós-moderna é curiosamente monista nesse aspecto. O pensamento político radical, no melhor estilo desconstrutivo, procura não se localizar completamente dentro ou completamente fora do sistema dado, mas, por assim dizer, nas contradições internas desse sistema, nos lugares em que não é idêntico a si mesmo, para elaborar a partir deles uma lógica política que, por fim, pode transformar a estrutura de poder como um todo. O marxismo considera com a máxima seriedade a conversa da sociedade burguesa sobre liberdade, justiça e igualdade, e pergunta com falsa ingenuidade por que esses ideais grandiloquentes, de certa maneira, parecem nunca assumir existência material. Fish, é claro, nos lembrará mais uma vez que tudo isso implica um ponto de observação da crença, que não podemos ocupar e não ocupar simultaneamente; mas é difícil saber quem exatamente pensou que pudesse. A última coisa a que o marxismo tenha dado crédito é à fantasia de que a verdade seja de algum modo a-histórica.

Vale a pena acrescentar que a suposição de Fish de que, para criticar minhas crenças e desejos, devo colocar-me inteiramente fora delas é um resto do puritanismo kantiano. Para Kant, a autorreflexão moral ou razão prática deve ser

188 Ideologia: uma introdução

inteiramente independente do interesse e da inclinação; para Aristóteles, por contraste, certa reflexão crítica sobre o próprio desejo é, na verdade, um potencial dela. Parte do que está envolvido no viver virtuosamente de Aristóteles – isto é, viver no florescimento dos próprios poderes criativos – é estar motivado para refletir justamente sobre esse processo. Não ter essa autoconsciência seria, segundo Aristóteles, permanecer aquém da verdadeira virtude e, portanto, da verdadeira felicidade ou bem-estar. Para Aristóteles, as virtudes são estados organizados de desejo, e alguns desses desejos nos levam a nos debruçarmos criticamente sobre eles. Assim, Aristóteles desconstrói a rigorosa antítese de interesses e pensamento crítico de Fish – uma antítese que surge na obra de Fish como nada mais que uma forma negativa de kantismo.

Está claro, então, a que se reduz um pragmatismo "radical" ou neonietzschiano. Reduz-se a uma apologia envergonhada do modo de vida ocidental, mais retoricamente persuasiva que uma propaganda direitista em favor do Pentágono. Começamos com a adequada rejeição do desinteresse, uma suspeita da objetividade e uma insistência aparentemente obstinada sobre as realidades do conflito incessante e acabamos por atuar obedientemente nas mãos de Henry Kissinger. Em alguns desses estilos de pensamento, um transcendentalismo da verdade é meramente expulso por um *transcendentalismo dos interesses*. Interesses e desejos são apenas "dados", a linha básica que nossa teorização nunca consegue ver por trás; vão, por assim dizer, até o fundo, e não podemos investigar de onde efetivamente provêm, não mais do que poderíamos perguntar aos ideólogos do Iluminismo a respeito das fontes de sua racionalidade olímpica. Nesse sentido, muito pouco mudou desde os dias de Thomas Hobbes, mesmo que tal ponto de vista seja hoje mais comumente associado à dissensão política que ao apoio do Estado absoluto. O marxismo, por contraste, tem uma ou duas coisas a dizer sobre as condições que efetivamente geram nossos interesses sociais – e o diz de maneira muito "interessada".

O que é projetado pelo pós-modernismo como uma relação universalmente válida entre conhecimento e interesses é, na verdade, bastante específico da era burguesa. Para Aristóteles, como vimos, a decisão reflexiva de realizar um desejo é parte do próprio desejo e, assim, nossos desejos podem tornar-se *razões* para a ação. Nesse sentido, podemos falar de um "desejo consciente" ou de uma "consciência desejante", em contraste com um pensador posterior como Kant, para quem nossos desejos e decisões morais devem ser mantidos rigorosamente separados[10]. Assim que um desejo torna-se uma razão para a ação, porém, deixa de ser idêntico a si mesmo; não é mais simplesmente alguma causa cega e inquestionável,

---

[10] Ver Jonathan Lear, *Aristotle and the Desire to Understand* (Cambridge, Cambridge University Press, 1988), cap. 5.

mas entra em nosso *discurso* e sofre uma transformação significativa. Para certo pós-modernismo, porém, interesses e desejos parecem curiosamente idênticos a si mesmos; sob essa luz, é Aristóteles que surge como mais desconstrutivo que os desconstrucionistas. Os que consideram a razão como nada mais que o instrumento de interesses, numa tradição burguesa consagrada pelo tempo, às vezes parecem pressupor que é autoevidente o que são exatamente nossos interesses. O problema é promovê-los, não defini-los. Assim, nasce um novo e estranho tipo de positivismo, para o qual agora são os desejos e interesses, não mais os dados brutos dos sentidos, que podem ser tidos como evidentes. Mas é claro que não sabemos o tempo todo espontaneamente o que está em nossos desejos, já que não somos transparentes para nós mesmos. A razão não é apenas uma maneira de promover pragmaticamente nossos desejos, mas de determinar que desejos efetivamente temos e quão válidos, estimulantes e produtivos eles são em relação aos desejos dos outros. É nesse sentido que o conceito clássico de razão está intimamente ligado ao conceito de justiça social. Temos um interesse, como observou Kant, pela razão – um interesse em esclarecer nossos interesses reais. E esse é outro sentido em que razão e paixão não são simplesmente colocados como opostos.

Pensa-se comumente na razão como estando ao lado do desinteresse e da totalidade, vendo a vida com estabilidade e vendo-a toda. Remova-se essa faculdade e tudo que parece nos restar é um choque de pontos de vista setoriais, nenhum dos quais pode ser julgado mais válido que outro. Já notamos que tal relativismo nada mais é que um fogo-fátuo: na verdade, ninguém acredita nele por um momento, como prontamente atestará uma hora de observação casual da conduta de alguém. Mas persiste a ideia de que a razão é um caso global de ver as coisas desapaixonadamente na totalidade, ao passo que os interesses são teimosamente locais e particulares. Ou estamos tão profundamente "no meio" das coisas, envolvidos nesta ou naquela preocupação específica, que nunca podemos ter a esperança de compreender nossa situação como um todo; ou podemos lutar para julgar a partir de fora esse redemoinho de pontos de vista parciais apenas para descobrir que estamos no espaço vazio. Esse, na verdade, é o duplo vínculo alegremente oferecido a nós por toda uma série de teóricos contemporâneos (Hans-Georg Gadamer e Richard Rorty podem servir como exemplos adequadamente diversos), que colocam sob proibição qualquer tentativa de empreender uma crítica de um modo de vida como um todo[11]. (Se esse argumento decorre de uma leitura convincente ou tendenciosa do Wittgenstein tardio é uma questão controversa; o Wittgenstein tardio certamente via a totalidade da forma de vida conhecida como Grã-Bretanha com indisfarçada reprovação.) Mais uma vez, um argumento aparentemente radical gira em torno de seu eixo e torna-se veladamente conservador:

---

[11] Ver Christopher Norris, *The Contest of Faculties* (Londres, Methuen, 1985).

190 Ideologia: uma introdução

uma ênfase "materialista" no enraizamento de nossas ideias nos interesses práticos, ofensiva para uma ordem social que considera o pensamento nobremente neutro, é também um lúgubre *caveat* de que qualquer tentativa de compreender a sociedade como uma totalidade envolve um transcendentalismo quimérico. Ambas as ênfases decorrem logicamente de uma leitura nietzschiana do mundo.

Já vimos algo da réplica radical a essa posição. Não que existam alguns teóricos que se veem pensando espontaneamente em termos grandiosamente globais, enquanto outros comentadores mais modestos, menos megalomaníacos, preferem ater-se ao irredutivelmente plural e concretamente particular. É que existem certos tipos de interesses sociais concretamente particulares que não podem ter esperança de realizar seus fins sem passar, em algum ponto, para uma investigação crítica da estrutura da sociedade como um todo. Para impedir essa possibilidade alarmante tem-se simplesmente de argumentar, como Margaret Thatcher ou Ernesto Laclau, que a "sociedade como um todo" não existe. Não é que tais interesses teimosamente particulares "superem-se", por assim dizer, nesse deslocamento para uma análise mais global, abandonando suas próprias perspectivas sectárias por alguma visão grandiosamente desinteressada. O que ocorre, na verdade, é que, sem tal teorização mais estrutural, não podem ao menos estar na posse eficaz de si mesmos. Algum tipo mais geral de crítica é limitado pela própria lógica desses interesses específicos. É assim que um grupo ou classe oprimida – mulheres, o proletariado, minorias étnicas, povos colonizados etc. – pode vir a reconhecer que, sem compreender algo de sua própria localização material em um sistema mais amplo, nunca poderá realizar com eficácia seus interesses altamente específicos de emancipação. A maioria dos teóricos ocidentais que negam ou deixam de perceber esse ponto está localizada em situações materiais conhecidas como universidades ocidentais, onde não há nenhuma razão compulsória, pelo menos durante boa parte do tempo, para quebrar a cabeça com abstrações rebarbativas ou "totalidades terroristas" como o imperialismo. Outros não têm tanta sorte. Nesse sentido, é fácil contrapor interesses locais à globalidade total; qualquer teoria a respeito desta é tão "interessada" quanto uma campanha para remover um aeroporto. Então, falar simplesmente de uma "pluralidade de interesses", que vai desde populações negras no interior da cidade até entusiastas de aeromodelismo, meramente obscurece esse ponto crucial.

Se não há nenhum fundamento racional para adjudicar entre interesses sociais em competição, então a condição que nos resta é uma reação violenta. Tenho apenas de lutar com você por minha posição ou empregar aquela forma mais sutil de dominação, entusiasticamente defendida por Fish, que é a retórica sofista. Essa visão de pontos de vista em luta, cada um lutando para superar linguisticamente o outro, é muito masculinista. É também politicamente obtusa, pois o fato é que, sob condições capitalistas, nenhum embate *universal* de posições opostas pode ao menos ter início. É possível perceber um interesse radical como apenas um entre muitos no mercado teórico, mas, embora isso seja verdade em um sentido, é enganador em outro. Pois o "interesse" do radical é apenas ocasionar o tipo de condições sociais em que todos os homens e mulheres possam participar genuinamente da formação de significados e valores, sem exclusão ou dominação. O pluralista liberal não está errado ao ver tal diálogo aberto entre diferenças como um objetivo desejável; está equivocado apenas ao pensar que possa ser adequadamente conduzido em uma sociedade dividida em classes, onde, em primeiro lugar, o que conta como interesse aceitável é determinado pelo poder dominante. Tais instituições democráticas socialistas e participatórias podem ser criadas apenas quando tal poder for derrubado e, com ele, a espécie de "violência mental" sofista abraçada por um Stanley Fish. Quanto aos significados e valores que podem resultar desse encontro fraterno de diferenças, o radical não tem absolutamente nada a dizer, já que seu compromisso político se esgota no esforço de ocasionar suas condições históricas de possibilidade.

O herdeiro mais ilustre da tradição de Schopenhauer e Nietzsche é Sigmund Freud. Como seus precursores, Freud pretende demonstrar a intermitência e fragilidade da razão, sua dependência diante de um conjunto mais fundamental de forças. O local radicalmente "alheio" à razão, que Schopenhauer denomina Vontade, para Freud é o inconsciente; mas o inconsciente também pode ser visto como uma *desconstrução* da oposição entre razão e instinto, mais ou menos como Nietzsche às vezes percebe o intelecto como uma faculdade interna da vontade de poder. O ego racional é um tipo de órgão ou afloramento do inconsciente, a parte dele que está voltada para o mundo exterior, e, nesse sentido, nossas ideias têm suas raízes complexas nos impulsos corporais. Na verdade, o impulso para o saber é, para Freud, secretamente libidinal, uma forma sublimada de curiosidade sexual à qual dá o nome de "epistemofilia". Saber, tanto para Freud como para Nietzsche, é inseparável da vontade de dominar e possuir. A própria distinção entre sujeito cognoscente e objeto cognoscível, o fundamento de toda epistemologia, tem seu fundamento em nossa vida infantil: sob o domínio do chamado princípio de prazer, o bebê expulsa certos objetos de si de forma fantástica, constituindo assim um mundo exterior, e "introjeta" outros para formar a base de um ego. Todo o nosso conhecimento posterior será levado a cabo dentro da moldura desses apegos e aversões primários: nossas ideias movem-se no contexto do desejo e não há pensamento ou percepção sem essa mistura de fantasia inconsciente. Para Freud, toda cognição contém falsa cognição, todo esclarecimento está à sombra de certa cegueira. Sempre que descobrimos significado, com certeza encontraremos não significado em sua raiz.

Vistos sob essa luz, os escritos de Freud são fiéis ao conflito central da tradição que estamos examinando – de que a *própria mente* é constituída por uma distorção

192   Ideologia: uma introdução

e uma alienação crônicas, e de que a "ideologia", assim, é seu hábitat. A falsa consciência não é um acidente que aflige o intelecto na forma de preconceitos passageiros, não é o resultado da mistificação ou de falsos interesses sociais. Pelo contrário, estava presente desde o início, profundamente alojada na estrutura de nossas percepções. O desejo infiltra-se em nossos projetos rotineiros, fazendo-os desviar-se, recuar, não atingir seu objetivo. Assim, a falsa consciência é menos um corpo específico de crença do que, nas palavras de Freud, a "psicopatologia da vida cotidiana".

Nesse sentido, podemos dizer que a teoria da ideologia de Freud (embora o termo esteja praticamente ausente de sua obra) é de um feitio althusseriano. Na verdade, já vimos que é do próprio Freud, pelo desvio de Lacan, que Althusser deriva sua noção de ideologia como "relações vividas", as quais existem em boa parte no nível do inconsciente e envolvem uma estrutura inescapável de conhecimento errôneo. Assim como no pensamento de Althusser o sujeito da ideologia existe apenas pela ignorância de suas verdadeiras condições, o paradoxo de Freud, como vimos, é que o sujeito passa a existir apenas com base em uma repressão maciça de suas determinantes inconscientes. O esquecimento, assim, é nosso modo "natural" e lembrar é simplesmente esquecer de esquecer. A base de todo nosso discernimento, então, é certa opacidade primordial quanto a nós mesmos: o inconsciente produz o ego, mas deve estar necessariamente ausente para que seu ego funcione com eficácia. Pode-se dizer praticamente o mesmo em relação ao argumento de Althusser a respeito das relações entre sujeito e sociedade, em que a segunda opera como "causa ausente" do primeiro. E isso, na superfície pelo menos, é uma notícia muito ruim. Se nosso conhecimento é apenas uma função de nossa opacidade diante de nós mesmos, como podemos ter esperança de alcançar os *insights* que poderiam nos libertar? Como pode haver uma "verdade do sujeito" se o sujeito se perde no próprio ato de passar a existir?

Podemos colocar o problema em termos diferentes. A psicanálise é um discurso que se esforça para enfrentar o irracional pela reflexão; e, como tal, sugere a impossibilidade final de toda "crítica da ideologia". Pois, na medida em que tal discurso é "racional", abre uma lacuna incapacitadora entre si e seu objeto e, na medida em que simplesmente reproduz a linguagem do desejo, parece renunciar a todas as pretensões de revelar seus mecanismos ocultos. A crítica da ideologia será sempre atormentada por esse impasse ou *aporia*, em que "compreender" os fugidios significantes que examina é ser instantaneamente iludido por eles. O Freud que duvidava ser possível ir até o fundo de um sonho, que apontava o papel dos próprios desejos do analista ("contratransferência") e que, mais tarde, veio a especular que os construtos teóricos do analista talvez fossem ficções convenientes tanto quanto as fantasias do paciente, parece ter tido consciência da natureza desconcertante de seu próprio empreendimento. Mas há também outro Freud, cuja confiança na eficácia final da razão de certo modo contraria esse ceticismo. Formulando a questão em termos marxistas: se Freud é "althusseriano" na consciência da cognição cronicamente errônea da vida cotidiana, também compartilha algo da visão iluminista que os Marx e Engels iniciais tinham a respeito dessa falsa consciência. E o texto freudiano exemplar de tal crítica "iluminada" da ideologia é sua posterior investigação sobre a religião, "O futuro de uma ilusão".

A religião, na opinião de Freud, cumpre o papel de reconciliar os homens e as mulheres com as renúncias instintuais que a civilização lhes impõe. Para compensar tais sacrifícios, ela imbui de significado um mundo cruel e sem propósito. Assim, pode-se afirmar, trata-se do próprio paradigma da ideologia, provendo uma solução imaginária para contradições reais, e, se não o fizesse, os indivíduos poderiam muito bem rebelar-se contra uma forma de civilização que exige tanto deles. Em "O futuro de uma ilusão", Freud contempla a possibilidade de que a religião seja um mito socialmente necessário, um meio indispensável de refrear o descontentamento político; mas considera essa possibilidade apenas para rejeitá-la. Na mais honrosa tradição iluminista, e a despeito de todo o seu temor elitista diante das massas insensatas, Freud não consegue aceitar que a mistificação seja uma condição eterna da humanidade. A ideia de que uma minoria de filósofos como ele possa reconhecer a verdade sem vernizes enquanto a massa de homens e mulheres deve continuar a ser vítima da ilusão é ofensiva para seu humanismo racional. Seja qual for o bom propósito histórico que a religião possa ter servido na evolução "primitiva" da raça, é tempo de substituir esse mito pela "operação racional do intelecto" ou pelo que Freud denomina "educação na realidade". Como Gramsci, sustenta que a visão de mundo secularizada, desmitificada que tem sido até agora o monopólio dos intelectuais deve ser disseminada como o "senso comum" da humanidade como um todo.

Rejeitar essa esperança como o sonho de um racionalista ingênuo seria fugir à coragem e ao desafio do texto de Freud. Pois nenhum pensador moderno é mais sombriamente cônscio da extrema precariedade da razão humana – da sinistra verdade, como comenta em sua obra, de que "argumentos de nada valem contra as paixões (humanas)" e de que "mesmo no homem de hoje, motivos puramente racionais pouco podem fazer contra impulsos apaixonados"[12]. Contudo, apesar de todo o seu cauteloso ceticismo quanto às pretensões da razão, Freud tem a imaginação de se perguntar se a não razão deve sempre reinar inevitavelmente. O intelecto, observa ele, pode ser impotente em comparação com a vida instintual, mas,

---

[12] Sigmund Freud, "The Future of an Illusion", em *Civilisation, Society and Religion* (Harmondsworth, Middlesex, Penguin, 1985), p. 225. (Todas as referências subsequentes de páginas citadas desse trabalho são dadas em parênteses após as citações.) [ed. bras.: *Obras completas*, Rio de Janeiro, Imago, 1996].

194   Ideologia: uma introdução

embora sua voz seja uma voz "suave", não descansa até ser ouvida. "A primazia do intelecto", escreve, "encontra-se, é verdade, em um futuro distante, mas provavelmente não em um futuro *infinitamente* distante"(p.238). Nada, afirma ele, pode resistir a longo prazo à razão e à experiência, e a afronta que a religião oferece a ambas é por demais palpável. Preso em seu alarme conservador diante da rebeldia em fermentação das massas, Freud permanece leal ao âmago *democrático* de uma obscura racionalidade iluminista. Não há dúvida, nessa obra pelo menos, se tal racionalidade ou uma visão cética dela é que está ao lado do progressismo político.

Para Freud, a religião é uma sublimação de nossos baixos instintos em fins espirituais mais elevados, mas assim é também a "cultura" ou civilização como um todo. "Tendo reconhecido as doutrinas religiosas como ilusões", escreve ele,

> somos imediatamente confrontados com mais uma questão: outros patrimônios culturais, de que temos uma opinião elevada e pelos quais permitimos que nossas vidas sejam regidas, não podem ter uma natureza similar? Os pressupostos que determinam nossos regulamentos políticos não devem também ser chamados ilusões? E não é verdade que em nossa civilização as relações entre os sexos são perturbadas por uma ilusão erótica ou uma variedade de tais ilusões? (p.216)

Uma vez que se embarca nessa linha de pensamento, onde ela terminará? Não seria possível, pergunta-se Freud, estendê-la mesmo ao raciocínio e à observação? E se a própria ciência for apenas outra sublimação desse tipo? O conceito de sublimação está claramente escapando ao controle e, tão logo Freud levanta essas questões embaraçosas, ele as rejeita peremptoriamente. Sem dispor dos meios para empreender uma tarefa tão abrangente, informa com modéstia, ele se concentrará no tópico em questão.

Freud encerra a discussão, em resumo, pouco antes que ela o conduza à sua própria versão da doutrina marxista de base e superestrutura. Num estilo marxista ortodoxo, ele nos informa em outra parte que a motivação básica da vida social é econômica: a civilização é apenas um dispositivo incômodo para induzir os homens e as mulheres a fazer espontaneamente o que detestam, ou seja, trabalhar. Somos todos naturalmente ociosos e, sem essa superestrutura de sanções e logros, simplesmente ficaríamos por aí em vários estados interessantes de *jouissance*. Este, é claro, não é exatamente o ponto de Marx: a superestrutura jurídica, política e ideológica da sociedade, ao menos para ele, é uma consequência da natureza *autodividida* da "base" econômica em condições de classe – do fato de que a exploração econômica precisa ser socialmente legitimada. Ela não decorre simplesmente da injunção universal para o trabalho. Mas Freud sabe que o trabalho, pelo menos nesse tipo de sociedade, implica a renúncia à satisfação instintual, e a "superestrutura" da civilização, ou "cultura", deve, portanto, coagir-nos ou persuadir-nos a abraçar o negócio da reprodução material. Aqui, o pensamento de Freud é impecavelmente gramsciano: os meios pelos quais a sociedade é perpetuada, assim nos informa, são "medidas de coerção e outras medidas que têm como objetivo reconciliar os homens (com seu destino material) e recompensá-los por seus sacrifícios. Estes podem ser descritos como o patrimônio mental da civilização" (p.189). Ou – nos termos de Gramsci – as instituições da hegemonia. A cultura para ambos os pensadores é um amálgama de mecanismos coercitivos e consensuais para reconciliar sujeitos humanos com seu indesejável destino de animais trabalhadores em condições opressivas.

O problema na visão de Freud é que tais processos hegemônicos podem rapidamente derrotar a si mesmos. Sublimamos nossos instintos normalmente antissociais em ideais culturais de um tipo ou outro, que servem para unificar uma raça de egoístas predatórios que, de outra maneira, pulariam nos pescoços uns dos outros. Mas esses ideais podem tornar-se tiranicamente excessivos em suas exigências, exigindo mais renúncia instintual do que podemos manejar adequadamente e, assim, fazendo-nos adoecer de neurose. Além disso, essa hegemonia é ameaçada tão logo torna-se claro que alguns estão sendo forçados a renunciar mais que outros. Nessa situação, comenta Freud, "um estado permanente de descontentamento" persistirá na sociedade e pode levar a "revoltas perigosas". Se a satisfação da minoria depende da supressão da maioria, então é compreensível que esta comece a manifestar uma "hostilidade justificável" pela cultura que seu trabalho torna possível, mas da qual tem uma parcela muito pobre. Uma crise de hegemonia consequentemente ocorrerá, pois a hegemonia é estabelecida por homens e mulheres que *internalizam* a lei que os governa e, em condições de flagrante desigualdade, "não se deve esperar uma internalização de proibições culturais entre pessoas reprimidas" (p.191). "É desnecessário dizer", acrescenta Freud, "que uma civilização que deixa um número tão grande de seus participantes insatisfeitos e que os impele à revolta não tem nem merece perspectiva de uma existência duradoura"(p.192).

O mecanismo pelo qual a lei da sociedade é internalizada é conhecido como superego. O superego é a voz da autoridade dentro de todos nós, não mais um poder externamente imposto, mas o próprio fundamento de nossa consciência pessoal e idealismo moral. Uma vez inscrito na própria forma de nossa subjetividade, qualquer insurreição contra ele parece envolver uma *auto*transgressão. Emanciparmo-nos de nós mesmos – o propósito total do projeto terapêutico de Freud – é muito mais difícil do que derrubar algum modelo meramente externo de domínio. Na formação do superego ou Nome do Pai, o poder se entrelaça com as raízes do inconsciente, extraindo algo de sua formidável e implacável energia e dirigindo sadicamente essa força contra o próprio ego. Se o poder político é tão recalcitrante como ele, isso ocorre em parte porque o sujeito ama e deseja a própria lei que o subjuga na perversão erótica conhecida como masoquismo. "As

196   Ideologia: uma introdução

classes reprimidas", escreve Freud, "podem ser emocionalmente apegadas a seus senhores; apesar de sua hostilidade por eles, podem ver neles seus ideais" (p.193); e isso, fisicamente falando, é um segredo da tenacidade da dominação política.

Tornar nossa a lei, porém, não resolverá os problemas da civilização. Nossa apropriação dela será sempre parcial, ambivalente – o que, no jargão de Freud, significa dizer que o complexo de Édipo nunca é completamente dissolvido. Se amamos e desejamos a lei, também nutrimos uma animosidade intensa para com ela, rejubilando-nos ao ver essa augusta autoridade rebaixada. E como a própria lei é cruel, sádica e tirânica, ela redireciona nossa agressividade contra nós mesmos e assegura que, para cada renúncia à satisfação, mergulhemos ainda mais na culpa neurótica. Nesse sentido, o poder que sustenta a civilização também ajuda a arruiná-la, alimentando em nós uma cultura de ódio letal contra nós mesmos. A lei é obtusa além de brutal: não é apenas vingativa, paranoica e retaliadora, mas inteiramente insensível ao fato de que suas exigências insanamente excessivas não podem ser cumpridas. É uma forma de terrorismo arrogante, que simplesmente esfrega em nosso nariz o fracasso de corresponder a suas expectativas em vez de mostrar-nos como aplacá-las. Perante a lei estamos sempre "errados"; como um monarca imperioso, o superego "não se preocupa o suficiente com os fatos da constituição mental dos seres humanos. Emite um comando e não pergunta se as pessoas podem obedecê-lo"[13]. Esse poder fanático é descontrolado, impelindo homens e mulheres à loucura e ao desespero, e Freud, que considerava a lei um de seus mais antigos inimigos, vê como um objetivo da psicanálise temperar esse rigor mortal.

Pode-se pensar que homens e mulheres naturalmente seriam levados a rebelar-se contra qualquer autoridade tão cruel quanto o superego. Se não o fazem comumente é porque, na visão de Freud, o superego tem suas raízes no id ou inconsciente, mais próximo do inconsciente que o próprio ego. Nossa submissão à lei, em outras palavras, é incitada por nossas vigorosas forças instintivas, que nos ligam libidinalmente a ela. O paradoxo, então, é que as próprias forças inconscientes que alimentam o despotismo do superego são também as que nos levam a abraçá-lo, e isso pode ser visto como desconstruindo a oposição gramsciana de coerção e consentimento. O que torna a lei tão coercitiva – as poderosas pulsões inconscientes por trás de sua brutalidade – é próprio dos impulsos eróticos que nos levam a dar-lhe consentimento.

Se a "cultura" aos olhos de Freud é uma questão de sublimação, compensação e solução imaginária, então realmente é sinônimo de um conceito influente de ideologia. Mas a visão de civilização de Freud também é ideológica em um sentido diferente. Para ele, tanto quanto para Thomas Hobbes ou Jeremy Bentham,

---

[13]   Sigmund Freud, "Civilisation and its Discontents", em *Civilisation, Society and Religion*, cit., p. 337.

há uma eterna inimizade entre o indivíduo que impiedosamente satisfaz a si mesmo e as exigências da sociedade. Os homens e as mulheres são naturalmente egoístas, dominadores e agressivos, predadores monstruosos que podem ser dissuadidos de danos mútuos apenas por meio das proibições da autoridade ou pelo suborno de alguma concessão alternativa de prazer. Em Freud há pouco ou nada de uma concepção da sociedade que nutre além de reprimir – como lugar de autorrealização recíproca além de mecanismo para impedir que nos matemos uns aos outros. Sua visão tanto do indivíduo como da sociedade é, em resumo, classicamente burguesa: o indivíduo como uma mônada isolada, alimentada por seus apetites, a sociedade como mero dispositivo contratual sem o qual seria desenfreada a anarquia libidinal. Dada essa cínica moralidade de mercado, não é de surpreender que a "cultura", que tem como objetivo regulamentar e reconciliar os indivíduos, revele-se assustadoramente frágil em contraste com sua lascívia por pilhar e possuir. A teoria psicanalítica de Freud, em última análise, não é dissociável da política de sua classe social e, como a economia política burguesa, tem esses preconceitos inscritos em pontos cruciais. Ela universaliza uma visão particular do "homem" em uma categoria global e o mesmo pode ser dito da versão posterior da teoria pela escola de Jacques Lacan. Por mais notáveis que sejam os *insights* que a obra de Lacan indubitavelmente tem a oferecer, certamente não há dúvida de que sua visão do sujeito humano como mero efeito de algum Outro inescrutável, seu desprezo por todo o conceito de emancipação política e sua rejeição desdenhosa da história humana como pouco mais que um "esgoto" desempenharam sua parte no *ethos* ressentido e desencantado do pós-guerra que recebeu o nome de "fim da ideologia".

Por maior que seja a confiança de Freud na razão humana, ele claramente não é um racionalista no que diz respeito à *prática* psicanalítica. Ele não acredita que um paciente possa ser curado simplesmente recebendo uma exposição teórica de seus males. Nesse aspecto, Freud coincide com Marx: o objetivo não é interpretar o mundo, mas modificá-lo. A neurose deve ser dispersada não deslocando sua "falsidade" com alguma verdade intelectual, mas, em primeiro lugar, atacando as condições materiais que lhe deram origem. Para ele, assim como para Marx, a teoria é inútil a menos que venha a intervir como uma força transformadora na experiência efetiva. Para Marx, o oposto de uma ideologia opressiva não é, por fim, a teoria ou uma ideologia alternativa, mas a prática política. Para Freud, a alternativa para o distúrbio físico é a própria cena da análise, dentro da qual a única verdade que importa é a que é construída no intercâmbio entre analista e analisando. Como a prática política, a cena da análise é uma "encenação" ou representação de conflitos, uma "teatralização" de certas questões urgentes da vida real em

198 Ideologia: uma introdução

que as relações práticas dos sujeitos humanos com esses problemas é crucialmente transfigurada. Tanto a prática revolucionária como a cena da análise envolvem a dolorosa construção de uma nova identidade sobre as ruínas da antiga, que deve ser antes relembrada que reprimida, e em ambos os casos a "teoria" reduz-se a uma autocompreensão prática alterada. O marxismo e o freudianismo têm o devido respeito para com o discurso analítico, em contraste com os irracionalismos modernos que podem dar-se o luxo de não precisar saber. Mas para ambos os credos, a prova da teoria emancipatória encontra-se na execução e, nesse processo, a teoria e a prática nunca formam um todo simétrico. Pois se a teoria é uma intervenção material, ela alterará a própria prática que toma como seu objeto e, portanto, necessitará de transformação para ser igual à nova situação que produziu. A prática, em outras palavras, torna-se a "verdade" que interroga a teoria, de modo que, aqui, como no jogo de transferência e contratransferência entre analista e paciente, nunca é fácil dizer exatamente quem está analisando quem. Um ato teórico "bem-sucedido" é um ato que enfrenta substancialmente a prática e, assim, deixa de permanecer idêntico a si mesmo, deixa de ser "teoria pura". Similarmente, uma prática ideológica não é mais idêntica a si mesma quando a teoria incorporou-se a ela a partir de dentro; isso não quer dizer, porém, que ela agora atinge uma verdade que ignorava anteriormente. Pois a teoria só pode intervir com sucesso na prática se extrair os vislumbres de autocompreensão que a prática *já* tem. Se o analista for um teórico "puro", será incapaz de decifrar *essa* forma *particular* de discurso mistificado; e, antes de mais nada, se o paciente neurótico já não estivesse inconscientemente em busca de certa autocompreensão, não haveria neurose. Pois tais distúrbios, como vimos anteriormente, são maneiras de tentar abranger um dilema real e, portanto, contêm o seu próprio tipo de verdade.

Se a neurose contém esse elemento mais "positivo", então, para Freud, produz uma ilusão ideológica como a religião. Em "O futuro de uma ilusão", ele distingue "delusões", que é como designa estados psicóticos da mente, em franca contradição com a realidade, e "ilusões", que, apesar de toda a sua irrealidade, expressam um desejo genuíno. Uma ilusão, por exemplo, pode ser falsa *agora*, mas pode ser realizada no futuro; uma mulher de classe média pode ter a fantasia de que um príncipe chegará para casar-se com ela e, excepcionalmente, pode revelar-se profética. Na visão de Freud, o que caracteriza tais ilusões é a sua perspectiva "futura", isto é, o fato de que são essencialmente modos de realização de desejos. "Assim, chamamos uma crença ilusão", escreve ele, "quando a realização de um desejo é um fator preeminente na sua motivação e, ao fazê-lo, desconsideramos suas relações com a realidade, assim como a própria ilusão não dá nenhum valor à verificação" (p.213). Precisamos apenas substituir o termo "ilusão" por "ideologia" para ler o enunciado como impecavelmente althusseriano: não se trata de uma questão de verificar ou falsificar a representação em questão, mas de compreendê-la como codificando algum desejo subjacente. Tais ilusões estão indissoluvelmente ligadas à realidade: "A ideologia", comenta Slavoj Žižek, "não é uma ilusão semelhante ao sonho que construímos para escapar de uma realidade insuportável; em sua dimensão básica, é uma construção de fantasia que serve de apoio para nossa própria 'realidade': uma 'ilusão' que estrutura nossas relações efetivas, reais, e, com isso, mascara um núcleo insuportável, real, impossível"[14]. Como poderia formular Althusser: na ideologia, a realidade social é *investida* no imaginário, entrelaçada com a fantasia em todo o seu tecido, e isso é muito diferente de concebê-la como uma "superestrutura" quimérica, erguida sobre uma "base" solidamente real. Também é, podemos notar, diferente de concebê-la meramente como um "anteparo" que se interpõe entre nós e a realidade. A realidade e suas aparências ou formas fantasmáticas estão muito mais intimamente entrelaçadas do que pode sugerir qualquer dessas imagens. O real e o imaginário são dados simultaneamente na ideologia – e é por isso que Žižek pode argumentar que "a única maneira de quebrar o poder de nosso sonho ideológico é confrontar o Real de nosso desejo, que se anuncia ali". Se "desinvestirmo-nos" de um ponto de vista ideológico é tão difícil como geralmente é, isso ocorre porque envolve uma dolorosa "decactecização" ou desinvestimento de objetos de fantasia e, assim, uma reorganização da economia física do eu. A ideologia agarra-se a seus vários objetos com toda a cega tenacidade do inconsciente, e um importante domínio que tem sobre nós é sua capacidade de proporcionar prazer. Para além do campo da significação ideológica, como assinala Žižek, há sempre uma espécie de "excedente" não significante que é prazer ou *jouissance*, e esse prazer é o último "apoio" do significado ideológico[15].

Então, na visão de Freud, a ilusão não é, de modo algum, uma categoria puramente negativa. Na verdade, é bem menos negativa que a concepção inicial de ideologia de Marx. Se a ideologia é uma condição da realidade difundida e apoiada por nossos desejos inconscientes, assim como por nossa angústia e agressividade, então ela oculta um âmago utópico. A ilusão pressagia no presente um estado de coisas mais desejável, em que homens e mulheres se sentiriam menos impotentes, amedrontados e privados de significado. Tem, assim, um gume radicalmente duplo, anodinia e aspiração juntos; e Fredric Jameson argumentou que isso é verdade a respeito de todos os artefatos na sociedade de classes. Ideologias, formações culturais e obras de arte podem muito bem operar como "contenções" de contradições reais, mas elas também apontam, ainda que apenas em razão de sua forma *coletiva*, para possibilidades além dessa condição opressiva[16]. Por esse argumento, mesmo modos de satisfação "degradados", como a ficção barata, codificam um

---

[14] Slavoj Žižek, *The Sublime Object of Ideology* (Londres, Verso, 1989), p. 45.
[15] Ibidem, p. 125.
[16] Ver Frederic Jameson, "Conclusão" em *The Political Unconscious*, cit.

200 Ideologia: uma introdução

frágil impulso para uma realização mais durável e, assim, prefiguram debilmente a forma da boa sociedade. Surpreendentemente, então, o conceito de ilusão de Freud revela-se coincidente com a noção de ideologia desenvolvida pela Escola de Frankfurt posterior. Para Herbert Marcuse, a cultura da sociedade de classes é simultaneamente uma falsa sublimação do conflito social e – ainda que apenas na própria integridade estrutural da obra de arte – uma crítica utópica do presente. O estudo de Walter Benjamin sobre a sociedade parisiense do século XIX lembra-nos o lema de Michelet, de que "toda época sonha sua sucessora", e encontra uma promessa enterrada de felicidade e abundância nas próprias fantasias consumistas da burguesia parisiense. Ernst Bloch, em seu *The Principle of Hope* (1954-1945), descobre vislumbres de utopia no material aparentemente menos promissor de todos, os *slogans* publicitários.

Examinar as dimensões inconscientes da ideologia é simultaneamente auspicioso e admonitório. Se a ideologia está entrelaçada com a fantasia, então essa é uma razão para seu formidável poder; mas tais fantasias nunca são facilmente contidas no presente e, em princípio, apontam para além dele. A utopia seria uma condição em que o "princípio de prazer" e o "princípio de realidade" de Freud se fundiriam, de modo que a realidade social fosse inteiramente realizadora. A guerra eterna entre esses princípios elimina para Freud qualquer reconciliação desse tipo, mas a irrealidade da utopia, portanto, é também a impossibilidade de qualquer identificação total entre nossos impulsos libidinais e um dado sistema de poder político. O que frustra a utopia é também a ruína da distopia: nenhuma classe social pode ser inteiramente vitoriosa. Freud tem pouco a dizer diretamente sobre a ideologia, mas é muito provável que aquilo que aponta como os mecanismos fundamentais da vida física sejam também os dispositivos estruturais da ideologia. Projeção, deslocamento, sublimação, condensação, recalcamento, idealização, substituição, racionalização, rejeição: todos estão em funcionamento no texto da ideologia, tanto quanto no sonho e na fantasia, e este é um dos mais ricos legados que Freud deixou à crítica da consciência ideológica.

A crença de que a existência humana é basicamente uma questão de interesses e, portanto, "ideológica" até o âmago, ganha impulso no fim do século XIX e início do século XX, quando uma crise do capitalismo põe em questão sua racionalidade dominante[17]. À medida que o sistema capitalista se precipita cada vez mais na guerra imperialista global, a fé em uma razão absoluta, que tipificou sua fase "clássica", começa inexoravelmente a ruir. A Europa do início do século XX

---

[17] Para uma cobertura geral deste período, ver H. Stuart Hughes, *Consciousness and Society* (Londres, MacGibbon & Kee, 1959).

está inundada de simbolismo e primitivismo, com um retorno ao mito e ao culto da irracionalidade; está impregnada de laivos de Wagner e Nietzsche, do apocalipse e dos deuses sombrios. Na verdade, é notável quanto do pensamento supostamente vanguardista de hoje simplesmente reinventa o *fin de siècle*, com suas insinuações de algum caos primevo esgueirando-se por trás das formas racionais da sociedade.

Em seu *Treatise of General Sociology* (1916), produzido em meio à Primeira Guerra Mundial, o sociólogo italiano Vilfredo Pareto argumenta que o elemento não racional da conduta humana supera amplamente o racional. (Sem dúvida, olhando os jornais, esse parecia um argumento eminentemente racional na época.) Na visão de Pareto, há certos "sentimentos" invariáveis na vida humana, cuja expressão ele denomina "resíduos", e estes fornecem as determinantes primárias de nossa ação. Os resíduos, por sua vez, são codificados em "derivações", que designam os tipos de argumentos lógicos ou pseudológicos (apelos ao costume, tradição, autoridade etc.) que usamos para justificar nossos sentimentos. Assim, derivação é realmente uma palavra para ideologia, mas uma palavra inteiramente aplicável a nossos discursos. As ideias são apenas racionalizações especiosas de motivos humanos imutáveis, e a política, que para o direitista Pareto é sempre fundamentalmente elitista, mesmo nas chamadas sociedades democráticas, é a arte de familiarizar-se com os "sentimentos" e "derivações" das massas para manipulá-los na direção certa. Em um momento histórico em que as forças revolucionárias da massa estavam em fermentação, esse argumento tinha certa urgência política. A racionalidade burguesa está sendo desafiada por poderes sociais e deve despir sua máscara de desinteresse: deve, ao invés, reconhecer que todas as ideias são uma espécie de retórica sofista e esperar que sua própria retórica supere a dos antagonistas.

As ideias para Pareto podem ser falsas e não científicas, mas ainda desempenham um papel útil na sustentação da unidade social e nisso ele coincide com a filosofia política de Georges Sorel. Em *Reflections on Violence* (1906), Sorel contrapõe ao que percebe como árido positivismo da Segunda Internacional sua forma peculiarmente poetizada de marxismo. Na condição de sindicalista revolucionário, Sorel coloca a greve geral no centro de seu programa político, mas que fins práticos tal greve pode alcançar são para ele uma questão secundária. A greve geral é um *mito*: existe como uma imagem ou ficção capacitadora que unificará o proletariado, organizará sua consciência política e os inspirará para a ação heroica. "Deve-se fazer uso", escreve Sorel, "de um corpo de imagens que, *pela intuição apenas*, e antes que quaisquer análises consideradas sejam feitas, seja capaz de evocar como um todo não indiviso a massa de sentimentos que corresponde às diferentes manifestações da guerra empreendida pelo socialismo contra a sociedade moderna. Os sindicalistas resolvem esse problema perfeitamente,

202   Ideologia: uma introdução

concentrando todo o socialismo no drama da greve geral"[18]. A greve geral é um símbolo romântico, destilando em um arroubo de intuição toda uma realidade complexa; é uma imagem pré-reflexiva, pré-discursiva, que leva em consideração o que Sorel, seguindo seu mentor, Henri Bergson, chama conhecimento "integral" em vez de analítico.

Assim, Sorel representa o ponto em que um pragmatismo nietzschiano irrompe na tradição marxista. As ideias políticas não devem mais ser avaliadas como cientificamente corretas ou errôneas: devem ser, em vez disso, compreendidas como princípios organizadores vitais, unificando forças que são "verdadeiras" na medida em que engendram os "mais nobres e profundos sentimentos" na classe trabalhadora e a instigam para a ação revolucionária. Assim, convenientemente, são a prova de todo argumento racional. Para Sorel, assim como para o Nietzsche que ele admirava, as ideias são maneiras práticas, provisórias, de dar coerência a nossa experiência, para que nossos poderes possam florescer melhor. O que importa é antes o *élan* de uma imagem que a exatidão de uma teoria, e, nessa medida, Sorel "esteticiza" o processo da revolução socialista. A noção da greve geral, observa ele, produz "um estado de espírito inteiramente épico", e se tal imagem é necessária é porque há algo de "obscuro" e "misterioso" no socialismo que resiste a toda representação. "Nenhuma indução racional", escreve Sorel, de maneira tipicamente obscurantista, "eliminará o mistério que envolve o socialismo"[19], e o mesmo é verdade sobre o próprio processo da revolução proletária, que "deve ser concebida como uma catástrofe, cujo desenvolvimento é indescritível"[20]. O socialismo, em resumo, é uma espécie de "sublimidade", que desafia toda a análise discursiva, e seu conteúdo, portanto, deve ser comunicado antes pelo imediatismo de uma imagem mítica que pelos circunlóquios da ciência. Muito influenciado por esse irracionalismo soreliano, o crítico alemão Walter Benjamin escreveu em seu ensaio sobre o surrealismo a respeito da necessidade de "expulsar a metáfora moral da política e descobrir na ação política uma esfera cem por cento reservada a imagens"[21].

O viés essencialmente prático das teorias de Sorel (ele começou a vida como engenheiro) tem um apelo radical superficial. Mas poucos pensadores ilustram mais vividamente os perigos do pragmatismo no pensamento radical. Para os intelectuais não importa se as ideias pelas quais os trabalhadores lutam e possivelmente morrem são verdadeiras ou mesmo se são eficazes na prática; elas são simplesmente maneiras convenientes de gerar os tipos de consciência que o

---

[18] Georges Sorel, *Reflections on Violence* (Illinois, Glencoe, The Free Press, 1950), p. 140.
[19] Ibidem, p. 167.
[20] Ibidem, p. 168.
[21] Walter Benjamin, "Surrealism", em *One-Way Street* (Londres, NBL, 1979), p. 238.

intelectual julga desejáveis. A irresponsabilidade de tal posição coincide com a glorificação estética soreliana da violência revolucionária como fim em si. Esse pensamento influenciou poderosamente Antonio Gramsci, mas também ajudou a gerar uma progênie mais sinistra. O culto romântico de vontade, ação e violência, o deleite subnietzschiano com o teatral e o heroico, o caráter apocalíptico e o misticismo – tudo isso tornou o pensamento de Sorel mais que palatável para o fascismo. Na verdade, é no fascismo que uma corrente de pensamentos que estamos rastreando – a "mitificação" do pensamento, sua redução a mero instrumento de forças mais profundas – encontra sua expressão mais profunda.

Não é fácil determinar a relação entre mito e ideologia[22]. Os mitos são as ideologias das sociedades pré-industriais ou as ideologias são os mitos das sociedades industriais? Se existem paralelos claros entre os dois, há também pontos de diferença significativos. O mito e a ideologia são mundos de significado simbólico com funções e efeitos sociais, mas mito é manifestamente o termo mais abrangente, já que gira em torno das grandes questões "metafísicas" do nascimento, sexualidade e morte, das grandes ocasiões, locais e origens sagradas. As ideologias geralmente são formas mais específicas, mais pragmáticas de discurso, que podem abranger questões tão portentosas, mas que as relacionam mais diretamente com questões de poder. Os mitos geralmente estão mais preocupados em saber como o porco-da-terra conseguiu seu nariz comprido do que em como localizar um comunista. São também tipicamente pré-históricos e desistoricizantes, fixando os eventos em um eterno presente ou vendo-os como infinitamente repetitivos; as ideologias, em contraste, podem e muitas vezes desistoricizam, mas isso não se aplica às várias ideologias de progresso histórico triunfal no século XIX. (Pode-se argumentar, porém, que tais ideologias da história são históricas no conteúdo, mas imóveis na forma; Claude Lévi-Strauss certamente vê a "história" simplesmente como um mito moderno.)

Os mitos podem não legitimar o poder político tão diretamente quanto as ideologias, mas, à maneira da *doxa* de Pierre Bourdieu, podem ser vistos como naturalizando e universalizando uma estrutura social particular, tornando impensável qualquer alternativa a ela. Também podem ser considerados no estilo de um Lévi-Strauss, como oferecendo soluções imaginárias para contradições reais e, assim, também dessa maneira lembram a ideologia[23]. Alguns discursos ideológicos podem atrelar corpos de mito a seus propósitos, como no nazismo e *The Waste Land*; pode-se também pensar no uso feito por Bertold Brecht da lenda folclórica

---

[22] Ver B. Halpern, "Myth and Ideology", *History and Theory*, n. 1, 1961.
[23] Ver Claude Lévi-Strauss, *Structural Anthropology* (Londres, Allen Lane, 1968) [ed. bras.: *Antropologia estrutural*, Rio de Janeiro, Tempo Brasileiro, 1943 (v. 2), 1996 (v. 1)], e *The Savage Mind* (Londres, Weidenfeld and Nicolson, 1966).

204   Ideologia: uma introdução

em suas obras literárias. Em vez de simplesmente identificar mito e ideologia, parece mais seguro falar dos aspectos das ideologias que são míticos e dos que não o são. Um mito não é apenas uma falsidade antiga: não descreveríamos como mito a afirmação de que o Everest pode ser escalado em quarenta minutos com passos rápidos. Para qualificar-se como mito, a crença teria de ser amplamente compartilhada e refletir algum investimento psicológico significativo da parte de seus adeptos. A afirmação de que "a ciência tem a solução de todos os problemas da humanidade" provavelmente se enquadraria e, além disso, revela o elemento de *idealização* que boa parte do mitificar implica. As figuras ou eventos míticos são os que estão imbuídos de uma aura especial: são fenômenos privilegiados, exemplares, maiores que a vida, que destilam de forma peculiarmente pura algum significado ou fantasia coletiva. Portanto, podemos falar do "mito de Jimi Hendrix", mas não do mito de Jimmy Carter. O mito, assim, é um *registro* particular da ideologia, que eleva certos significados à condição numinosa, mas seria um erro imaginar que toda a linguagem ideológica envolve esse tipo de atração. Como a ideologia, o mito não precisa envolver falsidade: não há nada falso no mito de Jimi Hendrix, a menos que implique uma crença em sua divindade. Os mitos tampouco precisam ser mistificadores, no sentido de gerar efeitos enganosos a serviço de um poder dominante. O mito da Inglaterra como um gigante adormecido, prestes a despertar e livrar-se de seus grilhões serviu à causa da emancipação política de seu tempo. Finalmente, podemos notar que, enquanto os mitos são tipicamente narrativas, a ideologia não invariavelmente assume essa forma.

Isso, porém, levanta uma importante questão. Movimentos de oposição política vivem inelutavelmente no mito ou devemos – como no sonho do Iluminismo, de Kant a Freud – lutar por uma condição futura em que homens e mulheres enfrentarão o mundo sem tais ópios, confiantes em sua dignidade como seres racionais? Consideremos o exemplo das mitologias do nacionalismo irlandês. É possível fazer muitas críticas severas ao nacionalismo irlandês. No extremo, é uma forma de essencialismo, confiando em alguma essência pura de irlandesismo (idêntica à língua gaélica e ao catolicismo), que deve ser mantida livre da contaminação de influências estrangeiras. Em suas manifestações mais cruas, esse essencialismo transforma-se em franco racismo. O nacionalismo irlandês tende a patrocinar uma leitura cíclica, homogeneizadora da história, na qual há uma continuidade heroica da luta anti-imperialista e na qual quase todos os males da Irlanda podem ser colocados na porta da Grã-Bretanha. Todas as batalhas são a mesma batalha, todas as vitórias e derrotas, efetivamente idênticas. Ele se desenvolve em um culto irresponsável, masoquista, quase mítico, do martírio e do sacrifício de sangue, no qual o fracasso parece mais eficaz que o sucesso. É notoriamente masculinista, provido de um panteão de jovens heróis viris, com dois metros de altura e dotados de uma condição pseudorreligiosa.

Oferece estereótipos sexistas sobre a "Mãe Irlanda", com quem esses heróis estão eternamente casados e a qual fertilizarão com seu sangue doador de vida. É incuravelmente nostálgico e sentimental, fetichiza a causa da unidade nacional, independentemente de seu conteúdo social, e é marcadamente grosseiro e atavístico em sua postura para com o "moderno".

Está claro que nenhum liberal com autorrespeito seria surpreendido associando-se a esse credo bárbaro. Existem, porém, duas linhas de defesa que podem ser empreendidas em seu nome, nenhuma das quais precisa negar as críticas reais listadas acima. A primeira defesa é que essa condenação generalizada deixa de perceber o âmago racional dentro do envoltório mítico. Ignora o fato de que essa mitologia projeta, em uma forma vividamente exagerada, numerosas verdades locais que os britânicos preferiram ignorar, e que a rejeição "esclarecida" de tais doutrinas é, em parte, uma racionalização política. Muitos dos problemas da Irlanda realmente têm sua origem na ligação colonial com a Grã-Bretanha. Apesar de todo o *machismo* mitológico, os homens e mulheres irlandeses realmente exibiram uma coragem notável ao longo dos séculos na sua luta pela libertação nacional. A "unidade nacional" certamente pode ser um fetiche, mas os britânicos que sustentam essa visão estariam, por conseguinte, preparados para entregar os Home Counties a Dublin? Há verdade na acusação de masoquismo e autossacrifício cultural, mas é verdade também que os republicanos irlandeses às vezes preferiram derramar seu próprio sangue a derramar o de outros. As crenças nacionalistas irlandesas certamente são com frequência nostálgicas e atavísticas, desdenhosas para com a modernidade, e, olhando para a modernidade, quem pode culpá-los? Os mitos do nacionalismo irlandês, por mais retrógrados e reprováveis que sejam, não são puras ilusões: encerram, ainda que de forma redutora, hiperbólica, alguns fatos substancialmente históricos. Não são apenas bobagens como tende a suspeitar o liberal decente.

Mas há uma linha mais fundamental de defesa a ser seguida aqui. Pois qualquer crítica dos mitos de um povo oprimido não tem de partir de um ponto de vista aridamente intelectualista? Os homens e mulheres engajados em tais conflitos não vivem apenas de teoria; os socialistas não deram suas vidas ao longo de gerações pelo dogma de que a razão entre capital fixo e variável provoca uma queda tendencial na taxa de lucro. Não é em defesa da doutrina de base e superestrutura que homens e mulheres estão preparados para abraçar dificuldades e perseguição no curso da luta política. Os grupos oprimidos contam a si mesmos narrativas épicas de sua história, celebram sua solidariedade em canção e ritual, elaboram símbolos coletivos de seu esforço comum. Tudo isso deve ser desdenhosamente rejeitado como embriaguez mental? Não obstante, se tal consciência mitológica da parte dos oprimidos é válida e inevitável, não está desconfortavelmente aliada com a mistificação? Quando Walter Benjamin escreveu que "o mito persistirá enquanto

206   Ideologia: uma introdução

restar um único mendigo"[24], era esse sentido politicamente negativo de mitologia que ele tinha em mente.

Parece, em resumo, que estamos diante de duas alternativas igualmente desagradáveis. Por um lado, a crença iluminista de que os homens e mulheres podem superar inteiramente a mitologia, mas isso parece envolver um racionalismo estéril. Por outro lado, podemos aceitar que as massas precisam de seus mitos, mas que isso deve ser nitidamente distinguido da teorização dos intelectuais. Nesse caso, como supostamente atestam as obras de um Sorel ou de um Althusser, simplesmente trocamos um intelectualismo anêmico por um oportunismo ou elitismo cínicos. Há, porém, uma distinção útil proposta por Frank Kermode em seu *The Sense of an Ending*, entre "mito" e "ficção". A ficção, no parecer de Kermode, é um construto simbólico ironicamente consciente de sua ficcionalidade, ao passo que os mitos tomaram seus mundos simbólicos por mundos literais e, portanto, naturalizaram sua própria condição[25]. A linha divisória entre os dois é notavelmente tênue, já que as ficções têm uma tendência para degenerar em mitos. Quando as pessoas protestam gritando "os trabalhadores unidos jamais serão vencidos" podem realmente acreditar nisso, o que é causa para alarme. Pois não é verdade que os trabalhadores unidos jamais serão vencidos e é irresponsável sugerir isso. Mas é improvável que a maioria das pessoas que cantam esse *slogan* considerem-no como uma proposição teórica válida. É claramente um exemplo de retórica, com o objetivo de promover a solidariedade e a autoafirmação, e "crer" nisso é crer nisso *como tal*. É perfeitamente possível crer nisso como um exemplo de retórica política, mas não como uma proposição teórica – uma situação de crer e não crer simultaneamente que, de certo modo, complica a fenomenologia drasticamente simplista da crença típica de um pensamento neopragmático contemporâneo. Dar crédito ao slogan como retoricamente válido é executar um ato ficcional, ao passo que o tomar literalmente é ser vítima de um mito. E é nesse sentido que o racionalismo e o elitismo não são, no fim das contas, as únicas alternativas políticas.

---

[24]   Walter Benjamin, *Gesammelte Werke* (ed. R. Tiedemann e T. W. Adorno, Frankfurt, Suhrkamp, 1966), v. 5, p. 505.
[25]   Ver Frank Kermode, *The Sense of an Ending* (Nova York, Oxford University Press, 1967), p. 112-3.

7

DISCURSO E IDEOLOGIA

Vimos que o conceito de ideologia abrange, entre outras coisas, a ideia de reificação, mas pode-se argumentar que é uma reificação toda própria. Nunca ninguém pôs os olhos em uma formação ideológica, no inconsciente freudiano ou em um modo de produção. O termo "ideologia" é apenas uma maneira conveniente de classificar em uma única categoria uma porção de coisas diferentes que fazemos com signos. A expressão "ideologia burguesa", por exemplo, é simplesmente uma abreviatura para um leque imenso de discursos espalhados no tempo e no espaço. Chamar "burguesas" todas essas linguagens é, naturalmente, sugerir que elas têm alguma coisa em comum, mas esse elemento comum não precisa ser pensado como alguma estrutura invariável de categorias. Provavelmente é mais útil aqui pensar segundo as diretrizes da doutrina de "semelhanças de família" de Ludwig Wittgenstein – mais uma rede de características sobrepostas que alguma "essência" constante.

Muito da tradicional conversa sobre ideologia foi formulada em termos de "consciência" e "ideias" – termos que têm seus usos adequados, mas que tendem a nos empurrar na direção do idealismo sem percebermos. Pois também a "consciência" é um tipo de reificação, uma abstração de nossas formas efetivas de prática discursiva. É próprio do que poderíamos chamar a revolução linguística do século XX termos deixado de pensar nas palavras em termos de conceitos e passado a pensar em conceitos em termos de palavras. Em vez de sustentar, em uma veia empírica, que as palavras "representam" conceitos, agora tendemos a considerar "ter um conceito" como a capacidade de usar palavras de maneiras particulares. Assim, um conceito é mais uma prática que um estado mental – embora

208 Ideologia: uma introdução

tenhamos visto que Louis Althusser corre o risco de ir longe demais nessa direção, *reduzindo* conceitos a práticas sociais. Mas há uma terceira via entre pensar na ideologia como ideias sem corpo, por um lado, e como nada mais que uma questão de certos padrões de comportamento, por outro. É considerar a ideologia como um fenômeno discursivo ou semiótico. E isso é simultaneamente enfatizar sua materialidade (já que os signos são entidades materiais) e preservar o sentido de que ela diz respeito essencialmente a *significados*. Falar de signos e discursos é inerentemente social e prático, ao passo que termos como "consciência" são resíduos de uma tradição idealista de pensamento.

Pode ser útil ver a ideologia menos como um *conjunto* particular de discursos do que como um conjunto particular de efeitos *dentro* dos discursos. A ideologia burguesa inclui esse discurso particular sobre a propriedade, aquela maneira de falar sobre a alma, esse tratado sobre jurisprudência e o tipo de coisas que se ouvem nos *pubs* quando o dono usa uma gravata militar. O que é "burguês" nessa mistura de idiomas é menos o *tipo* de linguagem que os efeitos que produzem: efeitos, por exemplo, de "fechamento", pelos quais certas formas de significação são excluídas silenciosamente e certos significantes são "fixados" em uma posição de comando. Esses efeitos são traços *discursivos*, não puramente formais da linguagem: o que é interpretado como "fechamento", por exemplo, dependerá do contexto concreto da elocução e é variável de uma situação comunicativa para outra.

A primeira teoria semiótica da ideologia foi desenvolvida pelo filósofo soviético V. N. Voloshinov em *Marxismo e filosofia da linguagem* (1929) – uma obra em que o autor audaciosamente proclama que "sem signos não há ideologia"[1]. Em sua visão, o domínio dos signoseo da ideologia são coextensivos: a consciência só pode surgir na corporificação material dos significantes, e como esses significantes são em si mesmos materiais, não são apenas "reflexos" da realidade, mas uma parte integral dela. A "lógica da consciência", escreve Voloshinov, "é a lógica da comunicação ideológica, da interação semiótica de um grupo social. Se privássemos a consciência de seu conteúdo semiótico, ideológico, não lhe restaria absolutamente nada[2]. A palavra é o "fenômeno ideológico *par excellence*", e a própria consciência é apenas a internalização de palavras, um tipo de "discurso interior". Em outras palavras, a consciência é menos algo "dentro" de nós que algo ao redor de nós e entre nós, uma rede de significantes que nos constitui inteiramente.

---

[1] V. N. Voloshinov, *Marxism and the Philosophy of Language* (Nova York /Londres, Seminar Press, 1973), p. 9 [ed. bras.: *Marxismo e filosofia da linguagem: problemas fundamentais do método sociológico na ciência da linguagem*, trad. Sheila Grillo e Ekaterina Vólkova Américo, São Paulo, Editora 34, 2017].

[2] Ibidem, p. 13.

Se a ideologia não pode ser divorciada do signo, então o signo também não pode ser isolado das formas concretas de intercâmbio social. É apenas dentro destas que o signo "vive", e, por sua vez, essas formas de intercâmbio devem estar relacionadas com a base material da vida social. O signo e sua situação social estão inextricavelmente fundidos, e essa situação determina a partir de dentro a forma e a estrutura de uma elocução. Temos aqui, então, o delineamento de uma teoria materialista de ideologia que não a reduz simplesmente a um "reflexo" da "base" econômica, mas concede à materialidade da palavra, e aos contextos discursivos a que se prende, o que lhe é devido.

Se a linguagem e a ideologia são, em um sentido, idênticas para Voloshinov, em outro, não o são. Pois posições ideológicas contendoras podem articular-se na mesma língua nacional, cruzarem-se na mesma comunidade linguística, e isso significa que o signo se torna "uma arena da luta de classes". Um signo social particular é puxado de um lado para outro por interesses sociais em competição, inscrito interiormente por uma multiplicidade de "sotaques" ideológicos, e é dessa maneira que sustenta seu dinamismo e vitalidade. A obra de Voloshinov, assim, fornece-nos uma nova definição de ideologia, como a luta de interesses sociais antagônicos no nível do signo.

Voloshinov é o pai do que a partir de então veio a ser chamado "análise do discurso", que acompanha o jogo do poder social no âmbito da própria linguagem. O poder ideológico, como formula John B. Thompson, não é apenas uma questão de significado, mas de fazer o significado *aderir*[3]. As teorias de Voloshinov são levadas adiante na obra do linguista althusseriano francês Michel Pêcheux, notavelmente em seu *Language, Semantics and Ideology* (1975). Pêcheux deseja ir além da célebre distinção sausurreana entre *langue* (o sistema abstrato da língua) e *parole* (elocuções particulares) com os conceitos de "processo discursivo" e "formação discursiva". Uma formação discursiva pode ser vista como um conjunto de regras que determina o que pode e deve ser dito a partir de certa posição na vida social, e as expressões têm significado apenas em virtude das formações discursivas em que ocorrem, mudando de significado quando são transportadas de uma para outra. Uma formação discursiva, portanto, constitui uma "matriz de significado" ou sistema de relações linguísticas dentro do qual são gerados processos discursivos efetivos. Qualquer formação discursiva será parte de uma totalidade estruturada de tais fenômenos, que Pêcheux chama "interdiscurso", e cada formação discursiva está, por sua vez, encerrada em uma formação ideológica, que contém práticas não discursivas, assim como práticas discursivas.

Cada processo discursivo, portanto, está inscrito em relações ideológicas e será internamente moldado pela sua pressão. A própria linguagem é um sistema

---

[3]   John B. Thompson, *Studies in the Theory of Ideology*, cit., p. 132.

210 Ideologia: uma introdução

"relativamente autônomo", compartilhado igualmente por operário e burguês, homem e mulher, idealista e materialista, mas, justamente porque forma a base comum de todas as formações discursivas, torna-se o veículo de conflito ideológico. Uma "semântica discursiva" examinaria então como os elementos de uma formação específica são ligados para formar processos discursivos em relação com um contexto ideológico. Mas a posição de uma formação discursiva dentro de um todo complexo, que inclui seu contexto ideológico, será tipicamente ocultada do falante individual em um ato do que Pêcheux chama "esquecer", e é por causa desse esquecimento ou repressão que os significados do falante parecem-lhe evidentes e naturais. O falante "esquece" que é apenas a função de uma formação discursiva ou ideológica e, assim, vem a reconhecer-se erroneamente como o autor de seu próprio discurso. Mais ou menos como o bebê lacaniano identifica-se com seu reflexo imaginário, assim o sujeito falante efetua uma identificação com a formação discursiva que o domina. Mas Pêcheux deixa aberta a possibilidade de uma "desidentificação" com tais formações, que é uma condição da transformação política.

O trabalho de Voloshinov e de Pêcheux abriu caminho para uma linhagem fértil e variada de análise do discurso[4]. Boa parte desse trabalho examina como a inscrição do poder social na linguagem pode ser rastreada em estruturas lexicais, sintáticas e gramaticais – de modo que, por exemplo, o uso de um substantivo abstrato ou uma mudança do modo ativo para o passivo podem servir para obscurecer a agência concreta de um evento social de maneiras convenientes para os interesses ideológicos dominantes. Outros estudos envolvem a análise da distribuição de oportunidades de discurso no âmbito de uma conversa ou os efeitos ideológicos da organização narrativa oral. Apesar de às vezes trabalhar o óbvio, manejando as grandes armas da análise linguística para dar conta de uma simples piada suja, esse tipo de investigação abriu uma nova dimensão em uma teoria da ideologia tradicionalmente mais interessada na "consciência" do que no desempenho linguístico, mais nas "ideias" que na interação social.

Um estilo inteiramente diferente de pensamento sobre linguagem e ideologia veio a caracterizar o pensamento europeu de vanguarda na década de 1970. Para essa corrente de investigação, associada à publicação francesa de semiótica *Tel Quel*, a ideologia é essencialmente uma questão de "fixar" o processo de significação, de outro modo inexaurível, em torno de certos significantes dominantes com

---

[4] Ver, por exemplo, William Labov, *Sociolinguistic Patterns* (Philadelphia, University of Pennsylvania Press, 1972); Malcolm Coulthard, *Introduction to Discourse Analysis* (Harlow, Longman, 1977); M. A. K. Halliday, *Language as Social Semiotic* (Londres, Edward Arnold, 1978); Gunter Kress e Roger Hodge, *Language as Ideology* (Londres, Routledge & Kegan Paul, 1979); Roger Fowler, *Literature as Social Discourse* (Londres, Batsford Academic and Educational, 1981); e Diane Macdonell, *Theories of Discourse* (Oxford, Blackwell, 1986).

os quais o sujeito individual pode então identificar-se. A própria linguagem é infinitamente produtiva, mas essa produtividade incessante pode ser artificialmente detida no "fechamento" – no mundo selado da estabilidade ideológica, que repele as forças desagregadoras, descentradas da língua em nome de uma unidade imaginária. Os signos são classificados por certa violência oculta em uma ordem rigidamente hierárquica; como Rosalind Coward e John Ellis o formulam, "a prática ideológica ... trabalha para fixar o sujeito em certas posições em relação a certas fixações do discurso"[5]. O processo de forjar "representações" sempre envolve esse fechamento arbitrário da cadeia significante, restringindo o jogo livre do significante a um significado espuriamente determinado que pode então ser recebido pelo sujeito como natural e inevitável. Assim como, para Pêcheux, o sujeito falante "esquece" a formação discursiva que o localiza, para esse modo de pensamento, a representação ideológica envolve reprimir o *trabalho* da linguagem, o processo material da produção significante subjacente a esses significados coerentes e que, potencialmente, sempre pode subvertê-los.

Essa é uma conjuntura sugestiva de linguística, marxismo e psicanálise, envolvendo um materialismo enriquecido que examina a própria constituição da linguagem no sujeito humano. Não é, porém, destituída de dificuldades. Politicamente falando, essa é uma teoria latentemente libertária do sujeito, que tende a "demonizar" o próprio ato de fechamento semiótico e que celebra acriticamente a libertação eufórica das forças da produção linguística. Ocasionalmente trai uma suspeita anárquica pelo significado como tal e falsamente assume que o "fechamento" sempre é contraproducente. Mas tal fechamento é um efeito provisório de qualquer semiose e pode ser capacitador em vez de repressor: "Reconquiste a noite!" envolve um fechamento semiótico e (em um sentido do termo) ideológico, mas sua força política encontra-se precisamente nisso. A hostilidade da semiótica de esquerda contra tais significantes provisoriamente estabilizados às vezes aproxima-se perigosamente da suspeita banal dos liberais pelos "rótulos". Se tal fechamento é politicamente positivo ou negativo depende do contexto discursivo e ideológico, e este modo de análise, em geral, tende afoitamente a negligenciar o contexto discursivo em sua contemplação acadêmica esquerdista da linguagem como "texto". Em outras palavras, raramente é uma forma efetiva de análise do discurso; em vez disso, como seus oponentes filológicos, ela toma a "linguagem como tal" como seu objeto de investigação e, portanto, não consegue escapar de certo formalismo e abstração de esquerda. Jacques Derrida e seus descendentes estão mais interessados no deslocamento do significante mallarmeano do que no que é dito nas cozinhas do Hilton no intervalo para o chá. No caso da *Tel Quel*,

---

[5]   Rosalind Coward e John Ellis, *Language and Materialism* (Londres, Routledge and Paul, 1977), p. 73.

212 Ideologia: uma introdução

uma visão ocidental deslumbrada da "revolução cultural" maoista é ingenuamente transplantada para a arena da linguagem, de modo que a revolução política é implicitamente igualada a uma ruptura e subversão incessantes. O caso trai uma suspeita anarquista da institucionalidade como tal e ignora o alcance com que certa estabilidade provisória de identidade é essencial não apenas para o bem-estar psíquico mas para a agência política revolucionária. Não contém nenhuma teoria adequada de tal agência já que o sujeito parece agora ser nada mais que o efeito descentrado do processo semiótico, e sua valiosa atenção para com a natureza dividida, precária, pluralista de toda a identidade resvala, nos piores momentos, em uma glorificação irresponsável das virtudes da esquizofrenia. A revolução política torna-se, na verdade, equivalente a um delírio carnavalesco, e se isso reinstala utilmente os aspectos prazerosos, utópicos, com impacto mental do processo que um marxismo muitas vezes puritano suprimiu, deixa aos camaradas tristemente enamorados do "fechamento" fazer o trabalho de comitê, fotocopiar os panfletos e organizar os suprimentos de comida. O que é permanentemente valioso no argumento é sua tentativa de revelar os mecanismos linguísticos e psicológicos da representação ideológica – expor a ideologia menos como um "conjunto de ideias" estático do que como um conjunto de efeitos complexos interiores ao discurso. A ideologia é uma maneira crucial de o sujeito humano esforçar-se para "suturar" as contradições que o fendem no seu próprio ser, que o constituem até seu âmago. Como em Althusser, é o que nos produz como sujeitos sociais em primeiro lugar, não simplesmente uma camisa de força conceptual em que somos subsequentemente colocados.

Vale a pena, porém, determo-nos nessa posição e perguntar se a ideologia é sempre uma questão de "fixação". E as ideologias consumistas do capitalismo avançado, em que o sujeito é encorajado a viver provisoriamente, deslizar satisfeito de signo para signo, deliciar-se com a rica pluralidade de seus apetites e saborear-se como nada mais que uma função descentrada deles? É verdade que tudo isso prossegue dentro de um "fechamento" mais fundamental, determinado pelas exigências do próprio capital, mas expõe a ingenuidade da crença de que a ideologia sempre e em toda parte envolve significantes fixados ou "transcendentais", unidades imaginárias, fundamentos metafísicos e fins teleológicos. O pensamento pós-estruturalista muitas vezes transforma a ideologia dessa maneira frouxa, apenas para confrontá-la com as ambiguidades criativas da "textualidade" ou o deslocamento do significante; mas cinco minutos vendo uma propaganda de vídeo ou cinema devem ser suficientes para desconstruir essa oposição binária rígida. "Textualidade", ambiguidade, indeterminação muitas vezes encontram-se do lado dos próprios discursos ideológicos dominantes. O erro origina-se em parte da projeção de um modelo *particular* de ideologia – do fascismo e do stalinismo – nos discursos inteiramente diferentes do capitalismo liberal. Há uma história política por trás desse erro: como os membros da Escola de Frankfurt, certos membros preeminentes da chamada escola crítica de Yale, que patrocinou tais noções, têm ou tiveram raízes políticas de um tipo ou outro em seu contexto europeu inicial[6]. A ideologia, para eles, assim como para os teóricos do fim da ideologia, vem a significar Hitler ou Stálin, mais do que a Trump Tower ou David Frost.

Finalmente, podemos notar que essa teoria da ideologia, apesar de seu alardeado "materialismo", trai um idealismo incipiente em seu viés altamente centrado no sujeito. Em seus esforços instrutivos para evitar o reducionismo econômico, passa em silêncio por toda a argumentação marxista clássica a respeito das bases "infraestruturais" da ideologia, juntamente com a centralidade das instituições políticas. Vimos anteriormente que podemos falar das próprias instituições da democracia parlamentar como, entre outras coisas, um aparelho ideológico. Os efeitos dessas instituições, com certeza, devem "passar através" da experiência do sujeito para serem ideologicamente persuasivas, mas há certo idealismo implícito em tomar como ponto de partida o sujeito humano, mesmo que uma versão adequadamente "materializada" dele. Essa "volta ao sujeito" ao longo de toda a década de 1970 representou simultaneamente um aprofundamento e enriquecimento valiosos da teoria política clássica e um recuo da parte da esquerda política diante dessas questões sociais menos "centradas no sujeito", que, em uma crise prolongada do sistema capitalista internacional, pareciam mais intratáveis do que nunca.

Vimos que muitas vezes se sente que a ideologia implica uma "naturalização" da realidade social, e esta é outra área em que a contribuição semiótica foi especialmente esclarecedora. Para o Roland Barthes de *Mitologias* (1957), o mito (ou ideologia) é o que transforma a história em Natureza emprestando a signos arbitrários um conjunto de conotações aparentemente óbvio, inalterável. "O mito não nega as coisas, pelo contrário, sua função é falar sobre elas; simplesmente ele as purifica, as torna inocentes, lhes dá justificação natural e eterna, lhes dá uma clareza que não é a de uma explicação, mas de uma afirmação de fato."[7] A tese da "naturalização" é aqui expandida para abranger o discurso como tal em vez de o mundo do qual fala. O signo "saudável" para Barthes é aquele que exibe sem vergonha a sua gratuidade, o fato de que não existe nenhum vínculo interno ou autoevidente entre ele e o que representa, e, nessa medida, o modernismo artístico, que tipicamente medita sobre a natureza "imotivada" de seus próprios sistemas de signos, surge como politicamente progressista. O significante "insano" – mitológico ou ideológico – é aquele que astuciosamente apaga sua radical ausência de motivação, suprime o trabalho semiótico que o produziu e, assim, permite

---

6   Ver minha discussão desse tópico em *The Function of Criticism* (Londres, Verso, 1984), p. 100-2.

7   Roland Barthes, *Mythologies* (Londres, Hill and Wang, 1972), p. 143. [ed. bras.: *Mitologias*, Rio de Janeiro, Bertran, 1993].

214   Ideologia: uma introdução

que o recebamos como "natural" ou "transparente", contemplando através de sua superfície inocente o conceito ou significado, ao qual nos permite o acesso magicamente. O realismo literário, para Barthes e seus discípulos, é exemplar dessa transparência ilusória – um julgamento curiosamente formalista, trans-histórico de tudo, de Defoe a Dostoiévski, os quais, nas versões mais "selvagens" dessa argumentação ricamente sugestiva, tornam-se um desastre absoluto que nunca devia ter acontecido.

É justamente essa naturalização espúria da linguagem que o crítico literário Paul de Man vê na raiz de toda ideologia. O que De Man denomina a ilusão "fenomenalista", nas palavras de seu comentador Christopher Norris, é a ideia de que a linguagem "pode, de certa maneira, tornar-se consubstancial ao mundo dos objetos e processos naturais e, portanto, transcender o golfo ontológico entre palavras (ou conceitos) e intuições sensuais"[8]. A ideologia é a linguagem que esquece as relações essencialmente contingentes, acidentais entre si e o mundo e, em vez disso, percebe-se erroneamente como tendo algum tipo de vínculo orgânico, inevitável com o que representa. Para a filosofia essencialmente trágica de um De Man, a mente e o mundo, a linguagem e o ser são eternamente discrepantes, e a ideologia é o gesto que procura fundir essas ordens inteiramente separadas, perseguindo nostalgicamente uma presença pura da coisa dentro da palavra e, assim, imbuindo o significado de toda a positividade sensual do ser natural. A ideologia luta para unir conceitos verbais e intuições sensoriais, mas a força do pensamento verdadeiramente crítico (ou "desconstrutivo") é demonstrar como a natureza insidiosamente figurativa, retórica do discurso sempre se interpõe para romper esse casamento auspicioso. "O que chamamos ideologia", observa De Man em *The Resistance to Theory*, "é precisamente a confusão de realidade linguística com realidade natural, de referência com fenomenalismo"[9]. Podem-se encontrar casos exemplares de tal confusão no pensamento do Heidegger tardio, para quem certas palavras permitem-nos um acesso privilegiado ao "Ser", na crítica literária contemporânea de F. R. Leavis e na poesia de Seamus Heaney. A falha dessa teoria, como no caso de Barthes, encontra-se na pressuposição sem argumentos de que *todo* discurso ideológico opera por meio de tal naturalização – uma alegação da qual, como já vimos, há razão para duvidar. Como ocorre com frequência na crítica da ideologia, um paradigma particular de consciência ideológica é sub-repticiamente colocado a serviço de todo o variado leque de formas e dispositivos ideológicos. Há outros estilos de discurso ideológico que não o "organicista" – o pensamento de Paul de Man, por exemplo, cuja lúgubre insistência no

---

[8]   Christopher Norris, *Paul de Man: Deconstruction and the Critique of Aesthetic Ideology* (Londres, Methuen, 1988), p. 48-9.

[9]   Paul de Man, *The Resistance to Theory* (Minneapolis, University of Minnesota Press, 1986), p. 11.

sentido de que mente e mundo nunca podem encontrar-se harmoniosamente é, entre outras coisas, uma recusa codificada do "utopismo" da política emancipatória.

É próprio de uma perspectiva pós-estruturalista ou pós-modernista ver todo discurso marcado inteiramente pelo jogo de poder e desejo e, portanto, ver toda linguagem como irremediavelmente *retórica*. Devemos suspeitar adequadamente de uma distinção excessivamente rígida entre uma espécie de ato discursivo escrupulosamente neutro, puramente informativo e os trechos de linguagem "performativos" claramente ocupados em amaldiçoar, adular, seduzir, persuadir etc. Dizer as horas a alguém é tão "performativo" quanto mandar alguém se danar e, sem dúvida, envolve algum inescrutável jogo de poder e desejo para qualquer analista suficientemente provido de engenhosidade inútil para perseguir a questão. Todo discurso tem como objetivo a produção de certos efeitos em seus receptores e é emitido a partir de uma "posição subjetiva" tendenciosa, e, nessa medida, podemos concluir, juntamente com os sofistas gregos, que tudo o que dizemos é realmente uma questão de desempenho retórico no qual questões de verdade ou cognição estão estritamente subordinadas. Se for assim, então toda linguagem é "ideológica", e a categoria de ideologia, expandida até o ponto de ruptura, mais uma vez desmorona. Pode-se acrescentar que a produção desse efeito é precisamente parte da intenção ideológica dos que afirmam que "tudo é retórica".

Contudo, é um simples truque ou mera falta de engenhosidade intelectual imaginar que toda linguagem é retórica exatamente no mesmo grau. Nesse caso, mais uma vez, o "pluralismo" pós-moderno é culpado de homogeneizar violentamente espécies muito diferentes de ato discursivo. A asserção "são cinco horas" certamente envolve um tipo de interesse, já que se origina de uma maneira particular de dividir a temporalidade e é própria de um contexto intersubjetivo (o de dizer a alguém que horas são) que nunca é inocente de autoridade. Mas é meramente perverso imaginar que tal elocução, na maioria das circunstâncias, pelo menos, é tão "interessada" quando declarar que às cinco horas todos os materialistas históricos devem ser lavados no sangue do Cordeiro ou enfrentar a execução imediata. Alguém que escreve uma tese de doutorado sobre as relações entre raça e classe social na África do Sul não é, de modo algum, desinteressado; por que, para começar, dar-se o trabalho de escrevê-la? Mas esse tipo de trabalho normalmente difere de afirmações como "o homem branco nunca renunciará a sua herança" no sentido de que está aberto à refutação. Na verdade, isso é parte do que queremos dizer com hipótese "científica" em oposição a um grito de alarme ou uma torrente de invectivas. O pronunciamento "o homem branco nunca renunciará a sua herança" *parece* ser passível de refutação, já que pode ser obtusamente tomado como uma previsão sociológica, mas tomá-lo dessa maneira, é claro, seria não perceber sua força ideológica. Não há nenhuma necessidade de imaginar que a imposição de uma distinção de trabalho entre esses dois gêneros discursivos é render-se ao mito de algum "desinteresse científico" – uma fantasia que, de qualquer modo, nenhum filósofo interessante da ciência cogitou durante a última metade do século. O tradicional e dignificado desdém humanista pela investigação científica não se torna mais plausível ao ser revestido de uma glamorosa roupagem de vanguarda.

Se toda linguagem articula interesses específicos, então, aparentemente, toda linguagem seria ideológica. Mas, como já vimos, o conceito clássico de ideologia não se limita, de maneira nenhuma, ao "discurso interessado" ou à produção de efeitos persuasivos. Refere-se mais precisamente ao processo pelo qual os interesses de certo tipo são mascarados, racionalizados, naturalizados, universalizados, legitimados em nome de certas formas de poder político, e há muito a perder politicamente quando essas estratégias discursivas vitais são dissolvidas em alguma categoria indiferenciada e amorfa de "interesses". Afirmar que toda linguagem é retórica em algum nível não é, portanto, o mesmo que afirmar que toda linguagem é retórica. Como assinala John Plamenatz em sua obra *Ideology*, alguém que grita "fogo!" em um teatro não está participando de um discurso ideológico. Um modo de discurso pode codificar certos interesses, por exemplo, mas pode não ter a intenção de promovê-los ou legitimá-los diretamente, e os interesses em questão, de qualquer modo, podem não ter nenhuma relação crucialmente relevante para a sustentação de toda uma ordem social. Novamente, os interesses em jogo podem não ser minimamente "falsos" ou especiosos, ao passo que vimos que, pelo menos para algumas teorias da ideologia, teriam de sê-lo para que um discurso fosse tachado de ideológico. Os que hoje defendem o argumento sofista de que toda linguagem é retórica, como Stanley Fish em *Doing What Comes Naturally*, estão prontos a reconhecer que o discurso em que elaboram sua argumentação nada mais é que um caso especial de apelo; mas se um Fish está alegremente disposto a reconhecer que sua própria teorização é retórica, reluta notavelmente em reconhecer que é *ideológica*. Pois fazê-lo envolveria refletir sobre os fins políticos a que tal argumento serve no contexto da sociedade capitalista ocidental, e Fish não está preparado para ampliar seu foco teórico de modo a abranger questões tão embaraçosas. Na verdade, sua resposta, sem dúvida, teria de ser que também ele é tão inteiramente um produto dessa sociedade – o que sem dúvida é verdade – que é inteiramente incapaz de refletir sobre as suas próprias determinantes sociais – o que sem dúvida é falso.

É pela via da categoria do "discurso" que, nos últimos anos, muitos teóricos fizeram o percurso regular de posições primitivamente revolucionárias para posições reformistas de esquerda. Esse fenômeno é geralmente conhecido como "pós-marxismo", e vale a pena investigar a lógica dessa longa marcha de Saussure à democracia social.

Em muitas obras de teoria política[10], os sociólogos ingleses Paul Hirst e Barry Hindess rejeitam com firmeza o tipo de epistemologia clássica que presume alguma combinação ou "correspondência" entre nossos conceitos e a maneira como o mundo é. Pois, se "a maneira como o mundo é" é sempre conceptualmente definida, esse argumento filosófico antiquíssimo parece ser viciosamente circular. É uma falácia racionalista, argumentam Hindess e Hirst, sustentar que o que nos capacita a conhecer é o fato de que o mundo assume a forma de um conceito – de que é, de certa forma, convenientemente pré-estruturado para ajustar-se a nossa cognição. Assim como para um Paul de Man, não existe tal congruência ou vínculo interno entre a mente e a realidade e, portanto, nenhuma linguagem epistemológica privilegiada que possa nos permitir o acesso sem problemas ao real. Pois para determinar que essa linguagem avaliaria adequadamente o ajustamento ou não ajustamento entre nossos conceitos e o mundo, presume-se que precisaríamos de outra linguagem para garantir a adequação *dessa* linguagem e assim por diante, num recuo potencialmente infinito a "metalinguagens". Em vez disso, os objetos deveriam ser considerados não como exteriores ao discurso que busca aproximá-los, mas como totalmente interiores a tais discursos, constituídos inteiramente por eles.

Essa posição – embora Hindess e Hirst não o digam, talvez porque o fato os deixe nervosos ou porque não têm consciência dele – é uma posição inteiramente nietzschiana. Não existe absolutamente nenhuma ordem dada *na* realidade, que, para Nietzsche, é apenas caos inefável; o significado é apenas o que arbitrariamente construímos por nossos atos doadores de sentido. O mundo não se resolve espontaneamente em tipos, hierarquias causais, esferas distintas como imaginaria um realista filosófico; pelo contrário, somos *nós* que fazemos tudo ao falar disso. Nossa linguagem mais *significa* do que *reflete* a realidade, dá-lhe forma conceptual. A resposta, então, para *o que* está recebendo forma conceptual é impossível: a própria realidade, antes que a constituamos por meio de nossos discursos, é apenas um *x* inarticulável.

É difícil saber exatamente quão longe pode ser levada essa argumentação antirrealista. Ninguém acredita que o mundo se resolva na forma, independentemente de nossas descrições, no sentido de que a superioridade literária de Arthur Hugh Clough sobre Alfred Lorde Tennyson seja apenas uma distinção "dada" inscrita na realidade antes do início dos tempos, grandiosamente autônoma diante de

---

[10] Ver em particular Barry Hindess e Paul Hirst, *Pre-Capitalist Modes of Production* (Londres, Routledge and Kegan Paul, 1975) [ed. bras.: *Modos de produção pré-capitalistas*, Rio de Janeiro, Zahar, 1976.] e *Mode of Production and Social Formation* (Londres, Macmillan, 1977). John Frow promove uma teoria "semiótica" da ideologia similar em seu *Marxism and Literary History* (Oxford, Blackwell, 1986), p. 55-8.

218 Ideologia: uma introdução

qualquer coisa que possamos dizer a respeito do caso. Mas parece plausível crer que existe uma distinção dada entre o vinho e os cangurus, e que não ser claro quanto a esse ponto pode dar origem a certa frustração para alguém em busca de um drinque. Pode muito bem haver sociedades para as quais essas coisas significam algo inteiramente diverso do que significam para nós, ou mesmo certos sistemas culturais bizarros que não viram por que *marcar* a diferença. Mas isso não significa que estocariam suas lojas com cangurus ou encorajariam seus filhos a alimentar garrafas de vinho nos jardins zoológicos. Certamente é verdade que não conseguimos distinguir certas espécies de plantas que, para outra cultura, são inteiramente diferentes. Mas seria impossível um antropólogo descobrir uma sociedade que não registrasse nenhuma distinção entre água e ácido sulfúrico, já que todos estariam enterrados há muito tempo.

Similarmente, é difícil saber até que ponto levar o argumento de que nossos discursos não refletem ligações causais reais na realidade – uma doutrina empírica da qual muitos pós-marxistas surpreendentemente se apropriaram. Com certeza pode-se argumentar que a afirmação marxista de que a atividade econômica determina a forma da sociedade é apenas uma relação causal que os marxistas, por suas próprias razões políticas, querem construir, em vez de uma hierarquia já inscrita no mundo, esperando para ser descoberta. De certo modo, é menos persuasivo afirmar que a relação causal aparente entre eu atacá-lo com uma cimitarra e sua cabeça cair imediatamente é apenas uma relação construída discursivamente para fins particulares.

A tese "antiepistemológica" de Hindess e Hirst tem como objetivo, entre outras coisas, minar a doutrina marxista segundo a qual uma formação social é composta de diferentes "níveis", alguns dos quais exercem mais determinação significante que outros. Para eles, isso é meramente outro caso de ilusão racionalista, que veria a sociedade, de certa forma, como já estruturada internamente segundo as diretrizes dos conceitos pelos quais nos apropriamos dela no pensamento. Não existe, então, nenhuma "totalidade social", e nenhuma questão de ser uma atividade social, em geral ou em princípio, mais determinante ou causalmente privilegiada que outra. As relações entre o político, o cultural, o econômico etc. são relações que *nós* criamos para fins políticos específicos em contextos históricos dados; não são, em nenhum sentido, relações que subsistem independentemente de nosso discurso. Mais uma vez, não é fácil perceber até que ponto esse argumento deve estender-se. Isso significa, por exemplo, que, em princípio, não podemos descartar a possibilidade de que a revolução bolchevique teve início por causa da asma de Bogdanov ou pela predileção de Radek por torta de carne de porco? Se não existem hierarquias causais *na* realidade, por que não seria assim? O que *restringe* nossas construções discursivas? Não pode ser a "realidade", pois esta é simplesmente um *produto* delas, caso em que, aparentemente, somos livres, em uma fantasia voluntarista, para tecer qualquer trama de relações que nos dê na telha. De qualquer modo, está claro que o que teve início como um argumento sobre a epistemologia transformou-se em uma oposição à política revolucionária, pois, se a doutrina marxista da determinação econômica em "última instância" for descartada, então boa parte do discurso revolucionário tradicional terá de ser radicalmente revisto. No lugar desse gênero "global" de análise, Hindess e Hirst defendem o cálculo pragmático dos efeitos políticos em uma conjuntura social particular, o que é muito mais palatável para o sr. Neil Kinnock. Essa teoria, muito coincidentemente, foi patrocinada justamente no momento em que as correntes radicais das décadas de 1960 e 1970 começavam a refluir sob a influência de um conjunto agressivo de assaltos da direita política. Nesse sentido, era uma posição de "conjuntura" em mais sentidos do que proclamava ser.

A tese de que os objetos são inteiramente internos aos discursos que os constituem suscita o problema espinhoso de saber como podemos julgar que um discurso construiu sua validade objetiva. Como pode alguém, segundo essa teoria, estar errado? Se não pode haver nenhuma metalinguagem que meça o "ajustamento" entre minha linguagem e o objeto, o que me impede de construir o objeto da maneira que eu quiser? Talvez o rigor e a coerência internas de meus argumentos sejam o teste nesse caso, mas a magia e o satanismo, para não falar da teologia tomista, são perfeitamente capazes de construir seus objetos de maneiras internamente coerentes. Além disso, sempre podem produzir efeitos que alguém, a partir de algum ponto de vista, pode julgar politicamente benéficos. Mas, se a metalinguagem é uma ilusão, então parece não haver nenhuma maneira de julgar que alguma perspectiva política seja mais benéfica que outra. Em outras palavras, a manobra pragmatista, nesse caso, simplesmente faz a questão recuar um passo: se o que dá validade a minhas interpretações sociais são os fins políticos a que servem, como posso dar validade a esses fins? Ou sou simplesmente forçado, agressiva e dogmaticamente, a afirmar meus interesses diante dos outros, como insistiria Nietzsche? Para Hindess e Hirst, não pode haver nenhuma maneira de opor-se a um argumento político reprovável recorrendo à maneira como as coisas são na sociedade, pois a maneira como as coisas são é apenas a maneira como você as constrói. Você deve recorrer é aos seus fins e interesses políticos – o que significa que agora são estes, não a distinção entre vinho e cangurus, que, de certo modo, são meramente "dados". Eles não podem ser derivados da realidade social, já que a realidade social deriva *deles*, e, portanto, devem permanecer tão misteriosamente órfãos e autorreferenciais quanto a obra de arte para toda uma tradição de estetas clássicos.

Em outras palavras, para o pós-marxismo, saber de onde vêm os interesses é tão nebuloso quanto é para uma criancinha saber de onde vêm os bebês. O argumento marxista tradicional tem sido que os interesses políticos derivam da localização de

220   Ideologia: uma introdução

alguém nas relações sociais de uma sociedade de classes, mas isso, para o pós-marxismo, parece implicar a suposição não saussureana de que nossos discursos políticos "refletem" ou "correspondem" a alguma outra coisa. Se nossa linguagem não é apenas um reflexo passivo da realidade, mas efetivamente constituinte dela, então certamente não pode ser esse o caso. Não é possível que a sua localização em um modo de produção lhe forneça certos interesses objetivos e que os seus discursos políticos e ideológicos simplesmente os "expressem". Não pode haver interesses "objetivos" espontaneamente "dados" pela realidade; mais uma vez, interesses são o que *construímos*, e a política, nesse sentido, leva vantagem sobre a economia.

Pode-se conceder alegremente que os interesses políticos não estão espalhados por aí como lajes de concreto esperando que alguém tropece neles. Não há motivo para supor, como argumentam acertadamente Hindess e Hirst, que a mera ocupação de um lugar na sociedade irá nos fornecer automaticamente um conjunto adequado de crenças políticas e desejos, como prontamente atestaria o fato de que nem todas as mulheres são feministas. Os interesses sociais, na verdade, não são independentes, em nenhum sentido, de nada que venhamos a fazer ou dizer, não são um "significado" dado que depois tem de descobrir seu significante adequado ou modo de discurso ideológico para ter existência própria. Mas essa não é a única maneira de compreender o conceito de "interesses objetivos". Imagine uma localização objetiva dentro da formação social conhecida como terceiro escravo das galés a partir da proa a estibordo. Essa posição traz consigo certas responsabilidades, tais como remar sem parar durante quinze horas e emitir um débil canto de louvor ao imperador a cada hora. Dizer que essa localização social já vem marcada por um conjunto de interesses é apenas dizer que qualquer um que se visse ocupando-a faria bem em deixá-la e que isso não seria um mero capricho ou singularidade de sua parte. Não significa necessariamente afirmar que esse pensamento ocorreria de modo espontâneo a um escravo das galés tão logo ele se sentasse, nem significa eliminar o masoquista ocasional que derivasse um prazer medonho da situação e procurasse remar mais rápido que os outros. A visão de que o escravo, *ceteris paribus*, faria bem em escapar não é produto de um ponto de vista divino, para além de todo o discurso social; pelo contrário, é mais provável que se origine do ponto de vista da Liga dos Escravos das Galés Fugitivos. Não existe no caso nenhum interesse em questão que ninguém pudesse vir a conhecer. Quando o escravo das galés se dedica a um momento de autorreflexão crítica, como ao resmungar para si que "isto é um trabalho dos diabos", pode-se dizer sensatamente que está articulando em seu discurso um interesse objetivo, no sentido de que pretende dizer que é um trabalho dos diabos não apenas para ele, mas para qualquer um. Não há nenhuma garantia divina de que o escravo *chegará* à conclusão de que pode haver maneiras mais agradáveis de passar o tempo ou de que não verá sua tarefa como retribuição justa pelo crime de existir ou como uma contribuição criativa para o bem do império. Dizer que ele tem um interesse objetivo de emancipar-se é apenas dizer que, se ele *realmente* sente-se desse modo, está trabalhando influenciado pela falsa consciência. É afirmar, além disso, que em certas condições ótimas – condições relativamente livres de tal coerção e mistificação – o escravo poderia ser levado a reconhecer esse fato. Reconheceria que, na verdade, era de seu interesse escapar mesmo antes de vir a percebê-lo, e isso é parte do que agora está percebendo.

O escravo das galés poderia ser instruído pelo ocasional teórico do discurso que encontrasse nos vários portos no sentido de que os interesses que agora começava a articular não eram, em nenhum sentido, um mero reflexo passivo da realidade social, e ele faria bem em considerar esse ponto seriamente. Sem dúvida, já apreciaria sua força ao lembrar-se dos longos anos em que sustentara a visão de que ser lacerado pelo capitão do imperador era uma honra indigna de um verme como ele e lembraria a dolorosa luta interior que o levara às opiniões mais esclarecidas que agora tinha. Poderia muito bem ser convencido de que a "opressão" é uma questão discursiva, no sentido de que uma condição é identificável como opressiva apenas por meio do contraste com outro estado de coisas, menos ou não opressivo, e que tudo isso é cognoscível apenas por meio do discurso. A opressão, em resumo, é um conceito normativo: alguém está sendo oprimido não simplesmente por levar uma existência miserável, mas se certas capacidades criativas que poderiam se concretizar estão sendo ativamente frustradas pelos interesses injustos de outros. E nada disso pode ser determinado de outra forma que não a discursiva; você não pode decidir que uma situação é opressiva simplesmente olhando uma fotografia dela. O escravo da galé, porém, ficaria grosseiramente indiferente diante da sugestão de que tudo isso significa que ele não era "realmente" oprimido. Seria improvável que reagisse a tal julgamento com a despreocupada alegria tão cara a alguns teóricos pós-modernos. Em vez disso, sem dúvida insistiria que, embora o que estava em questão no caso fosse certamente uma interpretação e, portanto, refutável em princípio, o que a interpretação imporia seria o *fato* de que a situação era opressiva.

O pós-marxismo é dado a negar que exista alguma relação necessária entre uma localização socioeconômica e interesses político-ideológicos. No caso de nosso escravo das galés, essa afirmação é claramente falsa. Com certeza é verdade, como insiste adequadamente o pós-marxismo, que a posição político-ideológica do escravo não é apenas um "reflexo" de suas condições materiais. Mas suas visões ideológicas realmente possuem uma relação interna com essa condição – não no sentido de que essa condição é a *causa* automática delas, mas no sentido de que é a *razão* para elas. Suas opiniões ideológicas são *a respeito* de ficar sentado quinze horas por dia na terceira fileira a partir da frente. O que ele diz é dito a respeito do que ele faz, e o que ele faz é a razão para o que diz. O "real", no caso, com certeza existe antes e independentemente do discurso do escravo se o que se

222   Ideologia: uma introdução

pretende designar como "real" é o conjunto específico de práticas que fornecem a razão para o que diz e que constituem o seu referencial. Que essas práticas serão transformadas interpretativamente quando o escravo chegar a suas visões emancipatórias sem dúvida é verdade; ele será levado a rever teoricamente essas condições sob uma luz inteiramente diferente. Esse é o cerne de verdade do argumento pós-marxista: os "significantes", ou os meios de representação política e ideológica, são sempre ativos no que diz respeito ao que significam. É nesse sentido que os interesses político-ideológicos não são apenas a expressão obediente, espontânea de condições socioeconômicas "dadas". O que é representado nunca é uma realidade "bruta", mas será moldado pela prática da própria representação. Assim, os discursos políticos e ideológicos produzem seus próprios significados, conceptualizam a situação de maneiras específicas.

Daí é apenas um passo – um passo que Hindess e Hirst imprudentemente dão – imaginar que a *situação socioeconômica total* em questão é simplesmente definida por interesses políticos e ideológicos, sem nenhuma realidade para além deles. Semioticamente falando, Hindess e Hirst meramente inverteram o modelo empírico: enquanto no pensamento empírico considera-se que o significante decorre espontaneamente do significado – no sentido de que o mundo nos ensina, por assim dizer, a representá-lo –, agora é o significado que obedientemente decorre do significante. A situação é apenas o que os discursos políticos e ideológicos definem que é. Mas isso é apenas fundir interesses políticos e ideológicos tão drasticamente quanto o mais vulgar marxismo. Pois o fato é que existem interesses econômicos, tais como desejar melhores salários ou condições de trabalho, que podem ainda não ter alcançado articulação *política*. E tais interesses podem ser infletidos em uma enorme variedade de modos políticos conflitantes. Além de meramente inverter a relação entre significante e significado, Hindess e Hirst também efetuam uma confusão semiótica fatal entre *significado* e *referencial*. Pois o referencial aqui é a situação socioeconômica total, e os interesses que esta contém são significados de maneiras diferentes pela política e pela ideologia, mas não são simplesmente idênticos a elas.

Se a "economia" dá origem à "política", ou vice-versa como sustentaria o pós-marxismo, a relação em ambos os casos é essencialmente causal. Esgueirando-se por trás da visão pós-marxista está a ideia saussureana do significante como "produtor" do significado. Mas o modelo semiótico é na verdade inteiramente inadequado a uma compreensão da relação entre situações materiais e discurso ideológico. A ideologia não governa o nascimento de tais situações nem é simplesmente "causada" por elas; a ideologia antes oferece um conjunto de *razões* para tais condições materiais. Hindess e Hirst, em resumo, negligenciam as funções *legitimadoras* da ideologia, distraídos que são por um modelo causal que meramente vira o marxismo vulgar de ponta-cabeça. A relação entre um objeto e seus meios de representação não é crucialmente a mesma que entre uma prática material e sua legitimação ou mistificação ideológica. Hindess e Hirst deixam de perceber isso por causa da natureza indiferenciada, totalizante de seu conceito de discurso. Para eles o discurso "produz" objetos reais, e a linguagem ideológica, portanto, é apenas uma maneira de constituição desses objetos. Mas isso simplesmente deixa de identificar a especificidade de tal linguagem, que não é simplesmente uma maneira qualquer de constituir a realidade, mas uma que tem as funções mais particulares de explicar, racionalizar, ocultar, legitimar etc. Dois significados do discurso são falsamente fundidos: aqueles que dizem constituir nossas práticas e aqueles em que falamos a respeito deles. A ideologia, em resumo, *trabalha* sobre a situação "real" de maneiras transformadoras, e, em certo sentido, é irônico que um par de teóricos tão ansiosos por enfatizar a atividade do significante ignorem isso. Em outro, não é nem um pouco irônico, pois, se nossos discursos são constituintes de nossas práticas, então parece não haver nenhuma distância capacitadora entre os dois em que pudesse ocorrer esse trabalho transformador. E nesse caso falar de um trabalho transformador implica que algo preexiste a esse processo, algum referencial, algo *trabalhado*, o que não pode ser o caso se o significante simplesmente conjura à existência a situação "real".

O que está sendo implicitamente desafiado por Hindess e Hirst nada mais é que todo o conceito de representação. Pois a ideia de representação sugeriria que o significado existe anteriormente ao significante e é então obedientemente refletido por ele, e isso, mais uma vez, choca-se com a índole da semiótica saussureana. Mas ao rejeitar corretamente uma ideologia *empirista* da representação, acreditam erroneamente ter dado fim à noção como tal. Hoje ninguém morre de amores por uma ideia de representação em que o significante propõe seu próprio significado, em que se imagina a existência de algum vínculo orgânico entre os dois, de modo que o significado possa ser representado *apenas* dessa maneira, e na qual o significante não altere em nenhum sentido o significado, mas permaneça um meio de expressão neutro e transparente. Consequentemente, muitos pós-marxistas abandonam totalmente o termo "representação" enquanto à sua volta as massas ignorantes continuam a falar que a fotografia de um esquilo "representa" um esquilo ou que um conjunto de círculos interligados "representa" os jogos olímpicos. Não há nenhuma razão para imaginar que as complexas convenções envolvidas na associação de uma imagem com o seu referencial seja adequadamente explicada pela versão empírica do processo e nenhuma necessidade de desistir de descrever aquela simplesmente porque o segundo modelo foi desacreditado. O termo "representação" tem usos perfeitamente válidos, como sabe muito bem o populacho, ainda que não alguns pós-marxistas; é apenas uma prática cultural mais complexa do que os empiristas pensavam.

O motivo por que Hindess e Hirst querem eliminar toda noção de representação não é, de maneira nenhuma, ideologicamente inocente. Eles querem fazê-lo

224 Ideologia: uma introdução

porque querem negar a alegação marxista clássica de que existe alguma relação interna entre condições socioeconômicas particulares e tipos específicos de posições políticas ou ideológicas. Portanto, argumentam que os interesses socioeconômicos são apenas o produto de interesses políticos e ideológicos ou que os dois se encontram em níveis inteiramente diversos, sem nenhum vínculo necessário entre eles. A semiótica, mais uma vez, é uma espécie de política – já que, se for assim, então muitas teses marxistas tradicionais a respeito da transformação socialista da sociedade, sendo necessariamente a favor dos interesses da classe operária, teriam de ser eliminadas. A linguística saussureana, mais uma vez, é engenhosamente atrelada à causa do reformismo social – uma causa tornada mais respeitável do que poderia aparentar graças a sua associação glamorosa com a "teoria do discurso".

O lado construtivo do argumento de Hindess e Hirst é que existem muitos interesses políticos que não estão necessariamente ligados a situações de classe, e que o marxismo clássico, lamentavelmente, ignorou essa verdade com muita frequência. Tais movimentos políticos não classistas estavam reunindo suas forças na década de 1970, e os escritos dos pós-marxistas são, entre outras coisas, uma resposta teórica criativa a esse fato. Mesmo assim, a manobra de suprimir todo vínculo necessário entre situações sociais e interesses políticos, pretendida como uma generosa abertura a esses novos desenvolvimentos, na verdade, presta-lhes um desserviço. Considere-se, por exemplo, o caso dos movimentos das mulheres. Certamente é verdade que não há nenhuma relação orgânica entre política feminista e classe social, *pace* os marxistas reducionistas que lutam em vão para enfiá-la nesta. Mas há um bom argumento para argumentar que realmente existe uma relação interna entre ser uma mulher (uma situação social) e ser uma feminista (uma posição política). Isso não significa, é desnecessário dizer, afirmar que todas as mulheres irão tornar-se espontaneamente feministas; mas é afirmar que *devem* fazê-lo e que uma compreensão desmistificada de sua condição social oprimida logicamente as levaria nessa direção. Exatamente a mesma coisa é verdade no caso de outras correntes políticas não classistas em fermentação na década de 1970: parece estranho afirmar, por exemplo, que existe uma ligação puramente contingente entre ser parte de uma minoria étnica oprimida e tornar-se ativo na política antirracista. A relação entre as duas não é "necessária" no sentido de natural, automática ou inelutável, mas, mesmo assim, nos termos de Saussure, é mais uma relação "motivada" que puramente arbitrária.

Sugerir que alguém *deve* adotar uma posição política particular pode parecer peculiarmente condescendente, ditatorial e elitista. Quem sou eu para presumir que sei o que é do interesse de alguém? Não é esse justamente o estilo em que grupos e classes dominantes falaram durante séculos? O fato é que estou em plena posse de meus próprios interesses e ninguém pode dizer-me o que fazer. Sou inteiramente transparente para mim, tenho uma visão inteiramente desmistificada de minhas condições sociais e não pretendo aceitar nenhum tipo de sugestão de ninguém, por mais camarada e simpático que seja seu tom. Não preciso que nenhum elitista paternal me diga o que é meu interesse "objetivo" porque, na verdade, nunca me comporto de modo a violá-los. Embora coma doze libras de linguiça por dia, fume sessenta cigarros antes do almoço e tenha me declarado disposto a um corte de cinquenta por cento em meu salário, ofende-me a ideia de que alguém tenha alguma coisa para me ensinar. Os que me dizem que sou "alienado" porque passo os fins de semana cuidando gratuitamente do jardim do fidalgo local estão simplesmente querendo me rebaixar com seu jargão pretensioso.

No que diz respeito à relação entre interesses sociais e crenças ideológicas, vimos no capítulo 2 que, na verdade, são extremamente variáveis. No caso, não há nenhuma homologia simples, única em questão: as crenças ideológicas podem significar interesses materiais, negá-los, racionalizá-los ou disfarçá-los, chocar-se com eles etc. Para o pensamento monístico de Hindess e Hirst, porém, só pode haver uma relação fixa, invariável entre eles: absolutamente nenhuma relação. É verdade que em seus textos espantosamente repetitivos, o uso da inepta palavra "necessário" às vezes descamba para esta formulação: em uma série de escorregões, eles deixam de argumentar que formas políticas e ideológicas não podem ser concebidas como a representação *direta* de interesses de classe e passam a afirmar que não existe nenhuma relação *necessária* entre as duas, a sugerir que não existe absolutamente nenhuma relação entre elas. "Não pode haver nenhuma justificativa", escrevem, "para uma 'leitura' da política e da ideologia para os interesses de classe que alegadamente representam ... as lutas políticas e ideológicas não podem ser concebidas como as lutas de classes econômicas"[11]. O estratagema teórico é bastante claro: as políticas feminista, étnica ou ecológica obviamente não estão internamente relacionadas com interesses de classe e, sendo assim, não são socialismo nem conservadorismo.

Aqui, como em quase todos os seus argumentos, Hindess e Hirst reagem teatralmente a formas reducionistas de marxismo. Seu discurso inteiro é uma prolongada distorção, exagerando o que, de outra forma, é um valioso argumento corretivo. Se as relações entre formas ideológicas e interesses sociais não são eternamente fixas e dadas, por que se deveria excluir dogmaticamente a possibilidade de que alguns tipos de discurso ideológico possam estar mais intimamente ligados a tais interesses que outros? Por que limitar o pluralismo dessa maneira autonegativa? Que prática autoimposta, restritiva, apriorística está em funcionamento no caso? Se é verdade que não existe nenhuma relação "motivada" entre, digamos, ser um intelectual pequeno burguês e opor-se ao fascismo, segue-se que não existe tal relação entre a ideologia puritana e a burguesia primitiva, entre as crenças anti-imperialistas e a experiência do colonialismo, ou entre o

---

[11] A. Cutler, B. Hindess, P. Hirst e A. Hussain, *Marx's 'Capital' and Capitalism Today*, v. 1 (Londres, Routledge & Kegan Paul, 1977), p. 222, 236.

226 Ideologia: uma introdução

socialismo e o desemprego de uma vida? Todas essas relações são tão arbitrárias quanto ser um antissemita e um expressionista abstrato simultaneamente? "A prática política", comentam eles, "não reconhece os interesses de classe e depois os representa: ela constitui os interesses que representa"[12]. Se isso quer dizer que o "significante" da prática política é ativo no que diz respeito ao "significado" dos interesses sociais, modificando-os e transformando-os por meio de suas intervenções, então é difícil perceber por que alguém desejaria negar tal argumento. Se significa – voltando ao nosso exemplo do escravo das galés – que esse homem não tinha interesses relevantes para sua classe social antes que os discursos políticos o levassem a articulá-los, então é claramente falso. O escravo realmente tinha todo um aglomerado de interesses associados a sua situação material – interesses em conseguir um pouco de descanso de vez em quando, em não antagonizar gratuitamente os superiores, em sentar-se atrás de um homem mais corpulento para conseguir proteção contra o sol, e assim por diante. É justamente esse tipo de interesses materiais que seu discurso político e ideológico, quando ele o adquire, irá trabalhar, elaborando-os, dando-lhes coerência e transformando-os de várias maneiras, e, nesse sentido, os interesses materiais indubitavelmente existem anterior e independentemente de interesses político-ideológicos. A situação material é o *referencial* do discurso político do escravo, não o *significado* dele – se, com isto, devemos crer que é inteiramente *produzido* por ele. Hindess e Hirst temem que negar que a condição nada invejável do escravo é o produto de uma linguagem político-ideológica seja imaginar que, consequentemente, é apenas um fato "bruto", totalmente independente do discurso. Mas essa apreensão é inteiramente desnecessária. Não há nenhuma maneira não discursiva em que o escravo possa decidir não antagonizar seus superiores; sua situação "real" está inseparavelmente ligada à interpretação linguística de um tipo ou outro. É apenas um erro unir esses tipos de interpretação, inscritos em tudo o que fazemos, com as formas específicas do discurso que nos permitem criticar, racionalizar, suprimir, explicar ou transformar nossas condições de vida.

Vimos que Hindess e Hirst rejeitam a ideia de que os interesses políticos representam interesses dados previamente ou interesses econômicos. Eles ainda usam o *termo* representação, mas o significante agora constitui inteiramente o que significa. Isso quer dizer, na verdade, que eles propõem não uma teoria da representação, mas uma filosofia da identidade. A representação ou significação depende de uma diferença entre o que apresenta e o que é apresentado: um motivo por que a fotografia de um esquilo representa um esquilo é o fato de que não é o animal

---

[12] Ibidem, p. 237.

real. Se a fotografia, de algum modo, constituísse o esquilo – se, em uma fantasia berkeleyana, a criatura não tivesse existência até ser capturada pela câmera –, não atuaria como uma representação dele. Em boa parte, o mesmo se aplica à conversa de Hindess e Hirst sobre o político/ideológico e o social/econômico. Se aqueles efetivamente moldam estes, então coincidem com eles, e não se pode falar em representação nesse caso. Os dois tornam-se tão indissolúveis quanto uma palavra e seu significado. O modelo semiótico que governa seu pensamento, erroneamente, é, portanto, o modelo saussureano entre significante e significado, ou palavra e conceito, mais do que o modelo entre signo e referencial.

O produto desse desvio drástico do economismo – que sustentaria que o político/ ideológico representa passiva e diretamente os interesses de classe – é uma politização excessiva. Agora é a política, não a economia, que reina suprema. E, tomado em algum sentido crassamente literal, esse argumento é simplesmente absurdo. Estão pedindo que acreditemos que algumas pessoas votam no partido conservador não porque têm medo de que os trabalhistas estatizem sua propriedade, mas que sua consideração pela propriedade é *criada* pelo ato de votar nos conservadores? Um proletário tem interesse de assegurar melhores condições de vida apenas porque já é socialista? Por esse argumento, torna-se impossível dizer a que a política diz respeito. Não há nenhuma "matéria-prima" a ser trabalhada pela ideologia e pela política, já que os interesses sociais são o produto delas, não o seu ponto de partida. Assim, a política e a ideologia tornam-se práticas puramente autoconstituintes, tautológicas. É impossível dizer do que derivam, elas simplesmente caem do céu, como qualquer outro significante transcendental.

Se a classe operária não tem interesses derivados de suas condições socioeconômicas, não há nada com que a classe possa *resistir* a ser política ou ideologicamente construída de várias maneiras. Tudo o que resiste a minha construção política pertence a outrem. A classe trabalhadora ou, a propósito, qualquer outro grupo subalterno, torna-se, assim, como argila nas mãos dos que desejam cooptá-la para alguma estratégia política, arrastada de um lado para outro entre socialistas e fascistas. Se o socialismo não é necessariamente do interesse dos trabalhadores, já que, na verdade, os trabalhadores não têm nenhum interesse além dos que foram "construídos" para eles, por que iriam se dar o trabalho de tornar-se socialistas? Não é do seu interesse tornarem-se socialistas *agora*, já que nada em suas condições concretas sugeriria isso; eles se tornarão socialistas apenas quando suas presentes identidades tiverem sido transformadas pelo processo de tornarem-se socialistas. Mas como poderiam embarcar nesse processo? Não há nada em suas condições que lhes forneça a menor motivação para isso. O futuro eu político que podem atingir não tem nenhuma relação com seu eu socioeconômico. Há meramente uma disjunção vazia entre eles, como nos filósofos humeanos, para quem o que fui aos vinte anos não tem nenhuma relação com o que serei aos sessenta.

228 Ideologia: uma introdução

Por que, de qualquer maneira, alguém iria tornar-se socialista, feminista ou antirracista, se esses interesses políticos não fossem, em nenhum sentido, uma reação à maneira como a sociedade é? (Pois a sociedade, relembremos, na visão de Hindess e Hirst, não está definida de maneira nenhuma até que seja, de algum modo, politicamente construída.) É claro que, assim que Hindess e Hirst começam a *decifrar* por que são socialistas, irão referir-se inevitavelmente a algo como "a maneira como a sociedade é", mas, estritamente falando, essa noção é inadmissível para eles. A política radical, assim, torna-se uma espécie de opção moral, sem fundamento em nenhum estado de coisas concreto, e esses rigorosos pós-althusserianos, consequentemente, incorrem na heresia humanista conhecida pelo marxismo como "moralismo". Algumas pessoas, ao que parece, simplesmente são feministas ou socialistas, assim como outras são malucas por OVNIs, e seu objetivo é "construir" outros grupos ou classes de maneiras que promovam seus interesses, a despeito do fato de que não há nenhuma razão "dada" para que esses grupos ou classes devam ter o menor interesse pelo projeto.

Atento a esses e a outros problemas, o pós-marxista Ernesto Laclau e Chantal Mouffe oferecem-nos em seu *Hegemonia e estratégia socialista*[13] uma versão adequadamente modificada do argumento de Hindess e Hirst. Laclau e Mouffe endossam inteiramente a doutrina de Hindess e Hirst, segundo a qual, nas palavras destes, não existe "absolutamente nenhuma conexão lógica" (p.84) entre a posição de classe e o político/ideológico. Isso significa, presumivelmente, que é inteiramente acidental que todos os capitalistas não sejam também socialistas revolucionários. Laclau e Mouffe também observam que "a hegemonia supõe a construção da própria identidade dos agentes sociais [sendo homogeneizados]" (p.58), uma formulação que deixa pendente a questão *do quê* está sendo "construído". Essa afirmação significa que não existem agentes sociais até que a hegemonia política os crie, caso em que a hegemonia torna-se algo circular, autorreferente, que, como uma obra literária de ficção, molda secretamente a realidade que afirma estar trabalhando. Ou então significa que existem agentes sociais mas que o processo de hegemonia lhes empresta uma identidade inteiramente diferente, toda própria – caso em que, como já vimos, é difícil saber por que esses agentes deveriam estar minimamente motivados a saltar por sobre o abismo entre seu eu presente e seu eu putativo.

Enquanto Hindess e Hirst eliminariam abruptamente todos os vínculos "necessários" entre condições sociais e interesses políticos, Laclau e Mouffe, embora endossando essa manobra, pintam um quadro com mais nuanças. Pode não haver nenhuma relação *lógica* entre esses dois domínios, mas isso não significa, a Hindess e Hirst, que as formas políticas e ideológicas simplesmente conferem

---

[13] Ernesto Laclau e Chantal Mouffe, *Hegemony and Socialist Strategy* (Londres, Verso, 1985). (Todas as referências de páginas aqui citadas serão fornecidas entre parênteses após as citações.)

existência a interesses socioeconômicos, pois isso, como Laclau e Mouffe astutamente reconhecem, nada mais é que recair justamente na ideologia da identidade de que procura escapar o pós-marxismo. Se os vários elementos da vida social – os grupos por assim dizer à espera do evento de serem homogeneizados em uma estratégia política radical – não retêm contingência e identidade próprias, então a prática da hegemonia significa simplesmente fundi-los em um novo tipo de totalidade fechada. Nesse caso, o princípio unificador do todo social não é mais "a economia" mas a própria força homogeneizadora, que mantém uma relação quase transcendental com os "elementos sociais" que trabalha. Laclau e Mouffe, consequentemente, inserem algumas qualificações cautelosas. Como vimos, sua posição é de que a hegemonia constrói – presume-se que totalmente – a própria identidade dos agentes ou elementos em questão, mas, em outra parte do texto, a representação hegemônica "modifica" (p. 58) ou "contribui para" (p. 110) os interesses sociais representados, o que implicaria que exercem peso e autonomia próprios. Alhures, em um equívoco notável, sugerem que a identidade dos elementos é, "pelo menos, parcialmente modificada" (p. 107) pela sua articulação hegemônica – uma expressão em que tudo depende daquele pequeno e evasivo "pelo menos". Em outro ponto, os autores afirmam que, assim que os agentes sociais são politicamente hegemonizados, sua identidade deixa de ser "exclusivamente" (p. 58) constituída por meio de suas localizações sociais.

O dilema certamente é claro. Parece peculiarmente arrogante e expropriador afirmar que, digamos, assim que um grupo de mulheres oprimidas é hegemonizado – tornado parte de alguma estratégia política mais ampla –, suas identidades, tal como existem agora, são inteiramente submergidas nesse processo. O que serão então não tem nenhuma relação com o que são agora. Se é assim, então o processo hegemonizador surge tão imperioso e totalizante quanto "a economia" para o marxismo "vulgar". Mas se for conferido muito peso aos tipos de interesses que tais mulheres têm agora, em sua condição "pré-hegemonizada", então – assim teme o pós-marxismo – corre-se o risco de recair em um modelo de representação empirista, em que os discursos políticos/ideológicos simplesmente "refletem" ou "representam" passivamente interesses sociais pré-constituídos. Laclau e Mouffe navegam habilmente por entre Cila e Caribde neste caso, mas o esforço da operação é traído pelas incoerências textuais de seu trabalho. Lutando por um fundamento intermediário, os autores não procuram uma separação total entre as duas esferas em questão nem uma fusão hindess-e-hirstiana destes. Insistem em uma "tensão" entre as duas, na qual o econômico está e não está presente no político e vice-versa. Mas seu texto continua a hesitar sintomaticamente entre a visão "extrema" de que o significante molda o significado inteiramente – a hegemonia política constrói "a própria identidade" dos agentes sociais – e o argumento mais moderado de que os meios da representação político-ideológica têm um *efeito* sobre os interesses sociais

230 Ideologia: uma introdução

que representam. Em outras palavras: a lógica da *política* de Laclau e Mouffe – sua preocupação adequada com salvaguardar a "autonomia relativa" dos interesses sociais específicos das mulheres, dos grupos étnicos etc. – não coincide inteiramente com a lógica de uma *teoria* puramente pós-estruturalista que não reconheceria nenhuma realidade "dada" para além do domínio onipotente do significante.

Hegemonia e estratégia socialista, pelo menos, é inequívoco em sua rejeição abrupta de todo o conceito de "interesses objetivos", que não tem para ele nenhum sentido. Mas isso apenas porque subscreve implicitamente uma versão completamente insustentável da ideia e, então, compreensivelmente, rejeita-a. Para Laclau e Mouffe, os interesses objetivos significam algo como interesses automaticamente oferecidos a nós pela nossa localização nas relações de produção, e, é claro, estão muito certos em rejeitar a noção como uma forma de reducionismo econômico. Mas já vimos que existem maneiras mais interessantes de elaborar o conceito. Um interesse objetivo significa, entre outras coisas, um curso de ação que, na verdade, é do meu interesse mas que, no momento, não reconheço como tal. Se esta noção é ininteligível, então parece decorrer que sempre estou na perfeita e absoluta posse de meus interesses, o que é claramente uma bobagem. Não há necessidade nenhuma de temer que os interesses objetivos existam inteiramente fora do discurso social; a expressão apenas alude aos interesses válidos, discursivamente estruturados, que não existem para mim neste momento. Uma vez que tenha adquirido tais interesses, porém, posso olhar para minha condição passada e reconhecer que aquilo em que acredito e que desejo agora é aquilo em que acreditaria que desejaria se estivesse em posição de fazê-lo. E estar em posição de fazê-lo significa estar livre da coerção e da mistificação que, na verdade, me impediam de reconhecer o que seria benéfico para mim. Note que há continuidade e descontinuidade, identidade e diferença em funcionamento aqui: o que sou agora não é o que eu era, mas posso perceber que devia estar clamando por aquilo pelo que agora luto, se ao menos tivesse compreendido melhor minhas circunstâncias. Esse argumento choca-se com a visão de que sou sempre idêntico a mim mesmo, de que estou sempre na posse secreta de meus melhores interesses, e com o argumento "descontínuo" de que o que sou agora, como ser politicamente autoconsciente, não tem absolutamente nada a ver com o que era quando meus melhores interesses não estavam claros para mim. Ao reagir exageradamente à primeira fantasia, o pós-marxismo corre o grave risco de recair na segunda posição, politicamente infrutífera.

O que faz um radical político tentar hegemonizar um grupo social de preferência a outro? A resposta, com certeza, só pode ser a de que decidiu que a situação "dada" desse grupo, interpretada e transformada adequadamente, é de relevância para o projeto radical. Se os capitalistas monopolistas não têm interesses independentes da maneira como são politicamente articulados, então parece não haver nenhum motivo para que a esquerda política não deva despender enormes recursos de energia procurando conquistá-los para seu programa. O fato de que não o fazemos é porque consideramos que os interesses sociais *dados* dessa classe fazem que seja bem menos provável tornarem-se socialistas do que, digamos, os desempregados. Não é do interesse dado dos homens tornarem-se feministas (embora seja certamente do seu interesse a longo prazo), e esse fato tem nítidas consequências políticas: significa que as feministas não devem gastar muito do seu precioso tempo tentando cooptar os homens, embora não devam olhar os dentes do ocasional cavalo dado. A questão do peso a ser atribuído a interesses "dados" – ou se eles realmente existem –, assim, é de vital relevância para a política prática. Se não há nenhuma relação necessária entre as mulheres e o feminismo, ou entre a classe operária e o socialismo, então o resultado é uma política desastrosamente eclética, oportunista, que simplesmente inseriu em seu projeto os grupos sociais que pareciam mais abertos a ele. Não há nenhum motivo para que os homens não sejam a ponta de lança na luta contra o patriarcado ou para que a luta contra o capitalismo não seja conduzida por estudantes. Os marxistas não têm nenhuma objeção contra os estudantes, já que eles mesmos estiveram ocasionalmente nessa situação pouco invejável; mas, por mais politicamente importante que a *intelligentsia* possa às vezes ser, ela não pode prover as tropas mais importantes para a luta contra o capitalismo. Não pode fazê-lo porque não está localizada socialmente no processo de produção de modo a conquistá-lo. É nesse sentido que a relação entre certas localizações sociais e certas formas políticas é uma relação "necessária" – o que não é, repetindo, afirmar que é inevitável, espontânea, garantida ou dada por Deus. Caricaturas convenientes do argumento podem ser deixadas às fantasias do pós-marxismo.

Vimos que uma espécie particular de semiótica ou teoria do discurso foi o motor vital pelo qual todo um setor da esquerda política mudou seu fundamento político do revolucionismo para o reformismo. O fato de que isso tenha acontecido justamente quando aquela estratégia confrontava problemas genuínos não é uma coincidência. Não obstante todos os indubitáveis *insights*, a teoria do discurso forneceu a *ideologia* desse recuo político – uma ideologia especialmente sedutora para os intelectuais "culturais" de esquerda. Hindess e Hirst agora abraçam uma política que não pode ser chamada radical, enquanto Laclau e Mouffe, se bem que mais explicitamente anticapitalistas, mantêm quase que total silêncio em *Hegemonia e estratégia socialista* quanto ao próprio conceito de ideologia. Nesse meio teórico rarefeito, toda menção a classe social ou luta de classes foi rapidamente classificada como "vulgar" ou reducionista, em uma reação apavorada a um "economismo" que, de qualquer modo, todo socialista inteligente já tinha deixado para trás havia muito tempo. E depois, tão logo essa posição tornou-se a ortodoxia da moda entre setores da esquerda política, uma parte da classe operária britânica embarcou no maior e mais prolongado período de militância industrial dos anais da história trabalhista britânica...

232 Ideologia: uma introdução

Com Laclau e Mouffe, o que Perry Anderson denominou a "inflação do discurso" no pensamento pós-estruturalista alcança o seu apogeu. Desviando-se hereticamente de seu mentor, Michel Foucault, Laclau e Mouffe negam toda a validade da distinção entre práticas "discursivas" e "não discursivas", apoiando-se no fundamento de que uma prática é estruturada pelas diretrizes de um discurso. A breve resposta a isso é que uma prática pode muito bem ser organizada como um discurso, mas, na verdade, é mais uma prática que um discurso. É desnecessariamente ofuscante e homogeneizador classificar coisas como fazer um sermão e tirar um pedregulho da orelha esquerda como uma mesma categoria. Uma maneira de *compreender* um objeto é simplesmente projetada no próprio objeto, numa manobra idealista conhecida. Em um estilo notavelmente acadêmico, a análise contemplativa de uma prática surge repentinamente como sua própria essência. Por que deveríamos *chamar* "menu" um edifício apenas porque, num estilo estruturalista, podemos examiná-lo por essas diretrizes? O fato de que não há necessidade para essa manobra (para os humeanos Laclau e Mouffe não há necessidade para nada) trai o fato de que está longe de ser inocente. A categoria do discurso é inflada a ponto de imperializar o mundo todo, elidindo a distinção entre pensamento e realidade material. O efeito é solapar a crítica da ideologia – pois se as ideias e a realidade material são dadas indissoluvelmente juntas, não pode haver a questão de perguntar de onde vêm as ideias sociais. O novo herói "transcendental" é o próprio discurso, que, aparentemente, é anterior a tudo mais. Certamente é um tanto imodesto de acadêmicos, profissionalmente preocupados com o discurso, projetar suas próprias preocupações sobre o mundo todo, nessa ideologia conhecida como (pós-)estruturalismo. É como se um crítico de teatro, ao lhe perguntarem o caminho, dissesse a você para sair pela esquerda do palco na High Street, contornar o primeiro apartamento que encontrasse e seguir na direção do pano de fundo das colinas. A linguagem neonietzschiana do pós-marxismo, para a qual há pouco ou nada "dado" na realidade, pertence a um período de crise política – uma era em que realmente pode parecer que os interesses sociais tradicionais da classe operária evaporaram da noite para o dia, deixando-nos com nossas formas hegemônicas e pouquíssimo conteúdo material. Os teóricos do discurso pós-marxistas podem banir a questão da origem das ideias, mas, com certeza, podemos devolver-lhes essa questão. Pois a teoria toda está historicamente fundamentada em uma fase particular do capitalismo avançado e, assim, em sua própria existência, é um testemunho vivo da relação "necessária" entre as formas de consciência e a realidade social que negam com tanta veemência. O que é oferecido como uma tese *universal* sobre o discurso, a política e os interesses, como acontece tantas vezes com as ideologias, está alerta a tudo, menos para seus próprios fundamentos históricos de possibilidade.

CONCLUSÃO

Neste livro, tentei delinear algo da história do conceito de ideologia e desenredar algo das confusões conceituais que o acompanham. Mas, ao fazê-lo, também preocupei-me em desenvolver minhas visões particulares a respeito da questão, e é para um resumo destas que finalmente nos voltamos.

O termo ideologia tem um amplo espectro de significados históricos, do sentido intratavelmente amplo de determinação social do pensamento até a ideia suspeitosamente limitada de disposição de falsas ideias no interesse direto de uma classe dominante. Com muita frequência, refere-se aos modos como os signos, significados e valores ajudam a reproduzir um poder social dominante, mas também pode denotar qualquer conjuntura significante entre discurso e interesses políticos. A partir de um ponto de vista radical, o primeiro sentido é pejorativo, enquanto o segundo é mais neutro. Minha própria visão é de que ambos os sentidos do termo têm seus empregos, mas que não os desenredar deu origem a um bocado de confusão.

A visão racionalista de ideologias como sistemas de crença conscientes, bem articulados, é claramente inadequada: deixa escapar as dimensões afetivas, inconscientes, míticas ou simbólicas da ideologia, a maneira como ela constitui as relações vividas, aparentemente espontâneas do sujeito com uma estrutura de poder e provê a cor invisível da própria vida cotidiana. Mas se a ideologia, nesse sentido, é discurso primariamente performativo, retórico, pseudoproposicional, isso não significa que seja desprovida de um importante conteúdo proposicional – ou que as proposições que faz, inclusive as morais e normativas, não possam ser avaliadas quanto a sua verdade ou falsidade. Muito do que as ideologias dizem é verdadeiro e seria ineficaz se não o fosse, mas as ideologias também têm muitas proposições que são evidentemente falsas, e isso não tanto por causa de alguma

234   Ideologia: uma introdução

qualidade inerentemente falsa mas por causa das distorções a que são submetidas nas suas tentativas de ratificar e legitimar sistemas políticos injustos, opressivos. A falsidade em questão, como vimos, pode ser epistêmica, funcional ou genérica, ou alguma combinação das três.

As ideologias dominantes e, ocasionalmente, as de oposição, muitas vezes empregam dispositivos como a unificação, a identificação espúria, a naturalização, a ilusão, a autoilusão e a racionalização. Mas não fazem isso universalmente; na verdade, é duvidoso que se possam atribuir à ideologia quaisquer características *invariáveis*. Estamos lidando menos com alguma essência da ideologia do que com uma rede sobreposta de "semelhanças de família" entre diferentes estilos de significação. Precisamos, então, examinar com ceticismo os vários argumentos essencialistas a respeito da ideologia: o argumento historicista de que é uma visão de mundo coerente de um "sujeito de classe", a teoria de que é espontaneamente secretada pelas estruturas econômicas da sociedade, ou a doutrina semiótica de que significa "fechamento discursivo". Todas essas perspectivas contêm um âmago de verdade mas, tomadas isoladamente, mostram-se parciais e falhas. A visão "sociológica" de que a ideologia provê o "cimento" de uma formação social, ou o "mapa cognitivo" que orienta seus agentes para a ação, é muitas vezes despolitizadora em efeito, esvaziando o conceito de ideologia de conflito e contradição.

A ideologia em suas formas dominantes é muitas vezes vista como uma solução mítica ou imaginária de tais contradições, mas seria imprudente superestimar seu sucesso em alcançar esse objetivo. Não é nem um conjunto de discursos difusos nem um todo descozido; se seu impulso é identificar e homogeneizar, é, não obstante, marcada e desarticulada por seu caráter *relacional*, pelos interesses conflitantes entre os quais deve manobrar incessantemente. Ela não é, como certo marxismo historicista parece sugerir, o princípio fundador da unidade social, mas antes tenta, diante da resistência política, reconstituir essa unidade em um nível imaginário. Como tal, nunca pode ser simples "inefabilidade" ou pensamento negligentemente desconectado; pelo contrário, deve afigurar-se como uma força social organizadora que constitui ativamente sujeitos humanos nas raízes de sua experiência vivida e busca equipá-los com formas de valor e crença relevantes para suas tarefas sociais específicas e para a reprodução geral da ordem social. Mas esses sujeitos são sempre constituídos conflitiva e precariamente, e, embora a ideologia seja "centrada no sujeito", não é *redutível* à questão da subjetividade. Alguns dos efeitos ideológicos mais poderosos são gerados por instituições como a democracia parlamentar, por processos políticos impessoais mais do que por estados subjetivos do ser. A estrutura do fetichismo da mercadoria, da mesma maneira, é irredutível à psicologia do sujeito humano. Nem as teorias psicológicas da ideologia nem descrições que a veem como o efeito quase automático das estruturas sociais objetivas estão à altura da complexidade da noção. De modo paralelo, a ideologia

Conclusão 235

nunca é o mero efeito expressivo de interesses sociais objetivos, mas tampouco são todos os significantes ideológicos "aleatórios" no que diz respeito a tais interesses. As relações entre os discursos ideológicos e os interesses sociais são relações complexas, variáveis, em que às vezes é adequado falar do significante ideológico como um pomo de discórdia entre forças sociais conflitantes e, outras vezes, como uma questão de relações mais internas entre modos de significação e formas de poder social. A ideologia antes contribui para a constituição de interesses sociais do que reflete passivamente posições dadas previamente, mas, apesar disso, legisla a existência de tais posições por sua própria onipotência discursiva.

A ideologia é antes uma questão de "discurso" que de "linguagem" – mais uma questão de certos efeitos discursivos concretos que de significação como tal. Representa os pontos em que o poder tem impacto sobre certas enunciações e inscreve-se tacitamente dentro delas. Mas não deve, portanto, ser igualada a nenhuma forma de partidarismo discursivo, discurso "interessado" ou viés retórico; antes, o conceito de ideologia tem como objetivo revelar algo da relação entre uma enunciação e suas condições materiais de possibilidade, quando essas condições de possibilidade são vistas à luz de certas lutas de poder centrais para a reprodução (ou, para algumas teorias, a contestação) de toda uma forma da vida social. Para alguns teóricos da noção, a ideologia é um modo de discurso social técnico, secular, racionalista, que rejeitou todos os esforços religiosos ou metafísicos de legitimar uma ordem social, mas esse parecer subestima suas dimensões arcaicas, afetivas e tradicionalistas, que podem entrar em contradição significante com seu ímpeto mais "modernizador".

Nenhum radical que examine friamente a tenacidade e a penetração das ideologias dominantes pode sentir-se esperançoso quanto ao que seria necessário para afrouxar seu domínio letal. Mas há um lugar, acima de todos, em que tais formas de consciência podem ser transformadas, quase literalmente, da noite para o dia, e esse lugar é a luta política. Isso não é uma carolice de esquerda, mas um fato empírico. Quando homens e mulheres, engajados em formas locais, inteiramente modestas de resistência política, veem-se trazidos, pelo ímpeto interior de tais conflitos, para o confronto direto com o poder do Estado, é possível que sua consciência política seja definitiva e irreversivelmente alterada. Se uma teoria da ideologia tem algum valor, este consiste em auxiliar no esclarecimento dos processos pelos quais pode ser efetuada praticamente tal libertação diante de crenças letais.

LEITURA ADICIONAL

Para os que procuram um livro introdutório ao tópico da ideologia, *The Concept of Ideology*, de Jorge Larrain, é dificilmente igualável em abrangência histórica e poder analítico. Pode ser complementado pelo ensaio-título, profundamente tendencioso, de *The Concept of Ideology and Other Essays*, de George Lichtheim, e pelo breve mas sugestivo ensaio sobre ideologia contido em *Marxism and Literature*, de Raymond Williams. *The Idea of a Critical Theory*, de Raymond Geuss, é um estudo da questão particularmente preciso, rigoroso, com referência especial à Escola de Frankfurt, enquanto *Studies in the Theory of Ideology*, de John B. Thompson, trata proveitosamente de Castoriadis a Habermas, segundo uma posição amplamente favorável a este.

Textos marxistas clássicos a respeito do tema são Marx e Engels, *A ideologia alemã*; o capítulo de Marx sobre o fetichismo da mercadoria em *O capital*, Livro I; o ensaio de György Lukács sobre "A reificação e a consciência do proletariado" em *História e consciência de classe*; *Marxismo e filosofia da linguagem*, de V. N. Voloshinov; e o hoje célebre ensaio de Althusser sobre "Ideologia e aparelhos ideológicos de Estado", em *Lenin and Philosophy*.

ÍNDICE REMISSIVO

Abercrombie, N., Hill, S., Turner B., *The Dominant Ideology Thesis*, 51-3, 72-3

Adorno, Theodor, 62-3, 103-4, 116-7, 125-6, 141-2, 144-6, 151-2
  e Max Horkheimer, *Dialética do esclarecimento*, 179-81
  Negative Dialetics, 141-2
  agência (agente), 12-3, 156-7, 211-3, 227-30
  alienação, 62-3, 86-7, 99-100, 151--2, 157-8

Althusser, Louis, 205-8
  conceito de ideologia em, 33-5, 35-9, 59-61, 73-4, 75-8, 130-1, 154-5, 163-9 *passim*
  Essays in Self-Criticism, 152-4
  For Max, 151-2
  nos aparelhos ideológicos do Estado, 82-3, 162-3, 170-2
  e formação social, 168-70
  e subjetivação, 151-62 *passim*, 151-2, 156-63, 189-90
  Tractatus Theologico-Politicus, 161-2

Anderson, Perry, 91n.3, 128-9, 162-3, 231-2

Aristóteles, 27-9, 187-8

Austin, J. L., 35-6, 109-10

autoilusão, conceito de, 68-9

Bachelard, Gaston, 87-8

Bacon, Francis, *Novum Organum*, 176-7

Bakhtin, Mikhail, 121-3

Balibar, Étienne, 103-4, 150-1

Barnes, Barry, 154-5

Barthes, Roland, 74-5, 83-5, 213-4
  Mitologias, 213-4

base, conceito marxista de, 85-6, 97-8, 100-1, 116-7, 163-4, 194-5, 208-9

Baudrillard, Jean, 53-6, 57-8, 182-3

Beckett, Samuel, 39-41

Benjamin, Walter, 199-200, 201-2, 205-6

Benthan, Jeremy, 93-4, 196-8

Bergson, Henri, 177-8, 201-2

Bernstein, Eduard, 105-6

Bloch, Ernst, *The Principle of Hope*, 199-200

240 Ideologia: uma introdução

Bonaparte, Napoleão, 82-5, 93-4
Boudon, Raymond, 169-70
Bourdieu, Pierre, 66-7, 74-5, 202-4
  Distinction, 173
  Outline of a Theory of Practice, 170-
  -2, 173
  Questions de sociologie, 172-3
Brecht, Bertold, 23-4, 202-4
Burke, Edmund, 94-5

Callinicos, Alex, 26-7, 221-2
"campo", conceito de, em Bourdieu,
  172-3
capitalismo, 21-2, 43-4, 75-7, 100-4,
  114-6, 117-20, 121-3, 126-9, 131-
  -2, 141-2, 146-8, 169-72, 177-8,
  187-8, 200-1, 231-2
  avançado, 20-1, 50-3, *passim*, 56-8,
  91-2, 126-7, 143-5, 210-3, 231-3
ciência, 101-3, 194-5
  e ideologia, 79-83, 111-2, 152-4,
  166-7, 169-72, 175-6
  marxismo como, 119-20, 126-7,
  143-4, 152-5, 155-6, 158-60
cinismo, 53-4, 57-8, 77-8
classe, 30-1, 116-7, 169-70, 224-6,
  227-8
  como definidora do conceito de
  ideologia, 17-8, 45-7, 58-9, 61-
  -2, 117-8, 126-7 dominante, *ver*
  dirigente
  e sociedade, 164-6, 167-8,
  199-200, 219-20
  luta, 12-3, 85-6, 95-8, 99-100,
  91n.3, 162-3, 181-2, 209-10, 230-1
  ver também consciência (de classe)
Coleridge, Samuel Taylor, 81-2
comunismo, 97-8, 164-7, 91n.3
Condillac, Étienne de, 81-2, 93-4
Condorcet, Marquês de, 87-8

Conrad, Joseph, 123-4
consciência, 62-3, 74-5, 79-81, 85-6,
  86-91, 100-1, 109-11, 207-9
  classe, 59-61, 72-3, 101-3, 114-7,
  119-21, 125-7, 137-8, 164-6
  e legitimação, 52-3, 59-62
  e teoria materialista, 49-50, 90-1, 92-
  -3, 94-99
  popular, 135-6
  prática, 63-6, 69-71, 90-1, 152-4
  ver também (falsa consciência)
consumismo, 53-6, 58-9
Coward, Rosalind, 27-9, 210-1
crítica, 13-4, 187-8
  emancipatória, 148-9
  da ideologia, 54-6, 75-7, 87-8,
  121-4, 149-52, 192-3, 199-200,
  213-5, 232-3
Culler, Jonathan, 56-7
cultura, 53-4, 129-31, 135-6, 194-5
  como sinônimo de ideologia, 44-7,
  195-8
culturalismo, 51-2, 53-4

Davidson Donald, 29-31
De Man, Paul, 39-41, 214-6
  The Resistance to Theory, 214-5
Derrida, Jacques, 51-2, 211-3
desconstrução, 143-4, 146-8
Dews, Peter, 161-2
dirigente, classe, 20-1, 44-5, 47, 59-61,
  67-8, 71-3, 94-5, 128-9, 137-9,
  235-6
discursivo, 209-13
discurso
  e ideologia, 24-6, 31-2, 37-41,
  45-7, 169-72, 208-9, 220-1,
  226-7, 235-7
  teorização pós-marxista, 215-7, 230-3
  teoria, 208-11, 224-5

Índice remissivo 241

dominação, 30-1, 47, 71-2, 131-2, 144-6, 148-9, 169-70, 190-2, 195-6

Durkhein, Émile, 19-20
As formas elementares da vida religiosa, 168-9
Regras do método sociológico, 87-8, 168-9

economismo, 103-4, 114-6, 163-4, 168-9, 226-7, 239

Ellis, John, 27-9, 210-1

Elster, Jon, 30-1

emancipação, 13-4, 73-4, 111-2, 114-6, 196-8

empirismo, 80-1, 91-4, 175-6, 221-4

Engels, Friedrich, 58-9, 81-2, 86-8, 90-3, 98-9, 104-6, 119-21, 177-8, 192-3
Anti-Dühring, 104-5
e Karl Marx, *A ideologia alemã*, 59-61, 63-4, 72-3, 74-5, 86-7, 88-91, 93-7, 101-7, 132-4, 136-7, 149-50, 164-6, 181-2

Espinoza, Baruch, 161-2

esquerda, 21-2, 24-5, 77-8, 83-5, 134-5, 185-7, 230-2

Estado, 12-3, 73-4, 128-9, 131-2, 169-70

estética kantiana, 35-7, 177-9

estruturalismo, 52-3, 125-6, 163-4

falsa consciência, 23-4, 26-7, 30-1, 33-5, 68-9, 109-12, 132-4, 176-7, 178-9, 190-3
o argumento contra, 27-35, 38-43
definida por Engels, 104-6
esclarecida, 43-4, 54-7
como experiência imediata, 113-6
e Lukács, 119-20, 121-3
e Marx, 86-97, 101-4, 119-21

fascismo, 23-4, 25-6, 117-8, 143-4, 168-9, 202-4, 211-3

fato
como mistificação, 101-3
e valor, 33-5, 114-6, 148-9

feminismo, 23-4, 77-8, 85-6, 168-9, 181-2, 219-20, 224-5, 230-1

Fenomenologia de espírito, 85-6, 113-4

feudalismo, 128-9, 150-1, 169-70

Feuerbach, Ludwig, 93-4
A essência do cristianismo, 87-8

Fish, Stanley, 83-5, 183-9, 190-2
Doing What Comes Naturally, 215-6

Foucault, Michel, 23-5, 62-3, 125-6, 152-4, 162-3, 183-5, 231-2

Frankfurt, Escola de, 51-2, 62-3, 141-2, 143-6, 199-200, 211-3

Freud, Sigmund, 190-2, 196-8
"O futuro de uma ilusão", 192-4, 198-9
e ideologia, 104-5, 149-52, 192-3, 198-201
ver também superego; inconsciente freudiano

freudianismo, 148-9, 196-8, 204-5

Gadamer, Hans-Georg, 144-5, 189-90

Geertz, Clifford, 166-7

gênero, 30-1

Geras, Norman, 101-3

Geuss, Raymond, 41-2, 58-9

Godwin, William, 81-2

Goldmann, Lucien, 61-2, 125-6, 136-7
The Hidden God, 126-7
Towards a Sociology of the Novel, 126-7

Gouldner, Alvin, 20-1, 169-70

242   Ideologia: uma introdução

Gramsci, Antonio, 52-3, 61-2, 151-2, 162-3, 194-5, 202-4
  conceito de ideologia em, 61-3, 164-6
  hegemonia, 128-34, 173
  intelectuais, 134-8
  Cadernos do cárcere, 131-2, 137-9
Gunn, Thon, 12-3

Habermas, Jürgen, 30-1, 62-3, 144-52, 170-2
  Legitimation Crisis, 52-3
  Towards a Rational Society, 52-3
habitus, conceito de, em Bourdieu, 170-3
Hardy, Thomas, *The Return of the Native*, 75-7
Heaney, Seamus, 214-5
Hegel, G. W. F., 12-3, 19-20, 93-4, 110-1, 167-9, 177-8
  Fenomenologia do espírito, 85-6, 113-4
Hegemonia e estratégia socialista (Laclau e Mouffe), 227-8, 230-2
hegemonia, conceito de, 128-34, 135-6, 137-8, 173, 194-6, 227-32
Heidegger, Martin, 19-20, 179-81, 214-5
Helvetius, Claude, 81-2, 176-7
Hindess, Barry, 216-20, 221-30, 231-2
Hirschman, Albert, 176-7
Hirst, Paul, 38-9, 216-20, 221-30, 231-2
Hobbes, Thomas, 93-4, 175-6, 181-2, 196-8
Holbach, P. d', 81-2
Horkheimer, Max, e Adorno, Theodor, *Dialética do esclarecimento*, 143-4
Howard, Dick, 169-70
Hume, David, 175-6, 232-3

idealismo, 51-2, 82-3, 87-8, 91-5, 114- -6, 168-9, 207-8, 213-4
ideologia, 11-2, 17-20, 25-6, 44-5, 58-62, 64-8, 79-80, 85-6, 121-6, 179-83, 207-8, 213-4, 235-6, 237
  em Adorno, 141-4
  definição altusseriana de, 33-6, 66-7, 73-4, 156-61, 162-70
  em Bourdieu, 173, 202-4
  e discurso, 32-3, 45-7, 150-1, 208- -11, 215-7, 222-4, 236-7
  dominante, 43-4, 45-7, 50-3, 72-3, 95-7, 98-9, 126-7, 137-9, 149-50, 235-6
  fim da, 12-3, 20-1, 53-6, 57-8, 168- -9, 196-8
  conceito freudiano de, 190-4, 195-6, 199-200
  teoria gramsciana de, 131-6
  em Habermas, 144-6, 148-9, 170-2
  em Lukács, 18-9, 74-5, 103-4, 116- -20, 120-3
  Marx e, 26-7, 47, 81-2, 86-8, 91-9
  e ciência, 80-5, 111-2, 126-7, 152-7,175-6
  ver também crítica (da ideologia), falsa consciência
Iluminismo, 20-1, 93-4, 175-6, 204-5
  racionalidade, 13-4, 79-81, 87-8
imperialismo, 111-3, 123-4, 190-2
inconsciente
  em Bourdieu, 170-3
  freudiano, 149-50, 156-7, 164-6, 177-8, 190-3, 195-6, 198-9
  lacaniano, 158-61
intelligentsia, 134-9
interesses
  e definição de ideologia, 17-8, 25-7, 45-7, 176-7, 235-7

Índice remissivo   243

teorização pós-marxista, 225-7, 230-1

teorização pós-modernista, 181-4, 187-9

ironia, 26-7, 54-6, 77-8

Jameson, Fredric, 142-3, 199-200

Jefferson, Thomas, 85-6

Kant, Immanuel, 35-7, 126-7, 177-8, 187-9, 204-5

Keat, Russel, 151-2

Kennedy, Emmet, 85-6

Kermode, Frank, *The Sense of an Ending*, 205-6

Kolakowski, Leszek, 114-6

Korsch, Karl, 110-1

Lacan, Jacques, 157-62, 192-3, 196-8

Laclau, Ernesto, 189-90, 228-30, 231-2

Laplanche, J., 67-8

Larrain, Jorge, 100-1

Lawrence, 177-8

Leavis, F. R., 214-5

Lefort, Claude, 169-70

legitimação, 17-8, 21-4, 45-7, 58-9, 69-74, 125-6, 172-3, 213-4, 222-4

Lênin, V. I., 59-61, 92-3, 94-5, 130-1, 154-6

What is to be Done?, 105-6

leninismo, 106-7, 129-30, 157-8

Levi, Primo, *The Drowned and the Saved*, 182-3

Lévi-Strauss, Claude, 225-6

liberalismo, 18-9, 77-8

linguagem

e ideologia, 25-6, 32-3, 43-4, 144- -5, 208-11, 214-6

e solidariedade, 30-1

ver também discurso literatura, 25-9, 164-6

Locke, John, 80-1, 92-3

Lukács, György, 18-9, 109-10, 116-7,

128-9, 136-8, 148-9, 151-2, 164-6

História e consciência de classe, 110-2, 113-4, 116-7, 118-20

e sujeito revolucionário, 62-3, 92-3, 111-3

ver também ideologia, em Lukács

Lyotard, Jean-François, 182-3

Macherey, Pierre, 62-3, 150-1

mais-valia, 100-1, 113-4

ver também valor de troca, valor de uso

Mannheim, Karl, 61-2, 123-5

Ideologia e utopia, 123-6 maoismo, 43-4

Marcuse, Herbert, 62-3, 199-200

One-Dimensional Man, 143-4

Marx, Karl, 18-9, 51-2, 75-7, 80-1, 83-5, 121-3, 126-9, 154-6, 177-8, 179-81, 185-8, 192-3, 196-8

O Capital, 85-6, 99-104, 105-6, 119-20, 141-2

Economic and Philosophical Manuscripts, 86-7

O 18 de brumário de Luís Bonaparte, 71-2, 120-1

e Friedrich Engels, *A ideologia alemã*, 59-61, 63-4, 72-3, 74-5, 85-7, 88-91, 93-7, 101-7, 132-4, 136-7, 149-50, 164-6, 181-2

Prefácio a *Critique of Political Economy*, 95-7

Teorias da mais-valia, 95-7, 149-50

ver também mercadoria (fetichismo da); ideologia, (Marx e)

marxismo, 72-3, 110-1, 113-4, 116-7, 121-3, 156-7, 185-9, 196-8, 201- -2, 210-3

e consciência, 93-4, 95-7, 118-9, 132-4

244 Ideologia: uma introdução

historicismo, 106-7, 116-7, 126-7, 137-9, 109-10
marxismo ocidental, 52-3, 152-4, 162-3, 168-9, 236-7
materialismo, 49-50, 81-2, 86-7, 88-90, 91-2, 210-1, 213-4
materialismo histórico, 90-1, 105-7, 119-20, 151-2, 155-6
McCarney, Joe, 104-5
McCarthy, Thomas, 146-8
meios de comunicação (mídia), 50-1, 53-6
Mehring, Franz, 104-5
Mepham, John, 101-3
mercadoria
troca, 141-2, 151-2
fetichismo, 47, 53-4, 56-7, 62-3, 74-5, 99-104, *passim*, 110-1, 113--4, 116-9, 124-5, 126-7
forma, 113-6, 119-21
Mill, John Stuart, 31-2
Minogue, Kenneth, 21-2
mistificação, 21-2, 23-4, 42-3, 44-5, 101-3, 124-6, 193-4, 205-6, 222-4
Mitchell, W. J. T., 92-4
mito, 200-6, *passim*, 213-4
modernismo, 145-6, 213-4
monarquia, 27-9, 59-61, 75-7, 170-2
Montesquieu, Charles, 87-8
Mouffe, Chantal, 227-30
mulheres, 13-4, 73-4, 85-6, 112-3, 168-9, 219-20, 227-30
ver também feminismo

nacionalismo, Irlanda, 204-6
naturalização, 74-8, 131-2, 213-4, 235-6
natureza, 75-7, 170-2, 213-4
humana, 75-7
Negative Dialetics, 141-2
Nietzsche, Friedrich, 190-2, 201-2

conceito de ideologia e, 71-2, 156--7, 179-82
e pensamento pós-marxista, 216-7, 217-9
e poder, 24-9, 68-9, 181-4, 190-2, 200-1
Nixon, Richard, 20-1
Norris, Christopher, 213-5

Otelo (Shakespeare), 69-71

Parekh, Bhiku, 112-3
Pareto, Vilfredo, 68-9
Treatise of General Sociology, 200-1
patriarcado, 209-10
Pearson, Karl, 154-5
Pêcheux, Michel,
Language, Semantics and Ideology, 209-10
pensamento de identidade, 17-8, 142-4
Plamenatz, John, *Ideology*, 215-6
Plekhanov, G. V., 105-6
poder, 12-4, 50-1, 51-2, 59-63, 80-1, 98-9, 131-2, 195-6, 214-5, 235-6
lutas, 24-5, 32-3, 95-7, 125-6, 129--30, 237
ver também legitimação; Nietzsche e poder
Pontalis, J.-B., 67-8
pós-estruturalismo, 11-2, 56-7, 142-4, 177-8, 211-3, 214-5, 230-1, 240
pós-marxismo, 124-5, 216-20, 221-5, 227-30
pós-modernismo, 11-3, 26-7, 53-4, 58-9, 77-8, 123-4, 181-3, 184-5, 187-8, 215-6
posicionamento ideológico, 13-8, 156-64, *passim*, 236-7
Poulantzas, Nicos, 116-7, 136-8, 169-70

Priestley, Joseph, 81-2
produção, 98-9
   modo de, 12-3, 62-3, 95-7, 116-7
propriedade privada, 82-3
psicanálise, 13-4, 67-8, 210-1
   e crítica da ideologia, 148-9, 151-2, 192-3
   freudiana, 194-6
   lacaniana, 151-2, 158-60

raça, 29-30
racionalidade, 11-2, 27-9
   comunicativa, 144-50
   Iluminismo, 13-4, 152-4, 193-4
racionalização, 67-71, 77-8, 104-5, 113-4, 119-20, 179-81, 215-6, 236-7
racismo, 37-9, 67-8, 128-9, 163-4, 184-5
realismo
   literário, 213-4
   moral, 32-5
reformismo, 51-2, 56-7, 224-5, 231-2
reificação, 62-3, 74-5, 86-7, 110-20, 126-7, 151-2, 207-8
relação de salário, 100-1
religião, 66-7, 75-7, 128-9, 168-9, 192-4, 198-9
representação, 11-2, 33-5, 36-7, 222-4, 226-7
revolução, 13-4, 72-4, 116-7, 201-2, 211-3
   russa, 129-30
Richards, I. A., 35-6
Ricoeur, Paul, 124-5
Rorty, Richard, 26-7, 83-5, 184-5, 189-90
Rousseau, Jean-Jacques, 87-8

Saussure, Ferdinand de, 221-5, 226-7

Schopenhauer, Arthur, 178-9, 190-2
   O mundo como vontade de representação, 177-8
Segunda International, 104-5, 110-2, 119-20, 201-2
Selinger, Martin, 23-4, 27-9, 163-4
   Ideologia e política, 63-4
sexismo, 25-6, 42-3
Shils, Edward, 19-20
Skillen, Tony, 42-3
Sloterdijk, Peter, 43-4, 54-7
Smith, Adam, 149-50, 164-6, 187-8
socialismo, 75-7, 120-1, 130-1, 142-3, 146-8, 181-2, 227-8, 231-2
   como ideologia, 21-4, 59-61, 77-8, 105-6
   revolucionário, 118-9, 201-2
   científico, 104-5
sociedade civil, 128-32
sociologia, 162-3
   do conhecimento, 123-5
solidariedade, 61-2
Sorel, Georges, 59-61, 200-2, 205-6
   Reflections on Violence, 200-1
stalisnismo, 130-1, 136-7, 169-70
Stedman Jones, Gareth, 116-7, 119-20
Stendhal, M. H., 85-6
subjetividade, 53-6, 58-9, 62-3, 162-4, 236-7
sujeito, 170-2, 213-4
   discursivo, 209-13
   freudiano, 190-3
   posicionamento ideológico, 13-8, 156-64 *passim*, 236-7
   ver também Althusser e subjetivação
superego, 160-1, 161-2, 195-6
superestrutura, conceito marxista de, 88-91, 95-101, 103-4, 116-7, 141-2, 170-2, 194-5

246   Ideologia: uma introdução

tecnologia, 52-3
Tel Quel, 210-3
televisão, 50-2, 53-6, 57-8, 162-3
Thatcher, Margaret, 37-8, 49-51, 189-90
thatcherismo, 49-50
The Waste Land (Eliot), 202-4
Therborn, Göran, 26-7
Thompson, E. P., *The Poverty of Theory,*
   155-6
Thompson, John B., 21-2, 209-10
totalidade, social, 91n.3, 124-5, 126-7,
   134-5, 188-9, 217-9
   conceito de, em Lukács, 110-3, 114-
   -7, 119-20
trabalho, 90-1, 100-1, 148-9, 194-5
   divisão do, 90-1, 163-4, 166-7
   força, 111-2, 141-2
Tracy, Antoine Destutt de, 81-6, 93-4
Turner, Denys, 41-2, 68-9

universalização, 72-8, 215-6, 236-7
utopia, 142-3, 145-8, 200-1

valor, 33-5
   e fato, 32-3, 114-6, 148-9
   de troca, 75-7, 100-1, 141-3
   de uso, 141-3
Vattimo, Gianni, 11n.1
Voloshinov, V. N., 63-6
   Marxismo e filosofia da linguagem,
   208-9
voto, *ver* feminismo

Weber, Max, 113-4
William, Raymond, 99-103, 91-2,
   palavras-chave, 25-6
Wittgenstein, Ludwig, 103-4, 183-4,
   189-90, 207-8
Wordsworth, William, 75-7

Yeats, W. B., 39-41

Žižek, Slavoj, 54-7, 198-200

Representação, em bronze, de Destutt de Tracy,
datada de 1830 e feita por Pierre Jean David d'Angers.

Publicado em julho de 2019, exatamente 265 anos após o nascimento de Antoine Louis Claude Destutt de Tracy, que originalmente cunhou o termo "ideologia", este livro foi composto em Adobe Garamond, corpo 11/13,5, e reimpresso em papel Pólen Natural 70 g/m² pela gráfica Rettec, para a Boitempo, em abril de 2025, com tiragem de mil exemplares.